日常的中斷

阿潑 著

人類學家眼中的
災後報告書

目次

第一部　海的子民

第二部　大地呻吟

第三部　海嘯過後

「三一一海嘯」（東日本大地震）

時間：2011年3月11日14時46分18秒

震央位於宮城縣牡鹿半島東南偏東約130公里的西北太平洋海域

導致東北地區、關東地區和北海道地區出現超過3公尺海嘯

第一部

海的子民

無常之地

災難發生那一刻，一切如常。地球在軌道上，自然規律吐息，人們過著自己的日子，帶點緊張，或許無聊，任誰都無法預測下一秒，這樣的日常就會崩落，成為一個新的日常。

為新日本鋼鐵[01]工作了大半輩子，伊東信一總算等到退休。對於離開職場這事，他絲毫不感失落或空虛，反倒期待這第二人生的開展，甚至早就計畫好，要拿出部分積蓄買艘二手遊艇，從此恣意過活。

伊東信一出生於日本東北的岩手縣釜石市。過去，只要提到東北，就會讓人聯想到野蠻人、鬼怪、凍寒的未開發之地；直到今天，東北仍給人一種與現代化都市格格不入的傳統農村印象，還有一種人間疏離的邊境之地感受，就像十七世紀的詩人松尾芭蕉在〈奥之細道〉形容的那樣，是個孤獨與孤立的場所。

然而，初識伊東信一的人，不容易在他身上嗅聞到這股氣質。他直率爽朗，即使年過六十，體態仍然結實，皮膚黝黑沒有一絲老態，這無非是長年鍛鍊體魄所致。這個東北大漢愛山樂海，冬天滑雪、夏天出航，絲毫不浪費故鄉獨特的山海資源。

釜石緊鄰著太平洋，但只要背海，就能見山。他所工作的新日本鋼鐵與相關工廠沿著山丘展開，住家則在距離工廠不到半小時車程的大槌灣岸，開門即能看見湛藍大海。伊東信一的生活，可以說是體現了釜石的山海兩面性。

這條總長六百公里的海岸線，有著「三陸」[02]之名，又因地形景觀差異而有南北之分。伊東信一所居住的南三陸地區有著如鋸齒狀般的海岸地貌，在他慣常行走的四十五號沿海公路上，可以看見山脊伸入海——路在樹林山壁這邊的暗裡，海在另一方的明處。這種在冰河時期形成的里阿斯式海岸（Rias Coast）[03]擁有良港條件、又是天然漁場，居民聚落都靠著這山海恩賜，過著富饒的好日子。

但日子並不總是這麼好。二〇一一年三月十一日午後，伊東信一正無所事事地躺臥客廳看著電視時，地震波急急竄過，整個屋子都上下跳動起來，他險險被甩下沙發，慌然坐起。天搖地動的時間約有六分鐘，就人的感受來說，卻是不可思議地長。這不像是普通地震，但環視眼前的老房子，除了高處物品紛紛跌落之外，再無異狀。

地震發生時，電視螢幕上早已發出登登登的警示：岩手震級有六，幾乎全國有感。

地震可以說是日本的一部分，島國人民的「日常」。過去，人們會透過民俗傳說——像是大鰲、地

01 新日本鋼鐵：日本最大的鋼鐵公司，因為釜石擁有礦山，成為日本鋼鐵業的重要基地。

02 三陸海岸：全長超過六百公里，起自青森八戶，經岩手全線後，到宮城縣牡鹿半島，是陸前、陸中和陸奧海岸的總稱。而陸前、陸中和陸奧是明治元年東北地區的三個令制國。

03 里阿斯式（Rias）海岸：指的是因土地沉降與海水上升，所形成的宛如鋸齒狀的複雜海岸。

震蟲或鯰魚，來解釋地震現象[04]；明治時期的日本人已知科學，甚至在濃尾地震[05]後推進地震預報發展——地震預警系統是藉著地震波特性的設計，利用上下震動的縱（P）波先抵達，破壞性強的抖（S）波後至的時間差，來做出避災警告，給予大眾反應的空間。到了一九九〇年代，日本地震觀測網密度已是過去的十倍，地震也能更快被捕捉，當震度達到三級或更高，日本氣象廳就會發出訊息警告，並透過專線傳到防災部門，讓地方政府和媒體發布給大眾。

伊東信一簡單收拾屋子後，又躺了回去。包含他在內，全世界都還無人知曉，方才的震動是日本自有地震記錄以來不曾見過、將名列世界地震史上第四大地震的規模，它的威力足以讓地球的地軸產生十七公分傾斜，讓日本列島有一部分朝著美國的方向移動一公尺有餘。但不到一兩分鐘，桌上的手機突然彈動震跳起來，提示手機的主人——海嘯可能發生。

海嘯預警與地震預警的邏輯相同，當地震被偵測到時，監測人員會在三到五分鐘之內做出反應，判斷其是否會引起海嘯。地震是海嘯的前提，但不是每次地震都會引發海嘯，只有在海底地面為垂直錯動，規模達到七以上，才可能造成海嘯。但伊東信一只是看了看訊息，沒有把這警告當作一回事。

「等等……」他突然想起自己的寶貝遊艇，它就被綁在灣岸邊，要是真的有海嘯怎麼辦？伊東信一縱身跳起，穿上外套，快步出門，直往遊艇所在。牢牢捆住繩索後，他便站在距離家門口五十公尺遠的防波堤和鄰居聊天。或許海嘯記憶的風化與淡薄，也或許因為天生粗神經，在這顯然應該緊張的時刻，伊東信一竟帶著「觀看海嘯」的興致，看著眼前的海浪往後退了五十公尺，原先泡在海中的石塊探頭而出。第一次打上的浪，僅僅落在防波堤上，使他不免有些輕視——所謂海嘯，不過如此。

但附近傳來的騷動聲旋即吸引他的注意，往右看，發現稍遠處的房舍似乎泡在海水裡，只有屋頂露出，而救命聲此起彼落。直到這個時候他才感到有些不對，立刻回頭往屋後的山坡跑。這社區沿著道路邊緣蓋，不算寬闊的道路外側是灣岸，路緣下去直往前走就是海。幸運的是，屋子後頭就是垂直的樹林坡地，他們幾乎一轉頭就能往高處躲去。

當時約有三十多人與他一起急奔，他們根本沒有空思考，只能一個勁兒地往前跑。即使狀態緊急，途中看到一個快被海水沖走的老婆婆，伊東信一還是停下腳步、拽起老人家，揹著她往坡道奔去。已爬到坡上的伊東信一有些緊張，沒有意識到海水已經追上他，鞋子也被猛然竄上的海水打溼了，大水差點就把這個人高馬大的壯漢拖曳下去。他的腳步必須比海水更快才行。專注逃命的伊東信一完全聽不到鄰居岩崎昭子的叫嚷。

「趕快逃，趕快逃！」

岩崎昭子奮力大喊，揮動雙手，而後往下跑……。

---

04 胡川安〈地震與民俗的想像力：日本江戶時代為何流行「鯰繪」？〉故事，2018.04.27。

05 濃尾地震（のうびじしん）：發生在一八九一年（明治二十四年）十月二十八日清晨。震源在岐阜縣根尾村，是日本歷史上最大的內陸地殼內地震。死者超過七千人、傷者將近兩萬。據說地震前有動物騷動及地鳴等前兆。

岩崎昭子經營的旅館，就在伊東信一家隔壁。這家名為「寶來館」的驛站，自昭和三十八年（一九六三年）開業以來，一直吸引著南來北往的生意人，也是農作商旅者的食宿地。昭子的父親岩崎昭二之所以在這個根濱海岸創業，正是看上這塊地的地質穩固。他曾說過，「如果有海嘯的話，可以逃到這裡來。」

因為地理特性，三陸海岸是世界知名的海嘯「常習之地」，也就是「經常遭到海嘯襲擊的地方」，百年間就有數次海嘯發生。例如明治二十九年（一八九六年），高約三十公尺的巨大海嘯就摧毀了這兩百八十公里長的海岸線，造成近三萬人死亡。根據口述記錄，當時出海三十多公里遠的漁民們並沒有注意到從船下經過的海浪，因為那時水的高度還不到四十公分；等到第二天返航，回到三陸港口的他們看見海面漂滿碎片和屍體，才知道發生海嘯。而這場海嘯，共摧毀了九千間民房。

這場被稱為「明治三陸地震」的災難發生後，災民對《東京日日新聞》的記者提及，早在四十年前也發生過海嘯，只是當時海波很緩，水淹到二樓也沒有造成太大傷亡，因此這次海嘯再襲，這些人都不當一回事，輕率以對的結果，就是等待救援者和溺死者多過預期。和這些人相比，缺乏海嘯經驗的人，反而因為驚慌逃難而得救。記者佐伯因此寫下評論：「雖說有沒有經驗是很重要，但絕不能把一次海嘯體驗視為絕對。」

此外，明治三陸地震發生在中日甲午戰爭後的一八九六年，正是軍人凱旋歸鄉而漁業豐收的夏季。時值端午，居民不斷以施放煙火、舉行祭典來歡慶這一切，因此，對類似「百雷」與「砲擊」那樣伴隨海嘯而來的轟然聲響，沒有意識也沒有知覺，等到海嘯抵達滿是醉意的村落時，已逃難不及。釜石市死了將近四千人，屍體都堆在石應寺前，從東京來的記者只能以「天地號泣」來形容這場災難，並承認自己缺乏描述這種地獄的能力：「世界上慘事很多，但恐怕沒有比海嘯更慘的了，就算我想為各位報告各地狀況，也不知道怎麼用文字表現。」「連大文豪都找不到方法來形容這種黯淡光景。」[06]

三陸海岸的居民在這場大災後，終於對海嘯有所提防，許多居民往高地遷移，但也有人堅持留下，他們認為，世代靠海維生，生命都離不開這塊土地，不該拋棄先祖留下的屋產。「中小型海嘯幾十年一次，像這種奪去親人生命與財產的大海嘯幾百年才一次，不需捨棄所有。」於是，三十七年後（一九三三年），海嘯[07]再次來襲，又是五千生命瞬間消失。

或許因為經歷過一九三三年這場「昭和三陸海嘯」，岩崎昭二對於在海邊置產、展開事業一事，態度十分謹慎。最後選擇的這塊地就是昭和三陸海嘯發生時的居民避難場所，不但地勢略高，緊鄰山坡，波岸上還有一大片松林。當年正是靠著這片松林的阻擋，傷亡才不致擴大。岩崎昭二認為，松林就跟防波堤一樣，是大自然最精美的設計。

繼承家業的岩崎昭子，也承接了父親的記憶與提醒。二〇一一年三月十一日這天中午，岩崎昭子的旅館正舉行主廚兒子的婚嫁宴席。就在賓客們酒興正濃之時，嘎搭嘎搭的晃動聲作響，岩崎昭子緊張地

---

06 媒體報導引自《津波てんでんこ：近代日本の津波史》一書，山下文男著，新日本出版社。

07 過去，日本會以漢字「海嘯」表述這樣的災難，但這個漢字的語源是中國浙江錢塘江的潮汐現象；到了明治時期，以假名つなみ（津波）為讀音取代「海嘯」的情況增多，一直到昭和三陸海嘯發生，海嘯的漢字已都改成「津波」，而其發音為Tsunami，日後成為國際上指稱海嘯的專門用語，可見日本與海嘯之間的密切關係。

從外頭跑進旅館查看，聲響在這時轉為搭搭搭的短促音——這是她未曾聽過的搖晃聲。被嘎搭嘎搭、搭搭搭聲及玻璃瓶罐發出的刷刷聲包圍的她，忍不住嘆息：「這一天到了。」

岩崎昭子和鄰居伊東信一的反應不同。細心的她早察覺到這個月地震頻繁，前兩天震度甚至達到五，眼前這個地震的晃動方式也異於過往，讓她非常不安，於是下了讓客人們往後山避難的判斷。

但不是所有客人都願意聽從她的安排，有些人執意開車回家，原本往上逃的顧客也想下山尋人，場面非常混亂。「應該還來得及吧？」岩崎昭子安慰自己。但看到其他鄰居往海邊的松林跑去，企圖敲打警鐘時，她又不免緊張起來，眼見附近的河川水位越漲越高，她決定回頭下山，提醒他們快逃。

就在她往下跑的同時，看到伊東信一正和那名敲鐘的鄰居一起揮舞雙臂往上爬。她停下腳步奮力大喊：「快上來！快上來！」接著轉身準備要往上跑時，腳踝突然被不知名的力量拖住，而大夥兒喊著「快一點，快一點」的聲音也跟著她一起沒入水底……。

——

世人對海嘯的想像，無非是經過好萊塢特效後製的狂浪，或是日本「畫狂」葛飾北齋於一九三一年完成的畫作〈神奈川衝浪裡〉那般高張揚起的巨浪。但海嘯真正的面貌和迅速漲潮的碎浪類似，就像洪水不斷湧入陸地，或是把水注滿杯子那樣，多出來的水會不斷從杯緣溢出。只是這個洪水速度極快，多數傷亡都是反應不及所致，透過當代的影像傳播技術，世人都能從新聞畫面中看到大水如浪，攪拌著各種殘骸，無情地肆虐，無情地前進。

葛飾北齋作畫之時，並無海嘯發生，即使畫作強調大自然排山倒海的氣勢，讓驚濤駭浪掀捲漁船，卻是顯示船工為了生存、對抗自然的精神而已。這正是生長在日本列島的人們，世世代代傳承下來的經驗教訓，這個國家的人們對於和大自然搏鬥的宿命有相當深刻的覺悟，因此總說「一期一會」，也常道「無常」。「無常」支配著日本文明與歷史，幾乎是他們精神力量之一。

十九世紀，生於希臘、後歸化日本的小說家小泉八雲（Patrick Lafcadio Hearn）便形容日本是「無常之地」：「日本就連土地也瞬息萬變。河川會改變流向，海岸會變化輪廓；平原會抬升，火山隆起、崩塌，谷地則會因岩漿或山崩而淹沒，而湖泊或現或滅……，甚至這片地景的絕美也是虛幻無常……。只有熟悉這片地景的人才會知道，在諸島歷史中，群山的雲霧吞吐如何嘲弄實際的改變，又如何預言其他將至的變化。」[08]

根據一位日本地震學家計算，日本列島從十五世紀以來，遭遇過兩百二十次釀成巨災的地震侵襲，這個民族明白腳下這塊土地，位在地殼最不安定的區域。既然無法控制自然，人們就想從神祕未知處找些蛛絲馬跡，像是中國人透過龜殼獸甲來占卜災禍，或是將載於經典古籍裡的動物反應當作預警；在日本，也有「野雞亂叫，地震要到」的說法，又比如一八五四年伊豆半島附近發生地震前，就有許多深海魚死在岸邊。

08　小泉八雲，《內觀日本：日本精神的真實與脈動》，八旗文化，2017.03。

與天災相關的超自然現象，也在民間流傳。岩手縣田之濱黑澤家那間不時傳出玩具聲音的空房，在海嘯前會有搖晃貝殼的聲音，那就是座敷童子對大災難到來所發出的警告；甚至有人宣稱災前看到河童溯溪而過，也被視為災難前兆。

記錄下這些災難傳說的文史工作者認為：「不論是座敷童子也好、河童也好，甚至海嘯，本來就不是日常會出現的東西，但把神鬼妖怪視為日常的時代過去之後，靈異現象反而成為一種表達方式；又或者，正是因為在災難發生這種非日常的時候，平常心中潛藏的不可思議的事物，才被喚起也說不定。」09

人類將無法掌控的事物和神祕現象劃上等號，將災害視為「非常」，但在科學的尺度中，地震海嘯是自然、是日常，是可以被解釋的。科學家雖不會拒絕超自然現象的可能性、也不否認動物行為，但除非能夠重複驗證，否則這些「聯想」不過都是臆測。

科學界普遍認為海嘯預測目前仍然做不到，但預警卻是可以做的。一九六〇年的智利地震引起二十五公尺高的海嘯，海水越過太平洋來到一萬七千公里遠的日本，造成上百人死亡。這起災害對美國太平洋海嘯預警中心造成重大打擊，他們自信在一九四六年阿拉斯加海嘯發生後，對太平洋地區海嘯已累積足夠的研究和自信，卻沒料到太平洋兩邊的海嘯竟然會相互影響，於是和太平洋沿岸國家合作，共同建立海嘯預警系統。

一九六〇年的海嘯發生時，岩崎昭子才四歲，什麼都記不得，卻常聽長輩說道：「海嘯一定會再來。」對靠海維生的祖先來說，這是代代相傳的警訊，是肌膚也能感覺得到的變化，但今天的東北子民似乎失去了那樣的敏感性，就連她自己也不例外——否則，她怎麼會在海裡？

海嘯速度本就驚人，加上三陸海岸地形關係，水又聚得更快——地震發生二、三十分鐘後，海面上升四公尺，第一波海嘯也往岸上襲去；許多逃往高處的居民，以為躲過海嘯而放鬆警戒時，卻不知道海面在這十分鐘內，又迅速上升七公尺，上岸後水深積累至數十公尺，足以將身處山坡的人拉進水中——而這就是岩崎昭子落海的原因。

日後談及這段被大海吞沒的經歷時，岩崎昭子會以輕鬆的方式描述當時所見：「我看見天空明亮如泡泡，就跟在連續劇《小海女》[10]裡演的一樣啊！」

那時她被眼前的絕美迷住，想與大家分享自己心情時，才驚覺自己正在水裡。「我已經逃到山坡上了不是嗎？」

「我就這樣子死去了嗎？死的時候就是這樣嗎？我的人生就是如此嗎？」她帶著疑惑昏迷過去，等意識再次恢復後，感覺頂上被什麼東西蓋著，直覺伸手碰觸，只見頂上的東西突然動了起來。從海面上透進來的一道光，巧巧打在岩崎昭子的臉上，她不斷嘗試往上游。但每當身體往水面移動一些，還是會被挫折擊倒，因為水面上都是海嘯帶回大海的瓦礫垃圾，這些雜物擋住了生路。折騰許久，不知該怎麼

---

09 童年時，因智利大地震引起海嘯波及日本，川島秀一對三陸海嘯進行大量口述歷史採訪，許多涉及鬼怪傳說，相關敍述引自《津波のまちに生きて》，富山房インターナショナル出版。

10 《小海女》是二〇一三年ＮＨＫ電視台的晨間劇，由鬼才宮藤官九郎以三陸海岸、岩手縣久慈市的海女文化為背景編寫。除了描述三陸海岸的風光與文化外，也觸及三一一經驗，對日本觀眾來說很有療癒效果。

辨時，手再次往上一伸，竟然摸到了一隻手。

「老闆娘，請千萬不要放開我的手。」這是員工的聲音。那雙手如此細柔，彷彿一折就斷，卻讓她放下心。她得救了。

雪，也落了下來。

災難與媒體

二〇一一年三月十一日下午兩點四十六分的那場天搖地動，很快地攻占各個新聞頻道：屋內物品摔落、街道上人們倉皇走避、腿軟且站不起來、馬路上的車子左移右擺、路面甚至崩裂開來……每個鏡頭都傳達了地震的威力。

因為政治資金醜聞[11]，這個國家的領導階層當時都在參議院決算委員會接受質詢。在野黨不斷要求首相菅直人下台負責，菅直人百般辯解，試圖從風暴中脫身。強震就在自民黨質詢告一段落後戲劇性地登場，驚得現場騷動不斷。許多議員反射性地往桌下躲，菅直人則抓住扶手，直愣愣地盯著會場頂棚的吊燈。

就在菅直人離開議場準備召開內閣緊急會議時，自衛隊早已經整裝待命。日本自衛隊的救災職責起

11 三月十一日這天，日本各大媒體的版面都是首相菅直人的政治獻金醜聞。他被曝收受在日韓國人一百零四萬日圓政治獻金，此前外務大臣前原誠司剛剛因為相似原因辭職，支持率持續降低的菅直人此時正面臨巨大的政治信用風波。

於一九五七年，但因相關規定繁瑣，自衛隊在救災之中的角色並不突出——一九九五年阪神地震發生時，自衛隊救援部隊遲至七小時後，帶著鐵鍬徒步進入救災現場，這等怠慢曾受到輿論痛批，《自衛隊法》自此遭到修訂，明列自衛隊應主動救災，強化人員訓練及資源配置，並將救災能量具體告知災害對策本部。

準備出動的救災人員很快發現，這場災難遠超過想像：大水灌進城鎮的畫面也跟著在社群網站上奔湧，海嘯畫面透過網路不停滾動，而另場災禍接棒而來——福島第一核電廠出現輻射外洩危機。強震、海嘯、核災等狀況接連發生，就像多米諾骨牌效應一樣，將日本帶入了二戰以後最大的危機之中，自衛隊成立後最大規模的行動也由此展開。

地震前還在抨擊菅直人政權的媒體旋即收起攻擊火力，將注意力轉到東北，但也沒打算放鬆對內閣的監督。畢竟，阪神地震的教訓在前，媒體很清楚，政府的應對與速度，是救災的關鍵。

三月十一日下午四點四十七分，震後兩小時，菅直人穿著灰藍色工裝出席記者會，並讓官房長官枝野幸男「同步」向大眾直播災情，宣稱將盡一切努力把損失降到最低。以往只有被挑選過的日本新聞俱樂部成員，才能獲准進入首相官邸採訪，外國記者總被拒於門外；但這時，駐日記者都收到外務省的特別邀請，讓他們能近距離觀察這次日本官方的危機處理。

「日本正遭逢二次大戰以來最艱困的時刻，雖然我們還在哭泣，但我們必須攜起手來，振奮精神。」透過國內外媒體，菅直人的宣示立刻傳播到全世界。這個正承受不信任案壓力的日本領導人非常清楚，唯有正面迎接挑戰，才有機會扭轉人民對他優柔寡斷、毫無魅力的評價。

這場記者會於日本向全世界發布的同時，我剛結束一個採訪工作，也從網路上看到了災難消息。當時正是傳統媒體準備召開編輯會議、決定新聞版面和走向的時間。遠在數十公里外採訪現場的我，完全可以想像此時編輯室內的喧嘩，也猜得到主管們熱鍋上跳舞的焦躁模樣，甚至能聽見那節節拔高的叫嚷，想像著那急迫中同時悶燒著的興奮。

無論個人如何悲憫蒼生、哀嘆天地無情，媒體本質終究是一匹嗜血的狼。而災難總能將狼群引到草原之上。

至少《登山者》這本小說是這麼說的——作者橫山秀夫任職媒體時，經歷當時（一九八五年）全世界最大的空難新聞，見證災難發生時編輯室內的景象和角力，對記者內心的幽微也有深刻體會：「火燒得並不旺，小小的，卻像足以引燃導火線的火種般，醞釀著即將產生大爆炸的前兆。」

儘管二〇一一年與一九八五年的媒體條件已經不一樣，但媒體人的狼性並沒改變。眼見社群網站已經沸騰，我一邊看著垃圾、屋瓦和木屑在電腦螢幕上沖刷，一邊撥按主管的電話。就像《登山者》裡所說：「記者前進現場，本來就是天經地義的事。」務必搶下採訪的機會，我心裡的火種已經燒得很旺。

如同預期，一種狩獵在即的氣氛從話筒那方傳來，但果斷拒絕的聲音也同時響起：「這災難不只海嘯，還有核災……。對女孩子來說太危險。不要去！」主管和上頭商量一下，否定我的提議，他們說已經派了幾個年輕男記者立刻出發東京。

《登山者》故事中的主管看著底下的記者像隻追捕獵物的獵犬，用前腳撥弄泥土時，便想著無論如何都要勒住他身上的項圈；而我，卻是被自己的性別或其他莫名的理由圈住，只能困在原地。摸了摸鼻子，我回到電腦前面，繼續當個災難閱聽人，在一節一節的報導中發呆。

——

駐日記者幾乎第一時間都朝災難現場前去。他們腦中已經有幾個畫面設定，構思如何拍到海嘯刷過的淒零廢墟，籌謀怎麼捕捉痛哭的表情——越是悲慘越能控訴天地不仁，也越能吸引攝影機。但獵犬們很快發現，面前的羔羊即使受傷，仍是那樣乾乾淨淨，不見一絲血痕。

屏息等待的記者們有時會在避難所裡聽到輕輕的啜泣聲，當他們尋聲而去，有時能發現了一個將毛毯緊緊蓋在自己頭上的女人。但他們看著這個不想被打擾，也不想打擾別人的災民，只能頹然地放下相機跟筆，不知道該怎麼辦。最後，從這些媒體眼中傳達出去的畫面都是同樣的沉靜肅穆，就像黑白默片：沒有人爭搶便利商店的食物飲水；即使紅綠燈不起作用，駕駛仍堅守秩序；擠滿近千人的避難所內，災民排隊安靜取食，鏡頭前無一人哭號。攝影記者幾乎無法抓到日本人的悲痛神情，拍攝排隊時，拍不到他們臉上的一絲焦急；拍攝死者入殮，既無儀式，也沒有入殮師。低著頭的日本人讓他們捕捉不到任何一滴眼淚。

至於受困交通管制無法挺進災區的媒體，只能杵在停電的東京，看著無電車可搭的人群井然有序走過不見光明的街頭，而且不發一語，就像一長列的送葬隊伍那樣安靜。這不是媒體刻意選擇的畫面，社群網站上，每一個身在現場的旅人都能作證。這個城市似乎只有車站發出聲音，服務人員不斷透過廣播傳遞訊息，但大多數時候，他們只說這句話：「延誤了您的列車服務，真的感到非常抱歉。因為發生了一場大地震。」

災難中的日本，似乎比災難本身更受到世人注目。海嘯隔天，《紐約時報》專欄作家紀思道（Nicholas Donabet Kristof）便發表文章[12]提醒：「請留意日本未來幾天甚至幾周的表現，我們定會受益匪淺……日本人的堅忍中，有一種高貴的勇氣，這在未來幾天將充分體現。同時，日本如織的社會結構，也將透過其堅強與韌性煥發光芒。」[13]

紀思道其言有據。一九九五年，派駐日本的他剛好碰上阪神地震，鑑於前一年美國洛杉磯大地震後搶劫與動亂頻傳，他決定四處探訪，看看日本是否有同樣的情事發生。但他失望了。「神戶百姓在憂患中展現高貴情操。他們排隊等水、領取供應品，毫無推擠爭搶現象，也沒人見財起意、任意進入窗戶已破的店鋪順手牽羊。黑道甚至暫停犯罪，忙著載運糧食到災區賑濟難民，爭取到良好形象。」紀思道不信邪，繼續在街頭找可以發揮的新聞，終於找到一起腳踏車失蹤案，事後發現這車是被借去救災；他還找到一間被搶劫的便利商店，當攝影機架好，紀思道訪問遇劫感想，店主卻指著他和攝影師，大罵：「都是你們這些外國人幹的。」

「日本人常常用一個詞：我慢（忍）。英語裡沒有一個嚴格意義上對應的詞，它有點類似於

12 Sympathy for Japan, and Admiration, NICHOLAS KRISTOF, The New York Times. 2011.03.12.

13 日本人並不是一個沒有歧異的民族，也並非總是冷靜的。有學者已指出：為了與美國紐奧良風災、甚至其他災難相比，日本媒體會強調災民的冷靜，是為了彰顯亞洲價值。但實際的發生，與媒體呈現的可能是背道而馳的，這就可能不會見報。

toughing it out（勇於承受、堅持到底）。這正是神戶民眾展現出的品質，他們同心同德、勇於擔當，令我敬畏。」雖然日本社會也有些欺負弱小的情事[14]，但紀思道仍然肯定日本社會的淡定節制甚至滲入語言裡了，人們總說「這是沒辦法的事」，或者說「不要放棄」，因為自然災害被視為日本的「命運」的一部分，而人也是自然的一部分，應該與之同起同落。

這樣的觀察，非紀思道獨有。長年生活在日本、熟悉日本文化的台灣記者楊明珠，看到這樣的日本，仍感到震撼，但無法耽溺在這種感動裡。災後每一秒都在變化，必須想盡辦法趕到現場。她的行李只有兩台筆電、手機和四個飯糰，想了想，又從抽屜裡翻出護照。「如果東京的家被震毀，怎麼辦？」

楊明珠只能弄到往福島的機票。而福島通往仙台途中一片漆黑，彷若鬼域，直到進了仙台市區，才能見到一點點光。「斷水、斷電的環境對人造成很大的心理恐慌。」日後回憶這段經歷，她總說：「必須找到水、找到電，才有錨定的感覺。」

很幸運地，她在火車站附近發現一個慷慨提供發電機電力的店家，又找到一處能夠安頓的地下室網咖，這幾乎成了她在災區的臨時編輯室。那些日子，她發出多篇災區報導和影音新聞，當然也吃了不少冷掉的飯糰。在拮据的條件下跑新聞並不浪漫，但這種辛苦如此真實又深刻，以至於日後經過仙台，楊明珠總忍不住朝網咖方向望去。

只是，這裡並不是真正的現場。小寐後，楊明珠立刻背起相機往仙台車站走去。車站雖是關閉的，但計程車仍排成長龍，她試著招了幾次車，說要去海邊，都遭到拒絕。直到一位名叫佐藤久男的司機停在她面前，才順利成行。

「我要去氣仙沼。」楊明珠決定先往遠處去。這個位在宮城縣東北端的沿海漁港是世界聞名的魚翅產地，也是日本重要的遠洋漁業基地，但海嘯不僅摧毀絕大多數漁獲，還因油槽倒塌、油水流入海港及市區而引火延燒，整個城鎮遭到祝融掃蕩；像是燒得還不夠那樣，海水又持續將重型漁船與海邊垃圾持續推上岸，宛如加柴添薪般，使得漁業重地大火不絕，濃煙沖天。約有兩萬八千人罹難或失蹤。

楊明珠向司機佐藤久男解釋：「那裡最需要媒體。」

佐藤久男卻道，仙台東南部的若林區的荒濱也很慘，全村被夷為平地，滿目瘡痍。他說，地震發生那晚，開車經過那個地區時，看到暴漲的河川裡有三人載浮載沉，他立刻跟其他人一起跳下河，將這幾個人拉上岸。其中一名男子全身溼答答，就算裹上外套毛毯，還是全身僵硬、雙手張開，因為太過恐慌，只顧著「啊啊啊」大叫，無法回神。

像這樣生死一線的經驗，楊明珠和佐藤久男拾撿了一路——往氣仙沼途中，幾個男人攔下搭便車，在車上訴說海嘯在他們身後追逐直至高地的故事；到了氣仙沼，漁產加工廠的中國女工抓著這個台灣記者嚎啕大哭，求她幫忙寫報導，「只想讓家人知道，我還活著。」她們來自遼寧，逃過一劫後，擔心的是無法聯繫上的家人，不想他們牽掛。

地震發生第五天，不論大浪或大火都已平息，抵達災區採訪也已三天的楊明珠在漁港聽到氣象廳再

---

14 日本社會面對災難，並不總是節制冷靜的。一九二三年，關東大地震發生後，關於朝鮮人在水井裡下毒的謠言紛起，導致有千名朝鮮人被無辜殘殺。

次發布海嘯警報時，忍不住發抖。但她最害怕的，並不是這些外在困苦，而是無法完成採訪工作。瞭解日本人壓抑性格的楊明珠，對於收容所的採訪很是擔憂，深怕自己碰壁、貼了一堆冷屁股。

第一次進入災民收容中心那天，外頭是零下三度，是雨和雪輪番上陣的惡劣天候，而沉默哀痛的避難所竟跟外頭一樣凍寒。楊明珠猜想，災民或許渴望得到些許燈油好點燃暖爐，卻沒人要求提議，就只是靜靜等著，一點聲音都沒有。觀察許久，她鼓起勇氣向一位八十六歲老太太搭話，對方僅以一句「我會加油的」拒絕了她。

「或許是災民已被強震、海嘯奪走一切，奪不走的就是那份保持體面的堅持。因為如此，即使難過，災民們不哭不鬧，氣氛如冰。一個婦女忍不住了，眼淚滾落，妝花了，黑色淚痕掛在臉上，有種說不上來的詭異。」她寫下這些觀察後，誠實說道自己只能靜靜凝視，無法按下快門。

她的採訪筆記充滿著這類細節：像是警員凡打撈到一具屍體，就會立刻鋪上藍色塑膠帆布遮掩；來自東京的消防隊員搜救時，堅持用手挖掘，為的是保護人命或保全遺體完整。讓逝者與生前一樣擁有尊嚴，是彼此的共識。還有女人被狗屍嚇到，卻立刻對狗敬禮致歉：「對不起，我太失禮了。」

結束當日採訪的回程中，佐藤久男突然對楊明珠表達歉意，說想繞道去認屍。海嘯後，佐藤的前妻下落不明，據說某個臨時殯儀館貼出的罹難者名單中，出現和前妻相同的名字。楊明珠跟著去了，看到許多人攜家帶眷認屍，卻無人哭泣。她隔著玻璃往裡頭窺探，看到成排的白色棺木置放其內，棺木上除了罹難者衣物，還有一小束鮮花。

遺體安置所內的資訊並不算完整，有些姓名地址詳盡，有些則因巨浪撕毀，只留一些線索供人辨認。

家屬們憑著這些訊息，將可能是親人的遺體號碼抄了下來，告訴員警，在員警的陪同下，親自確認。[15]

佐藤久男終究沒有辦法將前妻帶走。找不到遺體的他，離開臨時殯儀館的表情卻很柔和，路上，他對後座的楊明珠解釋：「那些遺體都化過妝，看起來很祥和，很漂亮，我覺得很欣慰。」看過海嘯侵襲後大車小車相疊、船隻卡車全都塞滿黑泥、樹枝和雜物慘況的楊明珠，本來難以想像遺體如何美美的，但隨即想起電影《送行者》中那讓死亡也充滿尊嚴的過程。

「為什麼認屍、抬親人棺木出來的人都不哭泣呢？」楊明珠問佐藤。

「認屍的瞬間應該都會放聲大哭，」佐藤說，「可是日本人不習慣在陌生人面前哭泣。」

楊明珠便在採訪手記中做了這個註解：「日本諺語說，花以櫻最美，人以武士為第一。武士死時要像櫻花凋謝那樣，一種瀟灑壯烈之美。」[16]

節制與尊嚴的節操，同樣反映在日本媒體報導上。災難初始，透過日本公共電視台NHK提供的影片，全世界觀眾都看見了海嘯的樣貌與破壞程度，不免發現這些新聞畫面乾淨清楚，主持人直播災情

---

15 關於海嘯罹難者的遺體處理細節，可以參考石井光太所寫的《遺體：日本311海嘯倖存者化悲慟為力量，安置熟人遺體、重建家園紀實》，野人出版，2012.11.07。

16 楊明珠，〈海嘯襲日．奪不走體面的堅持〉，中央社，2011.3.21。

的語氣也沒有太大變化、播報內容不使用事實之外的詞彙，所有陳述只有動詞和名詞的構成；現場報導中，攝影機幾乎不對準失去親人的個人，更不試圖誘發他們內心的痛苦。[17]

新聞製作人阿部博史接受中國記者採訪時，解釋ＮＨＫ每天晚上十二點都會做一次地震災害報導的演練，記者、節目製作人、主播、攝影師必須輪流參加，每個月會輪三到四次，就和值班一樣，就連高層管理者都得參加。ＮＨＫ在日本各地都有架設的攝影鏡頭，只要地震發生，ＮＨＫ總部就會立刻切到該地畫面，由東京的播報員立刻講解地震震級、具體位置與資訊，「最重要的是播報受災地區民眾最需要的資訊，災民最需要什麼我們就播什麼，完全不會以宣傳誰為目的。」

由於地理和歷史淵源，台灣人大多親日，對日本只有佩服。雖然仍對行事有條理且謹慎的日本人怎會導致核災發生，而感到疑惑；然而，一旦看到疲憊的官員和有條理的報導，卻也忍不住想問：為什麼日本的媒體這麼有格調？

甫從前年底一場嚴重風災[18]中走過的台灣社會，看著這些專業的播報，再想到自家媒體的荒腔走板，無不感慨甚至憤怒，對日本媒體的激賞如海嘯在網路沖刷。

身為記者，我對這一面倒的讚譽，並不是很服氣：ＮＨＫ是公共電視台，擁有絕對資源這部分先略過不談，在日本現行法律中，只有ＮＨＫ有直接的採訪權限。忽略這些條件，來斥責台灣商業媒體的不是與不足，並不公平。但我也不得不承認，因為各種限制與妥協，台灣新聞工作者往往選擇最簡單的取徑，任何一名觀眾都能看出他們的取巧與敷衍。

那場風災發生不久，我趁著假期南下，協助災民清理家園。工作結束，疲累不堪時，一個大叔突然走到我跟前：「妳有沒有想過換工作？」他知道我是記者。

我抬頭看他，不知如何回答。

「畢竟，大家都很唾棄你們。」

我點點頭，默認了這個批評。因為這幾天，光是這個淹水但無人傷亡的小村落，就能聽聞各種荒謬，像是才剛到目的地，就聽到一位電視台新聞部主管打電話罵人：「這裡還沒清理完畢啊，還很嚴重，為什麼沒人報告？」後來才知，記者人雖在現場，卻不想走進這水淹及膝的地方，只想守在村口，等著大官視察。他當然沒辦法傳回更清楚的訊息，也不願意這麼做。

我還聽見一名救災指揮官抱怨：「總統來視察時，我們刻意安排淹水的地方，向總統簡報。可是有個記者一直抱怨為什麼要進災區？」他說，這些記者自己不想進淹水區，還要求他們更改總統行程，藉口竟是：「怎麼可以讓總統來這種地方？」

「就是讓他看這裡有多慘啊！」站在指揮官對面的議員沒好氣地回應。

「總統來的時候，我們一直跟他講重建要怎麼樣，要注意什麼，可是媒體都不管我們講什麼。」村長在旁邊忍不住補充，說這些記者一直拍一個嚎啕大哭的婦女，「我們好不容易等到媒體來，想跟他們說我們的建議跟想法，但從頭到尾只有這個婦女大哭的鏡頭。」

---

17 災後，NHK不斷針對播報方式進行檢討修正，認為那些委婉客氣的語句都必須改成「命令和斷定句」才行，例如「請往高處逃」的句子要改成「快往高處逃」等等，無非是為了讓民眾早點避難好保住性命為目的。

18 二〇〇九年八月莫拉克颱風因暴雨而釀成水災與土石流災害，主要發生在台灣南部山區與沿海地區。

我可以想像並理解這一切如何發生——在媒體限制與敘事框架中，時常將災難視同於極度的悲傷，這悲傷在新聞「簡約」的操作中便十分庸俗與廉價，就像是八點檔肥皂劇演員那樣，一個刺激只有單一誇張反應：生氣就要呼巴掌，傷心只有嚎啕。不符合社會期待的「表現」，在現場會被淘汰，進了編輯室又被篩選，新聞從業人員都被訓練要抓到「一眼即知」的現場感，畫面如此，內容亦然。因此，與其將五分鐘讓渡給無止盡的意見討論，不如完整呈現災難的「悲劇性」，即使那悲劇被簡化成「情緒」。

包含我在內，許多媒體從業人員對於大眾情緒性的批評與嘲諷，都會反射性地否認與生氣。災難發生時，不論前線後方都非常緊繃，需要更多現場、更多資訊、更多能滿足閱聽人的報導。第一線幾乎不眠不休守在原地，有些人比其他人更深入現場，有人可以聽完整場公聽會，但我們必須承認，最後能成為新聞的，還是「衝突」——不論是災民的咆哮、官員遲到或人為疏失。新聞之所以為新聞，還是被定義的，只有那些「非常」才有價值。即使拉長、增厚成調查報導，核心都不會改變。

更不用說，在洪水式的新聞沖刷下，閱聽人會注意的，也是衝突性、戲劇性的畫面與標題——不是沒有什麼樣的報導，而是你看不到那樣的報導——艾倫·狄波頓（Alain de Botton）曾寫道：「我們幾乎每天都會接觸到悲劇性的新聞報導，卻極少體認到這些報導屬於一種整體一致的敘事類型，並且具有某種特定寓意……。新聞應該把各種駭人聽聞的報導全都歸納在悲劇的標題下，並且採取特定的敘事方式，以便我們能夠在報導對象瘋狂血腥的舉動中，輕易看出自己潛藏內心的傾向。」他還說，「大眾如果完全理智，而且從來不會陷入瘋狂，那麼別人的悲劇就不可能引起眾人的興趣。」[19]

媒體的本質都一樣，日本媒體也不例外。一九九五年阪神大地震發生後，大量湧入的媒體製造了許多問題，像是隨意進入避難所或收容所、要求災民根據自己所需說幾句話後，就轉往下個地點；有些媒體為了呈現「災民的憤怒」、傳達災民對行政體系的不滿，甚至挑撥政府與居民間的關係；也有媒體為了捕捉血腥創傷鏡頭，阻擋傷患進手術室。

當時的日本媒體不斷空拍扭曲斷裂的高速公路、橋樑，甚至是住宅區的火海，而後將這些鏡頭剪接拼湊，配上激昂旁白和配樂，進行煽情加工。這種與災難電影相同的畫面，便成為日本人的災難記憶。普通的救災場景及災難的基本訊息，就在這洪濤般的巨大災難畫面中被埋沒。

但這種報導並不是為了災民而生，災民不過是被利用來為電視台賺取收視率跟廣告費而已。意識到媒體的惡劣後，社會大眾發出嚴厲批評，迫使日本媒體檢討修正，並成為今日災難報導方向與原則的指引。[20]理性的觀眾，拒絕了簡化的悲劇。

經過糾正後的日本媒體，在災難報導上已有專業與節制的共識與表現。如今他們即使訪問受難者家屬，也很少拍到臉孔，涉及兒童也只能露出背影或鞋子。他們注重受災者的人權，認為過度採訪會是另一種傷害——畢竟，受災的樣子都是不好看的。

今日的日本媒體雖廣受肯定，日本人自己卻不這麼認為。三一一發生這年，我隨口跟一位長輩聊到他們國家的媒體專業，他卻冷哼一聲：「專業、節制？你根本不知道什麼被報導，而什麼被隱藏。有太

---

19 艾倫．狄波頓，《新聞的騷動：狄波頓的深入報導與慰藉》，先覺出版，2014.05。
20 劉黎兒，《超越地震：地動天搖三部曲》，時報出版，1999.12。

多沒有被報導的了。媒體，能信嗎？」

我看著他，心想這名憤怒的日本人如果看到台灣媒體的瘋狂和記者廢話連篇、不著邊際的發問，不知有什麼反應？「可是，我們台灣人認為日本媒體比較值得信任。」

「信任？」長輩挑了挑眉，「媒體最大的廣告主就是東電啊！他們只能寫他們能寫的。」

——

我和楊明珠聊起這段談話時，她正在旅館櫃檯翻看報紙。

「他說的沒錯，」楊明珠抬頭看我：「東電影響力很大，影響日本媒體，所以他們什麼都不敢報導。NHK也是國家的。觀眾也不太信任他們。」

她曾採訪過福島避難所災民，對日本政府處理失序有深切感受。日後為了瞭解這些問題，還買了整櫃相關的書，對於東電對媒體的控制，略有耳聞，只是，她終究是境外記者，只能做好分內的工作。

就在福島核災危機加劇，人心惶惶之際，台北總部命令楊明珠撤離，她卻不願意離開崗位。「外地記者都跑了，終於有空出來的旅館給我住，我可以洗澡了。為什麼要逃？」楊明珠瞪大眼睛，拉高語氣，「逃，能逃到哪裡？無處可逃了。」

她認為，既然人在日本，就必須面對眼前日本的一切。

「那作為一個台灣記者……」我頓了頓：「既然進避難所採訪受到限制，妳進入避難所，也很緊張……」

她立刻明白我要問什麼：「嗯，我會先自我介紹說，大家好，我是台灣來的楊明珠。接下來就會很順利了。」楊明珠的名字以日文發音就如同「養命酒」，當她自報是「養命酒」，避難所災民都會笑出來，氣氛也能緩和。

我也笑了出來。「那時台灣積極募款的消息還沒傳到日本吧？所以妳沒有辦法靠這點來拉近距離。」

「對啊，他們跟我說災後第一次看到記者，竟然還是從台灣來的。」楊明珠將報紙闔上，坐了下來：「那個時候，他們問我，台灣有大地震吧[21]，那現在呢？我說，都重建了，比以前更好。台中一棟傾倒大廈的受災戶還來日本感謝你們的消防員，說現在有能力回饋，要來報恩。[22]日本消防員還跟我說，到了這麼多國家救災，第一次收到感謝呢。」那些面帶愁苦的人們，終於浮出一抹笑。

「一個老先生走到我面前，跟我說，我們以為自己是被孤立的，是孤獨的，就像是沉沒在海底一樣。」楊明珠對這個災民印象深刻，因為他提到自己看到台灣總統在電視上帶頭募款時，表情像是快要哭出來，語帶哽咽：「我現在對九二一地震沒有捐款這件事，感到非常後悔。」

---

21 指一九九九年九月二十一日發生的九二一集集大地震。
22 二〇〇八年十一月，在九二一地震中受災的台中東勢王朝三十八名受災戶到日本東京、千葉答謝消防隊救命之恩。

「不要輸啊，釜石！」

二〇一一年六月，災難即將屆滿三個月之際，災難現場已被清理，重建計畫即將展開。因為正在進行一個關於慈濟基金會的專題，我這個不斷刨土的狼，終於如願被報社派往日本災區。但問題是：這還是一個吸引狼群的草原嗎？

仍然關注這場災難的台灣社會，焦點已放在核災上頭，「福島」幾乎成為「三一一」[23]的代名詞，海嘯倖存者不再被關注。這似乎是一種常態，每場災難過後，譴責人禍遠大於預防天災，政治追究強過人道援助，戰鼓隆隆，最終成為一個當事人不在的擂台。

因此，這個時候才進災區，對我來說是困惑遠多於亢奮，畢竟，能處理的素材、可以料理的題目，和當下社會的熱議，恐怕有不小距離。或許是盤炒冷飯的災後報導也說不定。更別說，還得跟著慈濟行動。

慈濟是一個以「人道援助」國際馳名的宗教團體，在台灣本地卻頗具爭議：一說它壟斷善款，是慈善托拉斯，二說它並不慈善而是財團。[24]就算我忽略慈濟，只專注在日本重建議題，仍無法確定工作是否會被介入或干涉，畢竟是處在被動的處境裡；況且，只要我跟著慈濟行動，採訪的時間空間多少會受到限制，甚至無法事前設定方向目標。

但我並不否定慈濟在災難現場的善行與付出。決定參加這趟援助行動前，我就曾聽國際援助負責人謝景貴提及三一一災後的情事。他說，東京的慈濟人在第一時間，就帶著熱食、毛毯進入重災區，卻不斷在各收容所間來回碰壁：頭個收容所的災民，看著他們這些外人，只說物資放下，人趕快走，拒絕關懷與多餘的接觸；到了第二個收容所，仍不得其門而入，只好輕拍一個孕婦的肩膀，說聲「辛苦了」，對方因此放聲大哭，情緒潰堤，但神情放鬆許多。

東北災民的堅毅與節制，在這場災難中成為傳奇，慈濟的受挫經驗，聽來也不算太稀奇——日本人本來就帶著拘謹、封閉的形象，習慣與嚴酷環境搏鬥的東北子民又比其他地區的日本人更能忍耐；讓女兒賣身、送兒子為帝國賣命，從不少見，然而，他們總是沉默工作，保留著讓人懷念「古老且良好」的基底。但換個角度想，他們內在是強烈的保守主義，某種程度拒絕改變。他們相信一切都要靠自己，不願示弱，抗拒同情。經歷過阪神地震的神戶朋友曾對我解釋，就連他們到了東北都會碰一鼻子灰，更何

23 地震與隨之而來的海嘯，發生在三月十一日當天，那時，日本氣象廳以「平成二十三年東北地方太平洋近海地震」稱呼，四月內閣會議中，正式將這次地震相關災害（包含福島核災）統一命名為「東日本大震災」。但中文媒體或台灣習慣以日期做簡稱，因此本書一律以三一一進行指稱。

24 慈濟在一九六六年成立時，即以社會救助為目標，一九九一年因孟加拉水患開始投入海外援助。台灣社會普遍認知「有災難的地方就有慈濟」，但慈善壟斷、內湖保護區開發、莫拉克風災重建以及諸多形象爭議，都引發負面觀感與評論。

況外國人？

不過，我還是很好奇，慈濟最後是怎麼撬開那道磚的？「到了第三個收容所，我們終於得到一點機會宣讀證嚴上人的信。」謝景貴解釋，他們緩緩地從台灣自身災難說起，表達同理之情，才能破冰。

就這麼一步一步叩門，一點一點與對方建立關係，最後，慈濟不但能夠進入收容所進行災後援助，甚至與地方政府達成協議，允許這個外國團體發放慰問金——送錢給災民這種事，在任何地方無疑會受到歡迎，唯獨在日本會遭到拒絕。地方官員認為，只要關於錢的事都很麻煩，尤其這一年四月，曾有幾個日本財團聯合起來發放救助金[25]，就因考慮不周詳，造成不必要的誤解，引起許多紛爭。無論災民如何迫切需要這些救助金，都還是以「杜絕不公和爭議」為前提，更何況慈濟是外來團體，如果有個萬一，更難處理。

「讓外國 NGO 進來發錢，需要很大的勇氣。」一個地方首長後來對我坦言：「但說實話，居民很需要這筆錢。」

確實如此，災難太大、範圍太廣，損失太重，這些地方政府除了接受日本各地援助，也要開放其他國家支援，甚至必須得和民間採取半合作關係，否則根本撐不過去。

因為確知這個難題，也為了讓地方政府認同與配合，慈濟務求每個環節都確實無誤，賑災謹慎守序，出發前、過程中，一再叮嚀：「千萬不要造成困擾。」連我這個「外人」也不得不服從規定：要穿制服、不能脫隊、不能擅自採訪……。後來，時常忙到騰不出手腳的我，甚至被多加個規矩：「外套不可以掛在相機包上。」

到達東京，叮嚀更是一條又一條往上加，例如，「不要對他們說加油，他們已經夠努力了。」慈濟人說話溫婉，卻總帶著不容懷疑的堅定。但我還是好奇，便趁著上車的空檔，追上東京分會執行長張秀民詢問原因。

「這筆慰問金，對災民來說很重要。他們看到公告後，一直打電話來詢問資格為何，我可以感受到他們的急切，他們一定很需要這筆錢。」幸好她不覺得我的問題冒犯，眼睛笑彎如弦月，在眼鏡後面閃著光，「日本人個性內斂，不會積極爭取，但一通通客氣又疑惑的詢問電話，顯示了他們的心情。我不過說了句『真的辛苦了』，對方就哭了。站在他們的角度想一想，他們忍耐夠久了，夠努力了，如果是妳，聽到句句加油，難道不會想跟對方說：『我已經夠努力了？』」

張秀民的話，讓我想起剛抵達羽田機場所看到的媒體報導[26]：日本紅十字會和中央共同募金會收到

25 日本捐款款項有兩種，一是支援金，二是義援金。「支援金」指的是對NPO或市民團體捐款，而他們直接將捐款用在災民身上；「義援金」是大規模災難時，以日本紅十字會、中央共同募金會（赤い羽根）為基礎所募集的捐款。這些捐款會送交義援金分配委員會分配。

中央共同募金會，意指由都道府縣之下的共同募金會組成的聯盟。為了國家需要時，有一筆活用的款項，這些地方政府平時就受收捐款，並不時調整應用方式。而義援金分配委員會則由災民、志工代表、社會福祉代表與專家共同組成。

26 義援金分配委員會四月第一次召開，只決定了死者、失蹤者，房屋全毀者的「見舞金」約三十五萬日圓，屋子半毀的則可領十八萬日圓見舞金。依據估算，總數應該達一千三百億日圓。到了六月，十五個道都縣收到了八百多億，不到四百億送到災民手上，還有一千七百億在戶頭裡。六月九日出刊的《週刊新潮》大篇幅刊載災民的抱怨與質疑。而朝日新聞等媒體則將焦點放在六月六日第二次會議的爭論上：是否應該維持第一次會議的分配標準？

全日本捐款超過兩千五百億日圓[27]，卻只有八百二十三億日圓送到十五個受災縣市，而真正交到災民手中的僅有三百七十億日圓。「為什麼三個月了，災民都沒有拿到錢？」

「這是第一次中央地方協調會的決議。」張秀民對我很有耐心，「不能從發錢的速度做是非判斷。救災沒有那麼容易。」

我點點頭，表示理解其中的複雜。一個平頭面黑的壯漢，從旁走過，聽到我們的對話，立刻補充：「日本政府現在還在調查階段，希望能擬定比較完善的補助制度。」聽到他的聲音，我反射性地站直，就像看到教官的頑皮學生那樣，擔心自己做錯被抓包。

他是這次賑災的行動領隊陳金發，面對志工時總板著臉，聲音宏亮，氣勢驚人，轉頭看見災民或第一線公務員時，則會頻頻九十度鞠躬，話語細柔，態度謙卑，使用高級敬語。這也是賑災守則：不可以稱「災民」，要說「鄉親」，那代表著大家都是一家人，都是平等的；因為「鄉親」心裡已經受傷，頭要比他們更低，腰要比對方更彎；如果「鄉親」鞠躬說謝謝時，也要以同樣的身段致謝，感謝他們願意接受幫助。

「慈濟文化很像日本文化，靜聲、秩序、自律，不造成別人困擾。」陳金發一開始便如此提醒我。

我可以理解，像我這個帶著「狼性」的新聞工作者，在守序的羊群裡會格格不入，得要勒上項圈才不會太過突兀。而我也同時發現，慈濟人之所以能在混亂的災難中迅速建立一套秩序，就是因著這些紀律與守則。

因此，在日本這幾天，不管我如何被這些條條框框的規定惹毛且煩躁，只要看到「鄉親」的眼淚和感激，都不得不承認，慈濟人確實值得那麼一點尊敬。

釜石市以海產養殖聞名，各色海產豐富了這城鎮的樣態與味覺，只要魚汛來臨，漁船便從海上簇擁而來，貨車也會來回運送，整個港口熱鬧不已。工作結束，再到商店街喝一杯，便是海的子民最大的幸福。

然而，這個初夏，這片港岸街區不但沒有魚、沒有人，也沒有生氣，除了汙泥斷木，什麼都看不到。過去熱鬧歡騰的居酒屋被垃圾殘物堆埋，連入口都找不到，道路如月球表面坑坑巴巴都是泥濘，整個海岸線成為天然垃圾場，到處是破船、爛車、保特瓶、鍋罐、孩子的書包或棒球手套……。某種像冰箱傾倒、食物腐敗的無名氣味，在各個角落飄散。海水碧藍，陽光燦爛，市區卻如寒冬沉寂。

畢竟，這是一個失去一千三百條生命的小城鎮。

往生者中包含不少公務員。因為鄰近港灣，海嘯來臨時，市役所[28]首當其衝，市長野田武則倉皇逃到屋頂才倖免於難，但很多市府員工卻喪命其中——整個三陸沿岸包含市長、町長、村長這類地方官在

27 募款於二〇一一年三月十四日開始，直到二〇一四年三月三十一日時，捐款總額超過四百億日圓。
28 日本的「市役所」類似鄉鎮市公所。在本書裡，維持日文原稱。

內，約有三分之二公務員罹難。民眾身分資料等行政檔案不是泡在泥水裡，就是遺失。應該引領救災重建的地方機關，幾乎癱瘓。

但即使殘肢斷腿，市役所仍得比誰都還快重組、重建。野田武則帶領市府員工，以簡易木板架出隔間，將魚貨展示中心三樓闢成「災害對策本部」——距離灣岸約一點五公里遠的魚貨展示中心，是個鑲著藍色雙魚與河豚圖樣的銀灰色建築，本是魚貨、土產販賣之所，因為地勢略高、距離略遠，沒什麼災情，加上占地面積大，鄰近釜石車站，自然是最佳選擇——即使缺電無水，眾人仍然窮盡辦法，在這裡維持行政運作。

面對停車場的玻璃大門，原本貼滿商品與活動海報，如今被政府公告、申請補助、死亡、失蹤名單與尋人啟事取代，各樣手寫或簡單列印的紙張以無法解釋的工整次序排列其上，迎接上門求助的災民。這方空間很吸引我，每次經過，都忍不住凝視細瞧，並忍不住感嘆：就像這片海岸一樣，即使外在已被清理，回復整齊乾淨的樣貌，但內裡仍是百廢待舉的雜亂慌張。

此時，失蹤人口上千，相關新聞依然霸占日本媒體最重要的版面，濃度減淡，砲火聲卻烈。從時間來看，災難過去了，以空間來說，災難還在眼前。大多數報導指向地方政府人手不足，且處在千頭萬緒的茫然裡，而數千里外的中央政府，則困於福島核災後續，整體救災節奏慌亂無章，表現屢遭非議；執政黨和在野黨又對《復興基本法》[29]持不同意見，國會爭議不休，直至災滿三個月的此時才拍版定案。看在災民眼裡只有無奈。

我拿著紙筆穿梭在災民之間，偶爾攀談，有時聽聽他們的抱怨。雖說是抱怨，語氣卻很委婉，像是

「三個月了，我們還沒拿到一毛錢，想自己買個壽司吃都沒辦法」、「大家捐給我們冬衣跟棉被，真的很感謝，可是，天氣變暖了啊，現在最需要的是夏天的衣服。沒有錢，沒有辦法買……」、「政府動作好慢啊……」等。

「你們不會想要抗議嗎？」在台灣，如果政府動作慢一些，或是沒考慮到災民，必定會有反彈或抗議的聲音。我直覺地拋出這個問題，旋即覺得不妥，趕忙修正：「你們應該讓政府知道你們的困難跟感受。」

「我們雖然很辛苦，但政府也很辛苦啊，事情發生了，沒辦法。」他們說：「只能一起努力。」

不論我跟這些民眾是談論停水或沒電，說到補助金發放程序，還是提到核外洩與海嘯，乃至於災民安置種種話題，他們都會這麼回應：「這也是沒有辦法的事。」之後通常還會再接著「只能忍耐」或「只能加油了」這樣的句子。如此應答，會讓人想起美國歷史學家賴世和（Edwin Oldfather Reischauer）的形容：「日本人習慣忍受自然災害，且能泰然處之。災害助長了宿命論觀點，……日本人有一種承認自然界可怕威力的宿命論思想。與此同時，也鍛鍊出災難後重新開始奮發圖強的巨大能力。」

從那些心力交瘁的第一線公務員身上，也能看到賴世和說的這種能力。

---

29 復興基本法：為了三一一重建而制訂的法規（平成二十三年六月二十四日法律第七六號）。一九九五年，阪神地震發生一個月，日本國會就通過復興基本法，但東日本大震災卻在一百零二天後才通過，引起各方批判。《東日本大震災復興基本法》除了設置由首相擔任本部長，並納入所有閣員的「復興對策本部」外，亦將設立「復興廳」，以擔任發行「復興債」確保重建財源、創設具稅制優惠與法規鬆綁的「復興特區」、重建企畫與提案等實務工作。

魚貨展示中心二樓的邊間，是木板隔起的「臨時辦公室」，紙箱、告示、文件、電腦、電線和影印機在這個區域交纏。每天，我都會找個空檔，窩在這裡寫稿，但即使埋在這雜物堆砌的邊角裡，仍感覺自己處在一個快速轉動的旋轉木馬上，怎麼都難以定下心。身材瘦弱的總務課助理課長熊谷充善或許是這運轉帶上的軸心，不論從哪個角度，位在哪裡，我都能看見他的身影。每個人都會找他，他見到人也會交代個幾句或回應對方的問題。他的眼睛布滿血絲，疲態盡露，但見到災民仍客客氣氣鞠躬問候，隨後又小跑步往下個目的地走。

有一次，我轉頭看見身旁的職員，眼神空洞地望著熊谷疾行，忍不住問他還好嗎？

「地震前一晚，我跟朋友喝到凌晨兩點。」我愣了一下，懷疑是否說錯什麼，怎麼會如此文不對題？這個疲憊的職員沒察覺我的訝異，喃喃自語一般說著：「那天，這些朋友就都不在這世上了……我的人生觀從那天開始轉變。」

我無意探問他的痛苦，只能沉默，他也沒有繼續說的意思，都只是呆望前方，心思各異。我想，就算彈盡援絕，這些公務員仍會荷槍上陣，每天不是低頭填寫表格，就是解決災民問題。在這紙張表格與地圖貼滿了木板牆壁間、傳真機印表機不停嘎嘎作響中，他們那無一絲多餘的行止，就是這城鎮的生命徵兆不會中斷的象徵。但，他們也是災民。

這些無法顧及自己心情與需求的公務員，在藍色救災制服上別著一個紅色的口號貼紙：「不能輸啊（負げねっすよ），釜石」，像是鼓舞自己，也鼓舞著來此地尋求援助的災民。他們比誰都還期待家園盡快重建。

九點不到，魚貨展示中心二樓大廳已聚集了兩百人。有些人清晨七點即到，在晨曦下靜默等候，問他們為什麼這麼早來，他們會這麼回答：「反正沒工作，沒事。」

因為災情嚴重，破壞範圍大，我們這數十個外國志工只能居住在三個小時車程外的城鎮，早上清晨四、五點出門，回到住處已是夜間十點。三餐都靠「香積飯」，沖了熱水就在車上或角落吃。跟隨這麼個行動確實迅速的團體，我不免有置身軍隊之感，卻更能理解慈濟為何如此有效率。

吃的問題解決，睡眠不足這問題，始終困擾著我。大夥兒回住處休息時，我還得花上兩、三個小時寫稿、處理照片，等我躺到床上，通常只剩一到兩個小時的睡眠時間，甚至還得提早起床，跑到一樓大廳發稿回報社。在這種情況下，當我下車走進魚貨展示中心大廳，感覺到地面震動時，還誤以為太睏以致頭昏，直到眼前的騷動像石頭丟進盆水那樣泛開，我才猛然驚覺——是地震！

餘震不斷，但聚集百人的大廳卻無過度驚慌或叫聲，就像只有些許鳥鳴的晨靜——除了幾個婦女忍不住將手放在胸口深呼吸。看著這景況，我有些懷疑，究竟是習慣了地震，還是壓制恐懼？

地震，對日本人來說再尋常不過，排隊也是。志工見眾人都站著等候，連忙張羅椅子，讓大家歇息，卻聽到公務員回應：「沒關係，排隊是日本人的事。」然而，隨著日頭攀升，人數也不停累積，接近中午排隊人數也達千人。如此人潮仍不見喧嘩，除了幾聲淡淡的問候，都面無表情。他們把身分證明捏在手上，有些不安，也有些疑惑：「真的可以領到慰問金嗎？」眼前這個來自台灣的宗教團體如此陌生，為什麼會到這麼遠的地方發錢？

穿著藍白色制服的志工在大廳中不停穿梭，或引導說明，或拍拍老人家的肩膀，或唱起手語歌。有人勉強配合牽動嘴角，有人則沉默盯著大螢幕上的說明，聽著慈濟創辦者證嚴上人的慰藉，說著「災難同當」的道理。不知道他們究竟是被觸動，或是找到流洩情緒的空間，有些男人睜大眼睛，任淚水滑落，不少婦女低頭輕輕拭淚。

我站在大廳，看著領到錢的人們那有些放鬆的表情，也跟著鬆了口氣。他們說，政府在災後僅給他們五千日圓補助，其他還待商議，生活拮据的他們拿到這筆慰問金時，都表示這是「大金（很多錢）」，喜悅溢於言表：「我終於可以吃上一頓壽司了。」

領錢，就像個分界，相較於進門等候時的拘謹沉默，領到錢準備離開的災民情緒略略激動，像是想找人宣洩那樣，會朝我們望一望，甚至說說話。像我這種沒事做、站在一旁的年輕女性，就是個好對象。

「日本殖民台灣這麼久，對台灣不好。戰爭結束五十年的現在，我還吃你們的東西、受到你們這麼大的幫助……。」一名長者走到我們面前，對志工微微點頭，表達謝意。

我們還來不及回應，這位八十歲的長輩就搶著把話說完：「可能別人覺得理所當然，但對我來說，這三萬塊簡直是三百萬的價值。我真是無以為報。」

無獨有偶，另一位長輩與我們聊天時，突然發問：「妳知道後藤新平嗎？」

「後藤新平，誰？」我無法相信自己的耳朵：「台灣總督府民政長官？」

若說日本殖民台灣有功，那功多歸於此人，他也因建設台灣的功勞，轉調到戰前的滿洲，後任內務大臣。在內務大臣任內遭逢關東大地震，曾當過東京市長的他，大刀闊斧重新規劃幾乎成為廢墟的首都，東京於是成為今日的東京。

「對對對，他是我們岩手縣的人。」這位七十多歲、背脊挺直的白衣長者邊說邊指了指自己，宣稱其他的日本人對台灣不算瞭解，而他對台灣卻很熟悉，因為認識的一些長輩在戰前都曾到台灣工作或念書，戰爭結束後才回到日本，「我常聽他們回憶當時的生活。」

長者們的分享，引起我的興趣，我抽空查找一下資料，才知眼下這片受到海嘯衝擊的東北地區，在一九一〇年代初期、日本產業革命興起時，已是都市糧食、勞動力的供應地，卻未受到公平的對待，因此，有日本學者稱當時的東北地區簡直就是「國內殖民地」。

明治初期，東北受冷害所迫，作物欠收之外，還發生海嘯，財團於是從「充實國力」的角度提出「東北振興」的構想，相關政策隨之而生。當時的評論是這麼說的：「北海道的開拓、台灣島的經營、南滿洲的開發和韓國的扶持，原本就該做，但東北振興的政策的擘畫尤其要窮其利，拓展其資源，並將謀求國家強盛作為當務之急。」

然而，當時的東北在大多數日本人眼中如蠻荒之地，即使到了昭和時期，仍無改變。一九三三年，前往東北見證三陸海嘯的《中央公論》寫手之一的下村千秋，在雜誌上留下這句話：「讓我想到台灣的生番。」她不是唯一做此評論的記者，前一世紀跟著天皇巡視東北的記者，也寫下類似的文字：「跟台灣番民一樣」、「跟台灣生番部落沒什麼差別」。巧合的是，「台灣生番」研究者伊能嘉矩，就是岩手人。

這個時期的東北確實是「窮鄉僻壤」。農村疲弊與農作歉收的結果，讓「超過二十萬飢童」的議題熱度足以和當時「滿洲事變」的戰爭新聞比拼——為了抒解經濟大恐慌壓力與農村疲弊，日本在中國東北發動九一八事變（滿洲事變）隨行侵略，其中一個步兵連即是以岩手縣為中心編成。昭和三陸海嘯發生後，派遣兵與連守兵加起來超過三百五十戶受災，為了鼓舞軍隊士氣，當時的陸軍大臣代理甚至發動對災區士兵的捐款，日本海內外的援助也不斷湧入。

然而，災難過後，最該面對的根本問題，還是重建與發展。東北的「體質」，必須被改變。當時的內閣總理大臣齋藤實，就是東北人，自然全力支持東北發展計畫，並設立東北振興調查會，決意利用經濟重建東北。具體做法包含：設立首都圈電力供給的「東北電力」，並推動製鐵、化工、水產加工等產業建設等。由此可知，東北之所以能加入日本現代化進程，係與天災人禍有關，但這樣的產業發展也被視為國家總動員資源政策的一部分。換句話說，東北和台灣一樣，都成了戰爭資源的供應地，也承擔相對應的後果。

太平洋戰爭時期，釜石因為發展鋼鐵業，被美軍視為攻擊目標，遭到兩次猛烈的砲彈轟擊，整個城鎮破壞殆盡，死傷人數多達一萬七千人。許多老人都記得美國飛機低空越過田園，朝他們掃射的情景，這番生死險境，至今仍刻骨銘心。

某日下午，一位身軀嬌小、駝著背的婆婆，緩步朝我這個方向走來，突然停下腳步，帶點遲疑，朝我身後看去。我隨她的視線往後看，看到另一個婆婆輕聲探詢，而後兩人驚喜地抓住彼此的手，聊了起來。原來她們是高中同學，曾在戰爭空襲時彼此相扶逃到山上，戰禍結束，已一甲子未見。

「那時體力很好啊。」她們笑著對我解釋，如果不是因為對方，當初就不可能活下來了。年近九十歲的婆婆們，本以為餘生平穩，卻遭海嘯劫難，以為「失去所有」時，卻與「青春」意外相逢。

「海嘯比較可怕，還是戰爭？」志工忍不住插話。

「那時很年輕，躲過戰禍比較容易。」婆婆說，海嘯的話就沒辦法了，是生是死都不是自己能決定。超過一甲子再見的兩人，此時僅僅握住彼此的手，互相鼓勵對方，要活到一百歲。

「真的喔。」我們說：「要好好活著喔。」

「嗯，活到一百歲的話，我們一起到台灣旅行吧。」

—

只能看到報導結果的閱聽人，總以為記者向受訪者遞出麥克風無一絲猶豫。大部分人都不清楚攝影機打開前的準備，也不會看到記者在心裡的採訪演練與掙扎懷疑：這是對的問題嗎？會被拒絕嗎？不論對這份工作多嫻熟，每個採訪都是一個新的開始，每個議題都讓人緊張。現場，永遠是戰場。

雖是災後三個月才到災區，對我來說，這還是一個情緒亢奮的「新聞現場」，焦慮自然也伴隨而來：到底該談重建，或是回顧災難？我不想揭人傷痛，但挖不到故事就是失職。災難初期，東北災民沉默堅毅的畫面深植人心，採訪還沒開始，我就已經沮喪：「萬一他們都不說話怎麼辦？」

但新聞與田野工作的迷人處在於，不到現場，永遠不知道會遇到什麼。頭一天，我很緊張，看著不帶表情的男男女女，不知道該從哪裡下手，只好蹲在等候區逗弄一隻狗。狗主人向我介紹狗的名字後，竟兀自談起帶狗逃難的過程，說她如何緊張又害怕。前排一個身形豐腴的大姐立刻轉頭加入話題，訴說自己的恐懼。

「我現在看到海都會怕，怕到失眠，要吃精神科的藥。」大姐顯然很想傾吐所有情緒，連身體都轉了過來，準備把話說清楚時，看到我身旁的長者，突然驚叫出聲：「太好了，太好了。」原來這位長者是大姐的鄰居，獨居在家，無人照顧，海嘯後就失去音訊。大姐一直以為老人已經罹難，沒料到能在這個場合相遇。彷彿擔心老人如泡泡一樣很快飄散，她緊緊握著老人的手，不停擦拭眼淚：「你能活著真是太好了。」

光是杵在那個等候區一個早上，我的採訪筆記就記了好幾頁的故事。「海嘯來的時候，我被拖到海底，等我醒來人已經在醫院了。醫生說我腦震盪很嚴重，睡了很久。但照了X光，什麼問題都沒有。」一個婦人說她在災後收容了三十五個老太太在娘家避難。「我常問自己，是不是神要留著我，留我下來做事？我已經快七十歲了，以前日子過得太享受了。現在我沒死，就得付出。」

在那個空間裡，各種死裡逃生的故事浪湧而來，我反倒成了無法固守城牆的衛兵，心理防線潰決，兵荒馬亂。像是某日下午，一對婦人彼此攙扶走向門口，年輕那位像是想起什麼似的，突然停下腳步，回頭跑上階梯詢問志工問題，駝背長者只得獨自站在階梯上。一名志工因擔心階梯上長者的安危，便走在階梯下方扶住老人。這位名叫山崎的老婆婆突然發出細細的聲音，對著志工說起遇到海嘯的情景：當時遭海嘯捲走，是媳婦用力拉住她，才留住了性命。

山崎婆婆說到這一段時，表情平靜，並用手指了指年輕的婦人。

「妳救了婆婆嗎？很厲害耶。」志工轉頭問婦人：「很害怕吧？」

婦人聽到這問題，有些愣住，隨後嚎啕大哭，哭到不能自己，只能雙手摀臉，點了點頭。志工拍了拍她的背：「妳真的好勇敢，婆婆得救了，真是太好了。」

我看不到婆婆的表情，但背影看來不見起伏，婦人倒是越哭越大聲，聲嘶力竭像是要發洩完心中的恐懼，全身抖個不停，「好可怕，好可怕。」

這哭聲很有感染力，讓我也在旁跟著哭到顫抖，彷彿我也是死裡逃生的那個人，讓志工們還得同時安撫我，最後成為眾人開玩笑的對象：「這記者哭得比災民還誇張。」

或許壓抑了三個月，又或許因為遠道而來的溫情，也可能是生死相隔的邊界被挑起，我預期的那些封閉心靈、沉默臉孔和克制情緒，完全不存在。原本態度緊繃、擔心誤觸某些隱形規則的我，意外地旁觀各種情緒流洩。那些關於災難中日本人的剛毅堅忍，不在外人面前掉淚的「傳說」，在我眼前悉數破碎。

伊東信一就是其中一人。人高馬大、膚色黝黑的他光是站著，就讓人很有壓迫感，況且他還咄咄逼人，不斷質問我們：「台灣團體來這幹嘛？慰問金是真的嗎？怎麼可能這麼好心，恐怕是騙人的吧？」

這是我們第一次見面，有別於大部分日本人給人委婉客氣的印象，帶著墨鏡的他對著我們這些來客，卻很不客氣。我隔著幾步距離，訝異地看著他對著瘦小的志工咆哮，而志工則仰著頭，不斷嘗試安撫。但這個大漢不讓對方開口，只一股勁地表達憤怒，先是質疑眼前一切，再怒罵海嘯，說它帶走了辛苦積攢的積蓄，讓他準備開展的第二人生報廢。剛退休的他，從享受生活的雅痞，成了一無所有之人。

他很恨，非常恨。

「接下來的人生該怎麼過？」他把這話用力甩給志工。

「你的家人呢？」志工問。

「都活著。」伊東信一的兒子在靠內陸的地方住著，帶學生出去郊遊的女兒反應迅速，一起躲到避難所。海嘯襲來，他所居住的鵜住居町首當其衝，五百人罹難，超過全市往生人口的三分之一。本以為女兒罹難的伊東，幾天後從校長口中得知女兒平安無事。絕望轉成驚喜，再由喜悅轉到憤恨。

「真是太好了。」

「可是我什麼都沒有了。」

志工拍了拍他的背，以佛法道理溫柔勸說。我無法確定是志工的溫情，還是那些道理、又或者大夥共同製造了一個情緒的破口，這個滿臉怒容的大男人竟毫無預兆地流下斗大的眼淚，大哭出聲。我們沉默不語，由他哭了幾分鐘。之後，他摘下墨鏡，一邊擦眼淚、一邊道歉：「對不起，我不該哭的，這很丟臉。」他說自己三個月來，惶惶度日，未曾掉過一滴淚，只是以憎恨為武裝，過著自我放棄的日子。

「我不敢在家人面前哭。」他說，自己似乎走不出災難發生那一天，「一直到現在，我還活在三月十一日那天。」

「會過去的，」志工說，「只要活著，都有新的可能發生。」

「我跟你們保證，釜石不會垮，一定會站起來。」在簡單地打氣與撫慰後，伊東信一突然挺起胸：

「我也要追回我原來所有的。」

新的一天，魚貨展示中心大廳仍滿是人潮。伊東信一穿過大廳，向我們揮揮手，示意我們往門口走。情緒宣洩過後，他格外熱情又有自信，自願帶我們到處走走，讓我們看看海嘯怎摧毀他的家鄉，也希望我們能將這些故事記錄下來。距離災害對策總部最近的「中妻避難所」，就是「導覽計畫」中的第一站。

釜石市約有五十個災民收容所，收容了一千二百五十四名災民。這些災民大多聚集在可容一百多人甚至兩百人的學校體育館內。最初，每個人只能得到「側身」的空間。「就像沙丁魚一樣，每個人貼著身子睡。」一名長者用手比了比大小，向我們解釋。調整過後，一般的學校體育館收容人數仍破百，但至少都能擁有超過一床棉被的面積。

中妻避難所的住民多半來自兩石町。他們暫居的這個體育館入口，擺置了成排的話筒，上頭寫各種聯絡電話，告示板上則貼滿布告與生活須知；繼續往內走，可見一個大白板，貼上災難發生時的照片與各項安排，白板後方是不停往內延伸，堆積如山的物資。居民休息那側，櫃上有個大字報：避免個資遭到惡意使用，新聞記者、攝影師或是志工到訪，須出示名片或身分證明。

見我們走進收容所，幾位閒聊的住民立刻站起來招呼、倒茶，拉著我們聊天。他們說，日本人向來重隱私，但現在只能以鋪墊和棉被區隔彼此，實在尷尬；因此，有些人寧可回到殘破不堪的家中，也不願跟其他人共同生活；但也有些人會想辦法忍耐，像是一位老太太無法接受與大夥兒共用流動廁所，只能等到收容所廁所整理好，才願意如廁。

「海嘯發生在初春，但天氣還是很冷，很多人感冒，對老人家來說更是辛苦。他們本來就有病，又沒辦法好好治療跟休息，後來有兩、三百位老人在收容所去世。」一個大嬸向我們解釋收容所初期的狀況。

災後三個多月，他們也都適應避難所的環境，朝夕相處之下，也能彼此分享心情、互助合作：男人在外以工代賑，清理漁港掙點收入，女人則輪流擔負清掃、煮食工作。生活像是推入另一種日常軌道，如今他們有著稍微寬闊的空間，天氣也十分暖和，已經感到很滿足。「如果說還有什麼樣的要求，也只是缺少夏天的衣服和輕薄的棉被。」災難發生時，人們爭相寒冬送暖，而後就是忽略與遺忘，這個災民的需求委婉地道出某些現實——他們缺的不是物資。

「收容所不缺物資，缺的是工作。」說這話的男人表情有些害羞。

「慰問金呢？有去領嗎？」同行的志工突然想起自己的目的。

一位婦人說自己沒有去領慰問金。「如果我被拒絕，那很丟臉。」因為她先前到市役所領某項補助金時，因房子僅部分損壞，資格不符，讓她深感羞愧。

美國人類學家潘乃德（Ruth Benedict）在《菊花與劍》（The Chrysanthemum and the Sword）中提到，相較於西方基督教文明被「罪」影響，日本可以說被「恥」支配，日本人很在意社會對自己行動的評價，藉著外人的目光來規範自己的言行。我不太確定以這種「眼鏡」來理解日本人是否妥當，或許日本人自己並不這麼認為，但這幾天，「丟臉」（恥ずかしい）這個詞彙就不斷出現，哭泣的時候會說，受到幫助時會說，連出現問題都會說，讓我幾乎產生一種感覺：或許他們認為受災本身就是可恥的事。

我一邊想著這個問題，一邊跟著大家一起起身告辭，準備離開時，一位始終一言不發、跪坐在旁的婦女突然哭了出來，緊緊抱住我們，不斷道謝。我們雖嚇一跳，卻能理解，只能拍拍她的背：「沒事了，沒事了。要保重喔。」

然而，並不是每個收容所都跟這裡一樣溫馨開放。走出這個兩石町災民聚集的空間，往對面另一個收容空間去，明顯感覺到冷漠隔閡：門口是一個橫阻外人進入的桌子，清楚告示：「（除非先跟職員說）不得進入。」內裡空間不像前個收容所那般開闊，災民們以紙板架起一個又一個狹小的私人空間，呈現某種隔離彼此的姿態，在裡頭睡覺、看漫畫，或沉思。偌大空間安靜得連根針的聲音都能聽見，氣氛凝重。

我們與一個災民簡單交談後，便趕緊起身告別。這氣氛讓人窒息，我們也不好打擾。一離開這個收容所，伊東信一立刻解釋：之前那些兩石町的災民，大多屋舍損壞，但家人平安；而這個收容所的災民都來自釜石商店街，那裡非常慘，死者很多，所以心情不太一樣。「雖然日子很難過，也沒有安全感和隱私，但他們還是耐心等候組合屋的分配，沒有任何抱怨。」

像是要打破這尷尬與沉重氣氛似的，伊東信一突然宣布下個行程就是他那位在海岸邊的「家」。根濱海岸的受損度，可以從入口的燈號管制判斷——這是一個遭到限制的地區，大多是清運的卡車在這條海岸路上來來回回。約莫與三、四台大卡車錯身而過後，我們的車子在一個道路斷裂處停了下來，眾人趁機下車捕捉「海嘯殘景」，而我的腳才踏出車沿，就踩在一個鑲著「壽」字的相簿上，敞開的塑膠頁面雖有幾抹汙泥，照片裡的珍貴記憶卻很是清晰：畢業典禮、運動會、生日蛋糕……，這些特別的日子在災難面前都顯得平淡而悠長。

「照片裡的人呢？還活著嗎？」我不能再想下去了，因為旁邊還有書籍、作業簿和獎狀，視線往前延伸，還有書包、玩具、考試卷和汽車碎片，這些生活細節和生命片段，埋在岩石瓦礫泥土之下若隱若現。眼前這個堆滿垃圾的廢地，比汽車卡在學校二、三樓高的情狀還令我震撼。但隨著我在災區的日子越長，見到這些殘片的次數變多，也漸漸失去了震撼感，取而代之的是重建問題的瑣碎討論與貧乏。

災難該是何等情狀？或許就是打破日常，卻又建起另一個日常。

「這裡是老人安養院。」伊東信一指著兩層樓高的建築說。院裡的十五、六位老人當時都跑到頂樓，順利逃生，而他一生辛勤打造的屋房就在不到一百公尺處，如今只剩一個基底頂著破碎的木製地板，地板上擺置著日本狸貓娃娃，還有些鍋碗散落在邊上，再無其他——沒有屋頂也沒有牆。

大雨這時狂狂落下，伊東信一指著屋後的山坡，說當初險險沒命，幸好還有高處可逃。但那高處的林木因海浪侵襲而鹽化，樹木枯紅的半部就是海嘯的高度。而這時，伊東信一正指著岸邊一處碑石，說那是很久以前建立的海嘯紀念碑。

雨停後，天空出現一道耶穌光。我們在這道光的照映下，朝著半山腰的「上栗林集會所」前進。災後，許多災民接受政府安排入住各個收容所，但也有些人希望保有自主性，便自己組織、協調，集資租借場地居住，共同生活，上栗林集會所就是其中之一。

集會所的外觀是個木造房子，綠蔭環繞四周，門外櫻花片片抖落，看了這麼多毫無色彩的災後樣貌，這裡簡直是個完全不同的世界。正在廚房忙著準備晚餐的婦女見我們突然到來，不免手忙腳亂了一下，但仍親切大方，熱情招呼我們入座。這個由榻榻米構成的內裡邊角，放著的不是被褥就是桌子，足見起居全都在這方空間之內。

我們還未開口，已有婦人在旁輕輕拭淚，其他人則趕緊拿出座墊、端上熱茶，設法讓我們這些客人自在一些。跪坐著的我們，感覺自己打擾了人家，有些不好意思，但男人們看似非常開心，立刻聚集與我們圍成一圈，聊起災後生活。

這個集會所是由同社區的三十人組成，根據男女專長分工，每天固定開會交換情報，甚至會擬定提案供市役所參考。「作息簡直就像夏令營。」宛如生活總管的柏崎龍太郎解釋他們的分工與作息：五點即起，打掃庭除、吃完早餐後，便會分頭辦事，晚餐後會召開會議，八點半熄燈。七十多歲的他，退休前曾擔任公司經理，在這場域便自然承擔起領導角色，指揮協調。

在場的男人們大多打魚或做工。因受災而中斷工作的這段期間，雖不免感到挫折，靠著彼此打氣，倒不至於連鬥志都失去。「災後大家生活在一起，反而讓我不那麼悲傷，甚至還培養出革命情感。」離我最近的平頭男子這麼說的時候，大家都朝他笑了一下。

「我們每天都談著自己的夢想和將來規畫，相互給予力量。」柏崎龍太郎頓了頓：「我們不過是實踐唐三藏說的，地球上每個人都是一家人，如此而已。」

城鎮重建工作已經展開，有些人也開始搬移到組合屋去。儘管捨不得，但他們也明白日子終究要自己過下去。失去獨生女的柏崎夫婦就是如此，他們寧可將從慈濟那裡領到的慰問金用來做女兒的牌位，也不願花一點在自己身上。柏崎強調，這不是耽溺哀傷，只是不想失去希望。

晚餐過後，我們也該離去。一位大嬸突然到我旁邊，將一雙點著草莓圖樣的粉紅色襪子遞給我。原來這個集會所的人，都注意到我的白襪破了個洞，體貼地幫我準備了新襪子。我不好意思推卻，連忙道謝。

「不用謝，不用謝。這也是來自他人的善意。」

這雙粉紅色的襪子，隔天成為志工之間的話題，人人爭相跑來參觀我的「足下風景」，我扭捏尷尬了一整天，但也明白了一件事：在這裡，受災與援助並沒有分別，位置沒有高低，我們都是向災難學習的人。

而我，終於不再擔心採訪的問題——只要我心裡不存在「災民」。

自助人助天助

海嘯過後，岩崎昭子便將自家旅館空了出來，充當避難中心。她特別在屋子中間擺置一盆火，火光二十四小時不斷。這光不滅，心裡的燈也就不會熄。

但需要光亮的，其實是岩崎昭子自己。被救上岸後，她與鄰居在山腰上烤火過夜，隔著樹木往海邊望去，只見石頭打造的堅固建物在浪間若隱若現。「日本沉沒了嗎？」在暗夜中的她忍不住這麼想，「如果日本真的沉沒了，說不定這裡是僅剩的安全地方。」

與外界隔絕的她們，除了自救別無他法。岩崎昭子動員逃過災難的員工，將旅館徹底清掃一遍，將三、四樓完好的棉被寢具挪出來；又找出倉庫裡的備品，搜尋乾淨的水和食材，再開放給受災的鄰居。聞訊而來的災民越來越多，甚至達到一百五十人左右。雖然大夥兒靠著分工，短暫維持生活，但因對外交通中斷，岩崎昭子每天都得煩惱三餐與其他需求：「救援什麼時候會來？什麼時候讓大家回去？」

到了第三天，自衛隊終於徒步進入，這個自行運作的避難所也獲得市役所的奧援。但困境仍未解除，根濱海岸沒水沒電，生活益發困難，如果海嘯再來怎麼辦？「如果發生什麼事，住在這裡的人就會全滅。」岩崎昭子百般考慮後，決定解散這個避難所。

在一個下雪的日子裡，這個避難所解散了，災民都遷到政府組織的收容中心。經歷過災後最困頓、最黑暗、最恐懼的十天，眾人難免離情依依，潸然淚下。隔天，旅館所在的沿海大道幾乎崩落，岩崎昭子忍不住慶幸：「啊，幸好前一天就解散了。」

岩崎一家最後住進了一間溫泉旅館，但她仍無法好好休息，只顧操煩：遭到解雇的旅館員工可以領到失業保險嗎？自己的祖業能再起嗎？重建後，觀光客還會來嗎？

每當心煩的時候，她就朗讀宮澤賢治的詩：

總是靜靜地微笑著
一天吃四杯糙米
味噌和少許蔬菜
所有事情都不考慮自己
好好看仔細聽並且去了解
然後不忘記[30]

三一一海嘯發生不到一周，國際知名影星渡邊謙便成立網站「絆311」[31]為災民打氣，網站首頁即是他朗讀宮澤賢治詩作〈雨ニモマケズ〉（不輸給雨）的影片——不論遇到多大風雨，即使粗茶淡飯，只要還活著，只要珍愛的親友在身邊，就可以繼續過日子。這首詩，這個時候，幾乎打動了整個世界。

但對東北人，尤其是岩手縣民來說，宮澤賢治與他的作品，一直代表著對抗惡劣環境的精神與毅力。

這位大文豪出生在明治大海嘯發生那年的岩手縣稗貫郡里川口村，也就是今天的花卷市。從岩崎昭子居住的鵜住居町出發的話，要先進釜石，搭乘釜石線列車，不到半個小時就能抵達終點站花卷；但在宮澤賢治生長的那個時代，恐怕要花上一天，才能從海邊走到這個內陸農村。正因九十公里路程之遙，懷胎八個月的宮澤太太未受海嘯侵襲驚嚇，兩個月後順利生下小賢治。但一八九六這年出生的宮澤賢治，命運註定與自然災害相連。

例如他哇哇落地不久，秋田與岩手就發生直下型地震，史稱「陸羽地震」[32]，超過兩百人死亡；出生富裕人家的他，只要看著因冬日太長、土地貧瘠而生活困苦的農民，就感到不忍。東北風災寒害不斷，

30 宮澤賢治這首〈不輸給雨〉的中文譯文，取自顧錦芬二〇一五年翻譯版。

31 網站「kizuna311」由渡邊謙與編劇小山薰堂一起成立，kizuna是「絆」的意思，而「絆」也是三一一之後不斷被提起的日本精神。渡邊和小山在發起人的信中寫道：「能不能跨越這樣的艱困，關鍵在人與人之間的『絆』（連繫）。」哀悼、悲傷，不如團結一致，朝重建努力，「我們希望，向災區、全世界，傳送這股『絆』的力量。」

32 現在的東北六縣舊稱「奧羽地方」，是明治時期之前，奧陸國和出羽國的並稱。因此這個發生在東北的地震，也取這兩國的其中一字，稱為陸羽地震。

每每毀壞收成，這個地主的長子內心充滿衝突與掙扎，於是拒絕繼承家業，和父親關係對立。即使如此，喜歡鳥獸和昆蟲的他仍恣意浸淫於自己的世界，反正他有妹妹這個最好的玩伴。

長大後的宮澤賢治為了照顧生病的妹妹敏（とし）子[33]，放棄東京的工作回鄉。他在床邊為妹妹講述各種故事，只盼她能康復。但敏子終究無法戰勝病魔，在一個寒冷的夜裡死去。同年，關東地震發生，宮澤賢治正好北行，逃過了這場地震。

逃過地震，卻躲不過故鄉發出的悲鳴。這些年，氣候異常困擾農民，寒害與乾旱輪流折磨著這塊大地。往東京移動的農村人口，又因城市失業率遽增，物價攀升，求助無門，露宿街頭，即使想回鄉也沒有旅費，宛如遊魂。就像回應這個毫無出口的社會氣氛那樣，宮澤賢治病倒了。病榻中的他，在黑色的筆記本裡，寫下：

不輸給雨　不輸給風
也不輸給雪和夏天的酷熱
擁有強健的身體
沒有慾望　絕不發怒

一九三一年，寒害又起，農家欠收，無米可吃，無活可做的農人，含淚將農地賣掉。宮澤賢治繼續寫下：

乾旱時節流淚
冷夏時慌亂地奔走
被大家稱作木偶
不被稱讚
也不讓人感到苦惱
我就是想成為
那樣的人

這一年，他罹患肺炎，高燒不退，只能臥病療養，也動手寫下遺書。也是這一年，滿洲事件爆發……。戰爭的號角響起，全國準備投向戰場時，三陸海嘯發生……。

一九三三年三月三日凌晨兩點半，狂肆的海嘯攪動三陸海岸，臥病在床的宮澤賢治感知到海嘯來襲，四天後，他寫信給人在東京的詩人大木實：「特別來探病，真是非常感謝。這次遭到海嘯侵襲最嚴重的地方多是海岸，真的很悲慘。我住的地方絲毫無恙……。」宮澤賢治恐怕是從報紙上獲得災情。半年後，九月二十一日，宮澤賢治去世。家人在他的遺物中，發現了一本黑色筆記，上頭便是〈不輸給雨〉

33 宮澤賢治的妹妹，名為宮澤トシ，但宮澤賢治在作品中稱她為とし子，無漢字。此處以通用的漢字寫法。

這首詩。

隔年，《岩手日報》為了紀念宮澤賢治逝世一周年製作專題，公開發表這首詩[34]，從那時候起，便成為岩手人共享的心靈之詩，不論是在田裡幹活、廚房裡忙家事，或是在海岸邊曬著昆布，都能朗朗上口。

——

我見到岩崎昭子時，她們一家已住進組合屋。這天飄著小雨，但女兒跟四歲的小孫女仍堅持帶狗出門散步，兒童腳踏車就這樣被丟在門口。三月十一日那天地震發生前，也是這種情景：女兒和孫女帶著腳踏車出門晃蕩。

掛著老花眼鏡的岩崎昭子，在我們進門時，正低頭做著手工活，菅直人的聲音則從身後的方盒子裡發散，就像背景音那樣。三一一屆滿三個月，這個內閣被福島核災搞得焦頭爛額，災區重建什麼的，似乎成為次要問題。趁著伊東信一和這許久不見的鄰居寒暄時，我盯著牆上的海報瞧，上頭是幾個笑顏燦爛的婦女，還題了一句話：「有工作，就有笑臉。」

「這個啊……」岩崎昭子順著我的發問，抬頭往上，指了指海報：「我們做了一些手工藝品，現在正在東京販售喔。」正值海嘯屆滿三個月的熱點，重建區的農產品和商品都在東京促銷展示，包含她的團隊成果。

繼承家業、經營旅館的岩崎昭子最關心的是災後產業的復甦與重建，於是發起「給三陸地區一份工作」計畫，設法打造一個災民都能參與的經濟活動。但怎麼做呢？考慮很久後，決定先從手工藝開始。她從袋子裡拿起一個漁網狀的小手環：「我跑去說服漁會成員的妻子們，讓他們製作、販賣手環。這個小東西，可以讓全日本知道釜石的特色是漁業。門檻也不會太高。就算在災民收容所這樣狹窄的空間裡，也可以做。」

她渴望故鄉能夠恢復元氣，盼著它早日重建，卻也清楚，重建的第一步，還是在於「人」。「現在很多工作都沒辦法做了，店沒辦法開，魚也不能捕，失業率增加，年輕人只好到外地找工作。這樣，誰來幫助災區重建呢？」岩崎昭子災後煩惱雖不少，自己的事業也中斷，卻不能不考量到故鄉的需要，擔心這個城鎮若失去年輕人，就會失去重建的力量。

這也是地方政府最感頭痛的問題。這個月，《朝日新聞》針對三縣四十二個受災町村的町村長進行重建相關調查[35]，結果顯示有六成災民最憂慮的事，是未來生活沒著落；最期待解決問題依序是：雇用、生活資金援助、入住臨時住宅、恢復漁農事業和盡快解決輻射洩漏事故、重建防潮堤、清除垃圾。但地方政府除了尋找讓商店和企業重建的地點，並釋放「以工代賑」機會，別無他法。

我所遇到的災民，幾乎都對工作生活的不確定感到焦慮，卻不忘強調：「總不能都靠政府啊。」岩崎昭子同樣如此認為，所以，從自己開始發動產業計畫，設法讓大家都有點事做。

34〈不輸給雨〉這首詩在一九三四年九月二十一日於《岩手日報》夕刊的「宮沢賢治氏逝いて一年」專題中，以「遺作」（最後のノートから）為題刊載。

35〈被災の市町村6割、生活再建めど立たず〉，朝日新聞調查，2011.06.11。

她腦袋裡醞釀的行動還不只如此，接下來還要對外募集花卉植物種子，供災民種植，等待盆栽長成，再搬到整修好的海岸線上擺放。她甚至替這個企劃想了名字：橡子與山貓。

我邊聽邊點頭，心裡卻暗暗想：養花蒔草未免太過小氣，還有很多事都等著做，種什麼花呢？彷彿讀到我的不以為然，岩崎昭子突然轉了個話題，談起災後的恐懼，「有一段時間，我一直不敢看海，看到海我就害怕。」

被海濤聲哄大的她沒想到，海竟然在她心口上畫出一道傷痕。當她被海嘯捲走時，除了奮力游泳，別無他法，只是過程艱難，不時想放棄，但每當這念頭出現，她就會搖搖頭繼續咬牙撐著，直到救援到來。然而，這種自我放棄的心態和恐懼，沒有因為獲救而消失；災後，即使站在岸上，內心仍像在海嘯漩渦裡那般，拚命求救。

「避難所裡，有個失去母親的五歲女孩。有一天，這個小女孩到我的面前，仰頭問我：『在這個世界上，比海嘯更勇敢的人是誰？』」岩崎昭子停頓一下，朝我們笑了笑，似乎將問題丟給我們回答。

「誰？」我們被難住了。

「對啊，是誰呢？」她眼睛笑瞇起來，「我跟她說，這個啊……我不知道，是什麼呢？」

「就是往高處走的人！」岩崎昭子模仿小女孩稚嫩的聲音，雙手同時往上舉。

或許自身體驗，也或許是大人安撫鼓勵，這小女孩竟然明白唯有逃離海嘯、站得比海嘯高，就不會恐懼。

「就是這句話打醒了我，我不想要逃避，我不但要救自己，也要救別人。」

這場災難也帶給她深切的反省：過往日本人過得太安逸，太依賴政府，只會等著政府給人民什麼，但這是不夠的。這次災難，各國馳援將他們的視野都擴大了，明白天助自助人助的意義，因此，岩崎不斷思考製造經濟活動與照顧失親家庭的方法。

「三陸海岸線百年來都受海浪侵襲，居民身上都帶著和海嘯對抗的基因。」她不斷強調，住民得有堅強的意志，想辦法將這塊土地重建得更好，讓大家都愛上這片土地，「我希望，大家不要只是同情我們，而沒有其他的感受和了解。」

不斷說話的岩崎昭子細心地發現同行伙伴的眼淚，抽了張面紙遞到她手上，停了幾秒，又繼續說：「我常常會想起，在我努力游上岸的過程中，看到的那片灰暗絕望景象；如果我逃避的話，那麼，那些和海洋相伴一生的前人、祖先，還有那些被捲入海嘯罹難的亡者，就會跟我一樣看著故鄉變成那樣毫無元氣的地方。這樣的話，我會感到很愧疚，很對不起他們。」

她拿起企畫書說，這就是「橡子與山貓」的由來。「如果我們在海岸邊擺滿花，以這些花草供養往生者，那麼海上的祖先和亡者，往故土看來，將會是一片美麗有生氣的花海。」岩崎的眼睛晶亮亮地，像是那美麗的畫面已在面前。

「為什麼是橡子與山貓呢？」

〈橡子與山貓〉是一個男子接受山貓的邀請，千里迢迢替他解決難纏仲裁的簡單童話故事。

「因為我喜歡宮澤賢治，」她說，「他也明白這塊土地承受的天然苦難，因此寫了許多故事。這不也是海的子民的勇氣嗎？」

海嘯在這塊土地撞出了許多洞，來自四面八方的善意，密密地將這些洞補了起來。

距離釜石災害對策總部不遠處，有個臨時搭建的小房子，門口立著「隨時可以報名救災」的告示牌。這日下午，即有二十名志工在門口排隊登記，等著工作人員安排工作並說明注意事項。

在媒體慣以「繭居族」、「飛特族」標籤化日本年輕世代時，這些包著頭巾、拿著鏟子穿梭在滿目瘡痍中的年輕身影將這些汙名踩在地下，奔馳而來。像是三十三歲的菊池隼在地震發生後，立刻到志工中心報到，帶領志工為災民清理屋子，三個月不斷。

「我是和ＪＣＩ（日本青年會議所）的夥伴說好一起救災的。」他的語氣很是輕鬆。

ＪＣＩ（Junior Chamber International，青商會）是一九一五年在美國創建的國際青年服務組織，在「訓練自己、服務人群」的信念下，聯合青年們一起為地方服務。菊池隼二十五歲加入了ＪＣＩ後，就常和會員一起參與社區工作，希望透過年輕人的精神帶動日本社會力發展。海嘯重創岩手縣，出生於此的他自然義不容辭，投入救災。

「還好我自己開公司，才能這麼任性。」他向我解釋，自己在距離釜石市兩小時車程距離的北上市，開了一家設計公司，災後這三個月，就是個專業志工。

這天下午，菊池隼帶領著一批年輕志工到受災嚴重的釜石商店街，清掃一間酒吧。酒吧離最熱鬧的商店街只有兩條街，就在一個住宅巷的最外頭，鄰近大馬路。這條馬路被路阻攔切，人車都不能通行，泥濘垃圾大多已清理乾淨，但仔細察看路旁的巷弄，還塞滿了爛泥倒木，維持著受災時的樣子。馬路另一邊的立體停車場也是災難的證明，柱子歪斜，裡頭的車輛此時不過是一個個報廢的五金、扭曲鏽蝕的鋼鐵，看不出車型。

「其實，很多公司鼓勵員工到災區服務啊。還有志工假，會給車馬費，還會捐錢。」菊池隼像是想起什麼似的，立刻補充：五月黃金周連假過後，支援災區的志工大減，旅行業者甚至跟志工團體聯手，推出觀光救災這種一舉兩得的「重建旅行團」。他說，如果有人想當志工，又不夠獨立，怕自己給災民添麻煩的話，可以參加旅行團，很方便的。

說完，他轉頭對其他志工比劃一圈，說今天的進度只有酒吧和隔壁的食堂。

「只有這樣？」話一出口，我立刻意識到自己的輕率。

「就算這樣，一天都做不完喔。」

菊池隼指了指眼前這個不過十坪左右的酒吧：「這個，兩天都不夠。」

「嗯，確實不夠。」我想起二〇〇一年發生在台北的納莉風災[36]，癱瘓了四分之一個首都，我的租屋處周遭與辦公室同遭水患。大水退去後，泥濘糞屎垃圾堆積一起，花上整整一周都無法將自己的工作區清理乾淨。從不抽菸的我，甚至得靠一根又一根的白長壽氣味，來抑制這災難後的「災難」。二〇〇

36 二〇〇一年九月十六日，納莉風災登陸台灣，颱風中心停留在本島時間約為四至五小時，而整個颱風停滯了長達四十九小時又二十分鐘，是台灣氣象史上颱風中心停滯本島最久紀錄，史無前例。台北嚴重淹水，稱為九一七水災。

九年的莫拉克風災過後的水災現場，同樣汙穢泥濘濁水的淹積，也令我印象深刻。在這相對乾淨的現場，我那藏在記憶角落的災後清理經驗，突然被翻攪出來，險險作嘔，逼得我不得不嚥下口水，將回憶和感受都吞下肚。

披上螢光綠背心的年輕人面無表情，不發一聲，就只是埋頭工作，各自搬出破爛的沙發木桌椅、清理窗戶邊四散的玻璃、刷清房子裡的泥濘。六月的日頭並不算強烈，況且這裡是北國之北，溫度涼爽宜人，但每個人都汗流浹背，豆大汗水滾進眼睛裡，讓他們不得不時常抓著掛在脖子上的毛巾，擦擦額頭擦擦臉。

我跟著兩名年輕人將沙發抬到屋外空地。短短的距離，仍忍不住喘氣。其中一位二十出頭歲的志工，剛出社會，難得有了一天假，便直赴災區幫忙。這是他第一次當志工，卻準備充分：腳穿長靴，頭有頭巾，面上掛著口罩，「網路上都有志工須知的資料。」他說，大家都會先做準備，盡量不造成他人困擾，「當然，食物跟水也要自己來。」

日本的志工精神在一九九五年阪神大地震後被喚醒。在這之前，日本的社會力陷入沉寂，當時的年輕人被批評冷血，但阪神地震的發生，讓無數大學生從那時開始前進災區，為災民服務，這年因此被稱為「志工元年」[37]。或許因為阪神經驗如此特別，當地人會特別提到，海嘯過後，第一個趕赴災區的志工團體，便是來自阪神地區。

但早在阪神地震前半個世紀，民間就有系統性的社工服務出現：一九五一年，一個名為「日本社會福祉法人全國社會福祉協議會」（簡稱全社協）成立，在全國各地分設志工中心，來建構志願服務的網路體系，當時約九成多的市町村都參與設立。全社協平時多提供老弱婦孺等弱勢團體的社會服務，但在災難發生時，便成為地方的志工媒合中心。

以釜石市為例，當地全社協在定點設置好災區志工中心後，由其他縣市全社協專職人員加入運作，維持十人一組的駐地志工節點。畢竟，救災是一個長期抗戰。

我在漁產中心停車場前方，找到志工中心負責人佐佐木英之時，他正拿著點名板清點志工。在太陽下站立許久的他，整個臉被曬得紅通通的，毛巾包在頭上，乍看以為是個年輕漁民。

「想當志工的人，都會到哪裡找資源或者報名呢？」我問。

「媒體會宣傳報導。」佐佐木擦了擦汗，「想當志工的人都知道到要到全社協詢問，再由全社協分配到各災區。」

「人都這麼多嗎？」我往前指了指。約莫十來位年輕人自行排成一列，等著被發派任務。

「剛開始，每天都有兩百個人來我們這裡報到。現在，每天仍有來自全國各地的志工，嗯，大概也還是有一百個人吧。」

志工需求太大，流動率也高，什麼樣背景的人都有，像是在隊伍中那一大群穿著深色道服的男子，就是來自東京高野山上的修行者。「雖然修行很重要，但來幫忙災民也是我們該盡的責任。」面對我的好奇詢問，他們回答簡明。

---

37 賴青松，《走過阪神大地震——災後重建的一千個日子》，2001。

英國記者理查・佩理（Richard Lloyd Perry）深入災區採訪後，對日本人的「責任」有其觀察。他以為，一般而言，災民不會對政府的支援抱持期待，應該群起協力，將命運掌握在自己手中；如果在歐美發生類似災害的話，受害者一定會高聲質問：「政府在哪裡？在做什麼？」儘管災後抱持著自立精神的日本人並不算少，但世人仍習慣將這些問題視作天災，而非政治問題，認為日本人是無力的災難犧牲者。「人們或許會這麼想，這種不幸，跟個人無關，跟市民影響力無關。既然非己所能為，就不得不忍耐了啊。」他因此斷言：這是擺脫個人責任的藉口。

從阪神地震到三一一的志工潮，可以被視為人們責任意識的提高，但在具有敏感度的記者眼裡看來，除了無私奉獻的精神外，還意味政府官僚[38]的無能。「你可以稱這個現象代表著公民社會在這個國家穩定緩慢地形成……」駐日多年的美國記者凌大為發現，日本人正以各種方式學習「如何在沒有領導者的情況下過活」：即使三一一確實震出一股新的思維與力量，日本的官僚主義仍不懂得如何應付志工與民間團體。

《朝日新聞》評論員三浦俊明的批判更是強烈：人們以為國家是強大的、個人是弱小的，但日本是個人強大而國家弱小，「每一個日本人展現無比的強韌，但整體來說，我們是一團糟」。

災後，日本媒體則不斷進行各種民調來回應政策。我在災區這段時間，「高台移轉（遷居高地）」

的議題就以圓餅圖的姿態，輪流占據報紙的頭版——住宅區遷移是首相菅直人提出的重建願景之一：「住居和城市中樞機能要往安全的高處轉移為目標，同時，促進遷移至高地後的市街機能與人的聚集性。」

六月十一日，災難屆滿三個月這天，《岩手日報》發表一份民調[39]，顯示原地居住和高地轉移的比例各為百分之四十一左右，相差無幾。即使所謂的「高台移轉」並非意指城鎮搬離，僅僅是將住宅區往高處遷而已，但三陸沿岸的商業與生活機能，全與這片海有關，對居民來說，就像是根被拔起那樣，很是困擾與為難，於是爭論不斷。

釜田市長野田武則災後四處奔走，這百廢待舉的景況令他發愁——重建需要的經費龐大，除了國家給予的實際支持外，實在沒別的辦法。

直接面對災民、能與他們溝通重建計畫的，是這些地方政府。然釜石市屬於縣轄市，資源層層下分到他們手上時，已寥寥無幾，想做什麼都有心無力。再加上釜石平地少，要取得另建房舍的土地，是很大的挑戰。野田武則不得不轉動腦筋，設法以興建中的臨時住宅（組合屋）為基礎，調整公車路線、加蓋商業街、醫院、學校，增加生活機能，好進行原地重建。當然，還得研究哪些堤防有疏漏，甚至重蓋

---

38 日文裡頭的「官僚」與中文的「官僚」在意義與感受上是不同的。日本的「官僚」，指的是經過公務人員考試通過的高級事務官，具有很強的專業背景，也是維持國家運作的主軸。日本即使頻頻更換內閣，也不會造成政治混亂，正是因為在政治上以官僚為核心。

39 二〇一一年六月十一日岩手日報頭版：避難なお2万人超 東日本大震災きょう3カ月／仮設住宅完成は半数 自立への再建支援急務 県内 全国では9万人。

防波堤。

這日，野田武則行程忙碌，開了一個又一個會議，我們得抓緊會議之間的空檔採訪他。會議室裡到處貼著「不能輸啊，釜石」的標語，釜石市全區地圖就攤在會議桌上。待他簡述完重建計畫後，我就搶著發問：「你是說，要在海嘯侵襲之處原地重建嗎？」

這問題是日本媒體民調重點，也與這兩年台灣災後重建的議論有關，我對此沒有什麼立場，只是想確認眼前這位市長的想法。因語氣急迫，食指往桌上地圖的海岸處敲了幾下，在旁的台灣媒體同業皺了皺眉頭，以眼神示意：這很失禮。

我不知道日本記者是否比較有禮貌，卻能確定野田武則很熟悉這種提問：「釜石市有十三區遭到完全破壞，實在不適合居住。跟居民初步討論後，我們傾向留在原地。」他說，市府會尊重居民意願，但也會想辦法將山的一部分弄平，建個高台，去除危險因素。畢竟，釜石是典型谷灣地形，平地窄，山多，真要往高處遷，難度也高。

受限地形，釜石別無選擇。同樣的問題，考驗整個南三陸海岸。位在釜石南方的陸前高田是一大片平地，海嘯無所阻擋，長驅直入，幾乎將整個市鎮全面摧毀，倖存者多感到恐懼，不願原地居住。

我特別抽出一天到陸前高田採訪。這個被海嘯剷平大半的城鎮，除了靠海的漁會市場還殘留著水泥毛胚外，唯有一望無際的荒地，毫無昔日熱鬧漁港街區的痕跡。被大水蹂躪的汽車在城鎮角落堆疊成山，灰白色屋子、紅色鋼筋，突兀地在這片土黃中殘立著，鯉魚旗還在天空飄揚，但地上的書包、棒球套和娃娃都失去了主人。我有種在異時空漫步的錯覺。

這時我們才參加完陸前高田海嘯犧牲者的百日祭，下山途中，一個念頭浮上腦海，突然蹲下撿拾石頭打算留作紀念，跟在我後頭的攝影記者連忙阻止：「人死後，執念會附著在物品身上，不要隨便撿、隨便拿走。」

「那些也是嗎？」我比了比身旁那些孩子們的用品：「我相信主人還活著。」眼睛充血的攝影師，抿了抿嘴：「嗯。」

但似乎不只有我在撿東西，一個牽著腳踏車的男子，在我們兩百公尺前方處蹲蹲站站的，像是尋找什麼。我們快步走去：「你在找什麼呢？」

「嗯，身分文件，還有一些東西。」他神情疲累，鬍渣沒有整理，頭髮灰白半邊，「我們逃得很快，但東西都沒帶走。整個家都沒了。」他所站的地方，就是一堆土石磚瓦，沒有任何一點建築物遺留的痕跡，我看不出哪裡是牆角，哪裡是客廳。我想問他如何確定這是他的家，但問不出口。

「我每天都會來找，三個月來，每一天。」他說，其實家都沒了，能找到的也都是無關緊要的用品，家人認為他太執著，做這些沒有意義，可是他這樣翻翻找找，也像是安慰自己，他沒有失去什麼，他所有擁有的，都還在家裡。

既然對「家」有執念，我不免懷疑：陸前高田的民調可以說明什麼嗎？居民真的不敢留在原地嗎？真的決定要遷移？

陸前高田幾乎全面毀壞，市役所職員僅能挪出位在高處的小學校供公民團體和市民利用。我在大廳攔住總務課長熊谷正文，向他確認住民的意願。他想了想，稱遷移是大部分居民的意向，「但遷移畢竟不是一件容易的事，還是要評估，除了意願之外，也得考量到能力的問題。」

遷移問題之重，令中央政府特別設立了「防災集團移轉促進事業」（簡稱防集）[40]專門負責此事——為了讓災民能夠集體遷移至安全場所，國庫會給予自治體相關補助，像是政府必須先徵收移轉促進區域（原居地）上的災民土地，而後協調住宅團地（搬遷目的地）的土地擁有者轉讓所有權予政府。轉讓方法分別是直接購買或公有地換私有地的方式。如此一來，預定搬遷的內陸高地才有足夠的土地能夠興建住宅、建設道路等公共設施。最後針對移轉促進區域調整為商業地區與農漁設施，實現完全的住商分離。

這段時期，對於重建，我只有一個印象：這個國家以傾國之勢，務求東北能夠走出災難，回復機能。或許就是出於一股由「絆」而生的底氣。

——

六月十一日，東日本地震滿三個月的這天中午，我們到了釜石灣。看到大批記者在釜石灣岸聚集守候，才知道菅直人會到現場——這是不信任案[41]遭否決後，首相第一次到訪災區。這裡有一艘被海嘯沖上岸的巨型輪船，被當地視為災難的象徵；在這個象徵的時刻，他必須站在這裡說些什麼，挽回自己的聲望。

但我們對這種政治表演沒興趣，便在船的前方轉了轉，又到旁邊的社區逛了逛，試著拍照記錄。鄰近的屋宅已被海嘯沖毀，只剩一個地勢略高的雜貨店還有著一點人味。正午日頭赤豔，我們決定上車，往釜石市中心前進，想趕在悼念儀式開始前到達市區。

途中，我們經過了一個彎谷，谷裡有著釜石歷史文化的痕跡，在某個高處，還有一座碑牌，提醒著此處曾有海嘯到來。而公路上方的指示牌也寫著：「三一一那天，海嘯到這裡。」

海嘯比我們高，高及公路上，甚至到達公路指示牌那般高。我們接連感嘆之後，旋即想起默哀的時間快到了，連忙上車，繼續往市區前進。眼看都快來不及，便轉往最近的災民收容所，滑行一般，趕上下午兩點四十六分的默哀儀式。鏘鏘鏘，擴音器傳來聲音：「默禱！」

我低頭前，注意到整個場館都是老人，而我眼前的老人緊緊靠在她的步行輔助車上，座椅上有個小白板，上頭有排黑字：「今日一日的努力」[42]，像是自我激勵。我想起，漫步在海嘯沖刷過的那一大片黃土和碎瓦石礫上時，看見的幾朵小花從縫中伸出、向上成長的模樣。

「已經很努力了喔。」災難屆滿三個月的這刻，我忍不住在心裡回應這一切。

---

40 防災集團移轉促進事業（防集）是根據昭和四十七年法律第一三二號制訂。具體是指，由國土交通省的事業費中撥出所需經費的四分之三，提供市町村遷移補助。十戶以上的遷移才符合資格。

41 因對核災危機反應慢半拍，又在災後第三周才到訪災區，菅直人內閣不斷受到責難與批評。日本自民黨、公明黨等在野黨在六月一日以「對應震災不力」為由，向國會提出內閣不信任案。隔日，眾議院以二九三票對一五二票，否決內閣不信任案，首相菅直人繼續留任。

42 「今日一日の努力」這句話是相撲力士錣山親方（寺尾常史）的座右銘，日後成為激勵許多人的名言。

這片海是心靈的故鄉

二〇一四年二月，低氣壓籠罩日本列島，大雨和暴雪輪番侵襲，癱瘓了這片土地。雪災結束才沒兩天，我飛抵東京，只見日頭將首都打得晶亮，路邊則無一抹殘雪，遑論雪災的痕跡。這城市復原的速度，讓人吃驚，我因而有理由相信，東北那塊海嘯刷過之域，肯定也回復原樣。這刺眼的陽光，就是寒冬即將過去的清朗證明。

畢竟，距離那場災難，已過了三年。但老天爺像要反駁我的樂觀一樣，新幹線一抵達福島，大雪就急急落下，稍早的日照如夢一場。我們吃力走過雪堆，再回到車站隨便找個拉麵店坐下時，天已暗黑，專注讀著菜單的伙伴突然抬頭：「沒有問題吧？」

這個問句聽起來語意不清、沒頭沒尾，但因為這個時間這個地點，不需多餘解譯，就能讓人心領神會。我忍不住偷偷看了吧台後方的店員一眼：不知道福島人該如何承受這無法結束的懷疑？

「當然沒問題。」楊明珠低頭剝開筷子，用一種吃飯時間就是要吃飯的肯定語氣回答：「這裡離核電廠這麼遠。」

這些年，媒體乃至台灣社會對這場災難的關注，只剩核災。或許因為天災的傷害終究會被時間沖淡，輻射的影響卻可能永遠被留下來。福島就像車諾比，成為一個永遠洗不清的汙名，一輩子都會讓世人擔心。

楊明珠理解這些「擔心」，卻不見得能接受。即使菅直人政府失足釀禍，她仍對這國家的控管與素質抱持信心，「有誰比日本人更在意這場災難？但是，他們還是願意吃這裡的食物，還是在這裡。」拉麵的熱騰霧氣蒸暖了我們的眼睛，楊明珠提起東電曾開放讓媒體參觀，她獲得珍貴的機會卻不能去，感到非常遺憾。作為記者，她寧可眼見為憑。

我對「看不見」的東西也沒有多餘的感覺。三年前，首次進東北災區，大巴士行經福島時加速前進，慈濟志工們每到一個點就拿出儀器探測輻射濃度，宣告沒事。看著大家鬆口氣的表情，我有些事不關己；此行，若非伙伴遲疑一下，我也沒注意到此地的特殊性，或許我潛意識裡從未認真看待這個危機。況且，受災也不是這裡的人願意的。

比起我們這些「過客」，久居日本的楊明珠很自然地與這塊土地上的人事物同聲共息，傷心他們所傷心的，相信他們會相信的，支持他們所支持的。例如這幾天是索契（Sochi）冬季奧運，她也得關注日本選手的表現，而這些選手確實優異，讓她一邊採訪三一一重建進度，還要每天熬夜發冬奧新聞。

「羽生結弦表現得真好。」她將正在看的報紙湊到我眼前，解釋年輕的花式溜冰選手在這場災難即將滿三周年之際，奪下金牌，讓整個日本振奮。

因為，他的成功，對整個重建區具有象徵性的意義。羽生結弦是仙台人，海嘯發生時，他才高一，是個十六歲的孩子，不免感到恐懼和無助。「當生存遇到問題，運動就成了奢侈的夢想」，在收容所裡他與家人擠在兩個榻榻米的空間，只擁有一床毛毯，感受周遭人們的苦楚。他時常盯著天花板想：現在已經不是滑冰的時候了……。十天後，當他寄居在教練家裡重新練習時，面對的是沒有腿部肌肉、做不了跳躍的身體。災後一個月，仙台出現規模六的餘震，遠在橫濱的他在冰場上感覺到震動時，內心幾乎崩潰，對教練說：「我好累，這種狀態下，真的可以繼續嗎？」失去自信的他，兩天後在經歷過阪神地震重創的神戶演出時，被現場觀眾的喝采鼓舞，心想：「如果神戶都能重建，仙台也可以。」

災難的經驗，讓他產生與其他選手不同的企求，除了獲勝之外，他更希望冰場上的表現能給予災民勇氣。因此，在索契冬奧這個國際賽場上，他刻意挑戰高難度動作，心想如果能夠在這個舞台完成這件事，代表三一一地震重建有望。

羽生結弦確實成功了。奪金後，他對媒體表示：「一直到今天，我都有一種無力感，不知道自己能不能在重建中發揮作用。得到奧運金牌，就像一切才剛剛開始那樣。我感覺一定能為災區做點什麼。」因此，媒體在頭版打上斗大的標題：「羽生，金色的勇氣」。這位年輕選手的意念，不只傳給災民與同胞而已，災難發生以來，始終理性以對的楊明珠，同樣因此眼眶泛紅。「看到這些新聞，我就忍不住，完全克制不了內心的激動。」

我本以為這只是單純的粉絲反應，卻聽她輕聲解釋：「三年前跑這些新聞的時候，我一直很投入，沒有意識到自己的心裡被劃了道傷口，也沒有什麼情緒，但現在只要看到地震相關新聞，我才發現內心的創傷，一直很想哭。我以為只有我這樣，前幾天，跟新華社記者聊起，才知道，我們都一樣。」

等待重建、需要勇氣的，恐怕不只有災民，還有每一個被災難劃出傷口的人。

——

對經歷過災難的人和土地而言，時間沒有意義，傷痕還很深，盡頭依然遙遠。就像現在，這個土撥鼠準備探出頭的時節，三陸沿岸仍是黃土裹著的風景，像寸草不生的荒地。跟三年前相比，僅僅少了堆疊起來的廢棄車輛、垃圾、土石，與四散的生活用品；但又比過去多了待整的土堆、工地的圍籬，還有不斷咆哮著的工地機械。

站在福島縣新地町公所頂樓往外望，除了一大塊土黃色格子拼成的土地外，再無其他。如果對這裡的一切毫不知情，很容易會將它錯認為收穫過後，等待播種的土地，以為春天來臨，色彩就會不同。但現實是，這直直往海邊延展，平坦且毫無長物的黃，已經維持整整三個春夏秋冬，就連新地町居民都會忍不住想，過去那樓房成列的熱鬧市鎮，莫非是幻影？

海嘯，摧毀了這一切。

海嘯來的那天，新地町健康福祉保健課課長大幅勝文就在這樓頂協助四、五十位民眾避難，危急之時，無意識地將視線投向窗外，只見海水從遠處夾帶垃圾、房子和大量黑色粉塵襲捲而來，就像災難電影那樣。滾滾大水順著役場旁的砂子田川長驅直入，於他腳下翻滾。而這裡離海，有將近三公里距離。

「直到今天，我都說服自己那只是一場夢。」大幅勝文聲音輕輕的，如夢話呢喃，我必須要非常靠近，才能聽清楚。面對我疑惑的表情，他也不多說什麼，只是將視線繼續投向遠方，兀自沉默。

三一一即將屆滿三周年之際，我隨紅十字會再赴這塊海嘯吞噬的大地，一一拜會三陸沿岸的地方政府，瞭解重建進度和成果。但無需這些公務員開口，光靠自己的眼睛就能明白困難非常。如果這場災難是一場夢，災後一千個日子過去，早該是重建開展、生活定序的夢醒時分，但整個重建區顯然還沒從這惡夢裡脫離——就連我這外人都懷疑自己困在時間的結界裡——地方政府的無奈和居民的焦慮不斷發酵。

以距福島第一核電廠約五十八公里遠、一小時車程之久的新地町為例，這個人口超過八千、計六百二十二戶人家受災的小鎮，幾乎毫無重建進度可言，大部分居民還住在組合屋裡。

「民眾當然希望盡快回復正常的生活。」都市計畫課住宅科科長千葉秀一與大幅勝文坐在會議室中，跟我們聊到重建進度時，嘆了一口氣。他們身上的白色襯衫絲毫無助於氣色，面容始終黯淡，眼球血絲更是明顯。我對這種疲累表情並不陌生，三年前就已經見過。重建的擔子，沉沉地壓在這些基層公務員肩上。

如同「重建」字面上的意思，「重新建造整座城鎮」本就是個難題，因為這不只是把房子蓋起來而已，從車站到整個交通系統的建立，整個城鎮的生命線都得重新鋪起。卡爾維諾（Italo Calvino）在《看不見的城市》裡寫道：不管怎麼樣描述一個城市都是徒勞無功的，因為組成一座城市的，不是台階、拱廊等等物件而已，「而是空間的量度與過去事件之間的關係」。人們對家鄉的愛戀，建立在記憶上，但災後重建的現實則是，記憶中的城鎮無法全然重來，只能盼著恢復「居所」。而日文所說的「居所」，並不只是住屋而已，還包含「歸屬感」。換句話說，是一種底定的生活感，一種家的感覺。

「大家都想要盡快回復原本的生活。」公務員們搖頭，這並不容易，因為重新造鎮要找土地，得解決私人用地問題，而民眾也不敢住在低窪地區，必須在高處找地重建，同樣面臨選地、整山及私人用地問題。他們試著對我們解釋重建的每一步，步步都是難關，「如果都能解決，進度就可以快一些，但是……。」

這時候，我並不知道，接下來所有拜會採訪，將會充滿各種「但是……」。

採訪行程滿檔，無一刻休息，上午是一個城鎮，下午又是一個城鎮，我收到一張又一張的名片，公務員的臉孔也一個換過一個，我常搞不清楚身處地圖上的哪裡，就得前往下一個行程；還來不及謄寫訪問過的人名，就又迅速進入另一個役所，跟另一組人交談。他們的問題和感嘆太過接近，面對的困難和挫折也幾乎一樣，如果把前一組人的答案置入後一個城鎮的受訪對象，也不會產生什麼差異，我就像收到一個範本記錄，只要修改地名、受訪者和死亡人數，就可以不斷重複下去。

這些地方政府都困在菅直人時期的重建政策，其中「高台轉移」更是重建過程中，最滯礙難行的計畫，因為一切得從「徵收」開始，而這最艱難：災後土地流失、災民傷亡或離開後，產權無法確定，土地取得困難，即使能找到產權人，也會遇到因為土地代代相傳，後代不願捨棄的困境。這三年間，整個東北重建區都面臨著建設人才不足、物價上漲和材料不夠的困難，儘管國庫全數補貼，預算編列是過往的十倍之多，但在各縣預算有限的情況下，補助並不能真正落實到每個人身上，更別說人力短缺和物價飛漲，讓這一切更是拮据。

「不超過五年，根本無法完成遷移作業。」某個鄉鎮的公務員沮喪地說。

就像《看不見的城市》裡那造訪席克拉（Thekla）的旅人，只能看到一點城市的雛形，在木板圍籬後，有粗麻製的遮幕、鷹架金屬製的補強料、掉在繩索上或鋸木架支撐的甬道、梯子、枱架⋯⋯，要是問居民是不是害怕鷹架被移走後，城市就會開始傾倒、成為碎片？他們會回答你：「不是只有這座城市會這樣。」

不是只有這座城市會這樣，也不是只有這些城市會那樣。從福島往北，到達宮城縣氣仙沼市時，遍目所及只有整地、墊高的工地景象，我們已經麻木無覺，但還是得問一樣的問題，嘗試找到不一樣的回答。

氣仙沼這座漁港城鎮在海嘯過後飽受祝融之苦，熊熊烈火燒了幾個日夜，能活著的也死了，幾乎不見生靈。當我們到達臨時市役所時，「絆」一字高掛在玻璃帷幕間，天空陰沉了下來。我已經問不出問題了，但市長菅原茂態度勤懇，面容堅定，逕自拿起一份報告解釋災後狀況：至今還有一萬多人沒有自己的房子住，農漁業也才恢復六成。

緩慢的重建速度，別說民眾不滿，連他自己都跳腳，市役所到處都是他書寫的字帖：「不能說做不到（できないとは言えない）！」

「我只能說，一切都依照計畫進行中。」負責重建的科長在市長離去後補充：建設人才不足等問題導致進度拖延，而二〇二〇年東京奧運舉行，會將原本就不足的建設人力、物力轉移出去。除了強調東京奧運的副作用，他的報告並無任何新意，我終於忍不住反問：「不能請外國工人協助嗎？」

「嗯。」這些公務員顯然沒想過這個選項，思考好久。其中一位偏了偏頭：「那日本人怎麼辦？我們日本人不就沒工作了。」這回答也難住我們，「說的也是。」彼此都乾笑了幾聲。

我也和一位土地測量師討論起這些事，這位名為小山的技師，遠從東京而來，為的是重建前的土地整理。這工作並不困難，但他已經待上一年半了，也不知何時能完成工作，只是無奈地對我說：「沒辦法，因為土地所有權不清。」

「重建，現在才開始啊。」就連小山這個外地人也感到重建之重。

我忍不住想起十年前看的那些紀錄片[43]。一九九九年，台灣那場死傷兩千多人的集集大地震（九二一地震）發生後不久，一群影像工作者進入災區駐點、拍攝、紀錄，時間長達五年，他們拍攝地點不一，角度不盡相同，作品卻都擁有一種凝滯的、糾結的情緒，彷彿誰都無法迴避災後那無法擺脫的生命重量與復原難題。而這也是災難初期爭相湧入，拍了幾張煽情照片便快速離去的媒體，捕捉不到、也難以處理的部分。這些紀錄片指明，所謂重建，是一環一環解決、一圈一圈解套的困難交錯，更是一種時間的困局。

43 台灣集集大地震發生第一周，紀錄片工作者吳乙峰便率領全景映象工作室的影像工作者前往中部災區，分別駐點不同村落，開始長達五年的蹲點拍攝，而後陸續完成《生命》、《梅子的滋味》、《部落之音》、《天下第一家》、《在中寮相遇》、《三叉坑》共六部不同角度、切點與故事的紀錄片。二〇〇四年七月，全景以「全景映象季」在全台戲院發表首先完成的地震系列作品，獲得熱烈迴響，其中吳乙峰的《生命》票房更突破一千萬台幣，在台灣電影最低迷的時刻，成為當年度最賣座的國片。

例如在《在中寮相遇》[44]這部紀錄片，片中三條重建支線像是在河道滾動的大石那般，總是在轉彎處堵住。導演將蹲點四年半的時間換剪成將近六小時的影片，在戲院裡，我只覺得自己迷失在歲月的隧道深處，不知盡頭在哪裡，但我們都很清楚，這種不知道自己什麼時候能走出戲院的困頓，遠遠無法跟災民等待家園重建的煎熬相比。

我彷彿就是《看不見的城市》裡的那個旅人，也想對著席克拉的居民發問：「一座建造中的城市的目標是什麼？你們所依據的計畫在哪裡，藍圖何在？」

書裡的人們是這麼回答的：「一旦工作結束後，我們就會讓你看……。」日落時，停工了，黑暗降臨了建築工地，天空布滿星子。他們說，那就是藍圖。

現實中不會出現這樣詩意的回應，至少不會從公務員嘴裡聽到，但宮城縣南三陸町保健福祉課課長最知明廣確實有個藍圖。採訪這天，他領著我走進公所大廳，指了指那置於白色高架、被玻璃圍起的模型，「如果我們的城市重建，就是這個樣子。」

談起重建的一切，最知明廣總是泛著淚光。黃色的挖土機在他身後的窗外不斷刨土，將這個土堆往那個土坑送，努力填滿每一個洞，鏟平每一塊地。從我進來到出去，無進度可言，土堆還是高，洞還是在，土丘一個一個，堵在這醫院的入口。在我看來，這笨重的機器重複做著苦工，就跟災區的這些公務員一樣，勞苦卻看不見進度。但最知明廣仍迫切期待重建完成那天，渴望讓這座城鎮恢復原有的美麗，而他手指的那個抛光模型，就是他們曾失去的鐵路、房舍，以及熱鬧的商店街。這迷你城鎮跟星子一樣閃閃發亮，他說，所有的努力都是為了眼前這一切。

南三陸町沿海因地形狹長，八幡川與新井田川十字交會一般，包夾這市鎮的主要活動地區，當海嘯順著河流狂奔直入，宛如大軍壓境，城鎮立遭殲滅，媒體形容它「接近滅村」，五千五百戶人家，有三千三百戶被沖走。一個美國記者甚至大嘆：「比我到過的戰地還慘。」

城鎮受傷太重，以至於三年後的現在，仍有高達百分之九十五的災民住在組合屋，就連商店街都是組合屋群。這城鎮失去了一切，幾乎什麼都沒有，還困在土地產權與資金中。最知明廣擔心，如果不加快建設，人口會大量流失，而且再也回不來了。

「重建，現在才剛起步。」他突然轉頭對我說出這句話——唔，又是這句話。

我不忍心問他海嘯當時發生什麼事，他卻自己說起。那時他在醫院，海水淹到四樓高，醫院手術室失去電力，在床上不良於行的病人無法逃難，共有七十位病患死亡，醫護四人喪命。「我不知道還有什麼比這更慘。」他的意思是，這個應該救人性命的地方卻成了喪命之所。

「診所也毀了，病人家裡的藥沒了，這個城鎮的醫療機能完全喪失。」最知明廣表示，即使避難所提供簡單診療，但對需要藥物的慢性病患來說，仍相當辛苦，外來的醫師也不知能支援到何時……。「對我來說簡直跟夢一樣……。看到黑色巨物一直湧過來，現在我眼前還會浮現那樣的黑色狀態。」

於是，不意外的，當我問起南三陸町是否做出高地轉移的決定時，他點了點頭。

44 《在中寮相遇》導演黃淑梅在災後南下南投中寮鄉，花費兩年多時間記錄重建過程，分別透過喻肇青教授帶領的中原大學建築團隊、前報社編輯馮小非製作鄉親報與鄉公所公務員廖學堂引導鄉民修築水圳等支線，說明中寮災後重建的困難與希望。之後幾年，她還以《寶島曼波》、《給親愛的孩子》等作品來承接、回應《在中寮相遇》中未盡的問題。

「如果居民反對呢？」

「海嘯走過的地方，不能住人。」最知明廣解釋，南三陸町將行政和居住重心往高地移動，只剩工商機能產業留在離海較近的平地，「我們有個口號，工作可以有很多種選擇，但是，住一定要住高處。」

「如果民眾堅持原地重建不想離開呢？」我繼續追問。

「我們會積極勸導。」他語氣堅定：「我不想再看到有人罹難了。」

「海嘯發生在白天，若發生在晚上，罹難數字一定更多，我想跟他們說，難道不能選個晚上也能好好睡覺的地方嗎？」

—

最知明廣的話，讓我想起《遠野物語》[45]裡的一個故事，故事描述一位在明治三陸海嘯中痛失妻兒的男子，如何在初夏夜裡見到妻子：

……薄霧中，只見一對男女走近，未料女子竟是亡妻，不禁追隨二人腳步，一路跟到通往船越村之海岬洞口。福二喚妻之名，其妻回眸一笑，再看男子，竟是同里之人，亦於海嘯中喪生。福二曾聽聞自己入贅前，此兩人感情甚好，妻子又說已和此人成了夫妻。福二說道：「那妳不愛孩子們了嗎？」妻子聽後，臉色微變，潸然淚下。與死人如此交談，福二覺得荒謬，悲傷無奈之感突湧心頭，遂低下頭來。

> 不消片刻，男女又快步離開，很快不見蹤影，福二本要追上，忽然思及與妻子陰陽永隔，便站在路邊沉思到天明，天亮方返家。爾後據說病了好長一段日子。

《遠野物語》是日本民俗學之父柳田國男廣為人知的經典之作，在此書初版序開頭，他便點明：「本書全自遠野人佐佐木鏡石君那裡聽來的。去歲明治二十四年二月起，君常於夜間來訪，便將其口述之筆錄如下。」前述那個海嘯倖存者福二，正是佐佐木鏡石的親人。柳田國男在第九十九話，藉著一對因海嘯被拆散的夫妻，訴說陰陽兩隔的悲悽。海嘯是這個海岸的宿命，也是人民的命運，據說福二的孫女在八十歲高齡遇到三一一海嘯，自此行蹤不明，生死未卜。

福二的故事，雖是明治時期的傳說，但三一一海嘯過後，關於災區的幽靈傳說，流傳廣泛，甚至有研究者投入幽靈現象的研究。他們說，對於遭逢變故，有著喪失感的人來說，不能不考慮他們的生死觀與情感，尤其是那些生死未定、遺體未發現者，是不會讓人有死亡的實感的。幽靈傳說或許是他們的心靈慰藉。

海嘯頻發的東北，自是盛行幽靈、怪談之所，也是柳田國男寫下這些民間傳說的背景。一八七五年生的柳田國男自東京帝國大學畢業後，就到農商務省工作。作為明治時期的官員，他曾到九州、四國等

45《遠野物語》是流傳於日本岩手縣遠野鄉的民間傳說故事集，由遠野鄉人佐佐木喜善口述、日本民俗學之父柳田國男親筆記述。一九一〇年（明治四十三年）出版後，便被視為日本民俗學的經典之作，也有人認為是日本奇幻文學的起點。遠野位在日本岩手縣，該地有許多奇幻故事，像是天狗、河童的傳說，充滿當地人對自然的崇敬和畏懼。

地，進行近代農政學與產業組合的研究，希望對日本農業的現代化盡一己之力。研究方向最後雖然改變，但因這段旅行而採集的山林野地見聞，引他往民俗學方向走。有評論認為，柳田之所以爬梳日本在地元素，是對當時鼓吹脫亞入歐的日本現代主義的反擊。

一九二〇年，他沿著三陸沿岸進行田野調查時，記錄了這區域的風俗人文，也寫下此地的災難故事——這時距離明治三陸地震已有二十五年之久——例如他曾記載唐桑町（宮城縣氣仙沼市）的海嘯見聞：「在二樓，讓孩子躺在洗澡水裡的母親，跟著浴桶一起隨著海水漂走，就這樣子裸身命喪黃泉。但第三天，卻見屋頂突然破了一個洞，那個孩子從洞裡掉了進來，毫髮無傷地活了下來。像這樣稀奇的事也是有的。」這故事原載於一八九六年，海嘯後發行的《風俗畫報》的增刊號中。

還有一些教訓，恐怕也是代代相傳的。「據說有智慧的人通常比較容易膽怯（臆病）。」柳田國男曾經表示，放棄原本的平房而住高樓的人，事後通常會後悔，但這樣的經驗又很快被忘記，就像那些因為看重吃，為了省掉漁業和商業成本而往海邊靠近的人，正是遺忘了教訓。

「外地來的人，不管細節，就任意決定住所，讓村落結構跟著改變。靠海居住的人數甚至比海嘯前增長許多。如果每個人都把不幸當成不重要的事，那麼，問題永遠不會被解決。」

柳田當時發出了危機意識，果然，五年後，一九三三年三月三日，地震再次發生，海嘯伴隨著海鳴而來。五天後，初步調查，唐桑村的死者三十一，行蹤不明的有二十七，在當時已是嚴重災情。

岩手縣大槌町也是受災嚴重的城鎮，約一千二百八十一人罹難，當時正召開對策會議的町長加藤宏暉也命喪黃泉。大槌町役所被海嘯撞得稀爛，水泥灰面、鋼筋外露，殘破外表簡直是這個城鎮的縮影。

「原本小鎮中間的道路住著非常多人家，商店、醫院學校……，都是日常生活之地。但災後道路中斷，我們就跟在孤島上一樣。」海嘯讓這小鎮失去原有的各種生活況味，生活必需品必須往外調度，財政班長岡本克實向我們說明的災後處境，與其他市町沒有太大的差別，「很多問題都不是我們小城鎮能夠獨立解決的。」

這一路上，看盡地方政府的愁容，我以為大槌町也是如此，但新任町長碇川豐卻是樂觀自信。他坦言，對台灣原本毫不在意，但這三年，來自台灣的民間援助和經費，讓他對台灣產生「爆炸性關心」，見了我們竟先問起兩岸關係與颱風狀況，屢屢以「雨停了，不要忘了傘」[46]這句話表達謝意。最後才切入正題。

辦公室上方的浮世繪畫作很吸引人——畫中的洶湧海浪正拖著彩狀的船，太陽在後跟隨，「加油！大槌丸」這幾個大字就落在畫作最上方。「這什麼意思呢？」我指了指畫。

「畢竟東北人個性堅忍認命，」碇川豐笑開了：「這裡的人們世世代代都繼承海洋的寶藏，也要有海洋子民的堅毅。」

---

46 雨停了，不要忘了傘：日本的俗諺本來是「雨晴れて笠を忘れる」，表示雨過天晴後就忘了傘，有忘恩負義、過河拆橋的意思。碇川豐則以否定的句法強調絕不會忘恩負義。

但目前情況不容碇川豐樂觀，畢竟，這場災難讓此地百分之九十八的工商功能毀滅，產業仍未重建，人口嚴重流失，他卻像日本漫畫裡那些勇敢冒險的主角那樣，眼神發亮向我們講述未來各項經濟計畫，暢談如何打造女性宜居城鎮的藍圖好吸引年輕人返鄉。「我一定會在八年內完成重建。」我注意到碇川豐說話時，每個句子都非常肯定，沒有日文慣有的委婉遲疑。

「重建過程中，難道不會發生困難？」我把那個重建困難範本從心裡翻了出來，等著碇川豐再次填上。但他顯然不想套用這個公式，反而調整我的問題：「該問的恐怕是，要怎麼樣重建才安心，才安全？」

他指著牆上另一張的空照圖，作為答案：大槌川在從海岸彎口往內陸畫上一條藍色的線，還有一串字，「能看見海，可以恣意散步，有所堅持的美麗城鎮。這就是我們的重建目標。」

町長給了我們一個美麗的未來，但我們想看這個城鎮的現在，離開大槌町役場，出門就往商店街走，只見整條路都是待整的土地與零散的工地柵欄。原本占據大街的商店街，移到大槌北小學的舊地，一間間臨時搭建的兩層樓高組合屋，圍成ㄇ字型的樣態，成為居民購物聚集的中心。

這個區域在國道四十五和縣道二十六之間，北往宮古，南到釜石，西向金澤。或許因為鄰近傍晚，整個商店街蕭瑟而冷清，高處松木晃著淡影，烏鴉朝著還留著幾抹淡澄的天空飛去。庭埕之間雖然還有許多車子停駐，但店家都已歇業，只有少許屋室亮著光。最暗處那排組合屋上懸掛了一個白色布條，餘光恰恰打在布條上，一排字寫著：「儘管有苦有悲，我們也不會畏懼屈服的」[47]。

商店街名為「福幸きらり」，字面上意思為「閃閃發光的幸福」，而「福幸」與「復興」（ふっこ

う，日文重建之意）發音相同，或許是商店街住民對自己的期許與鼓勵——他們日夜期盼這個城鎮能夠回復到災前那樣。但六十五歲的商店街會長山崎繁在意的卻是「相聚」。

「生意好嗎？」這是我們第一個問題。

「現在生意是過去的一半。畢竟很多老主顧都罹難了。」山崎繁語氣淡淡，沒有太大起伏：「重建過慢也是一個原因，很多人為了生活，不得不走。」

山崎繁是一家制服店的老闆，災後在這個組合屋商店街二樓重操舊業。我們到訪時，這個圓臉戴眼鏡的平頭男子正和人聊天，見我們進門立刻起身招呼，無須太多暖身便談起商店街現況，看起來習慣簡報或受訪。他說，商店街共有四十間店家，進駐的店家不需押金，兩年內都不用支付費用，但到了第三年，還是沒有什麼店家入駐，只好繼續沿用免費政策。「人口漸漸流失，恐怕到了第四年、第五年，還是沒什麼人會進來。」

大槌町街區原本相當熱鬧，有四百五十家商店的規模，災後只剩七十六家營業，其中四十家聚集在此。這是山崎繁堅持的，他認為將四散的店家聚集一起，才能維持經營的規模，而藏在背後的希望是：「大家都不要離開」。

山崎繁原本在商店街開店，雖不能說很賺錢，但固定的學生和工廠客源，就足以讓生活平穩；也因此，鄰里社區的關係對他來說便很重要，而他平時也樂於維繫人和人之間的情感。三一一海嘯那天，地

---

47 原文是：「苦しい事もあるだろうさ悲しい事もあるだろうだけど…僕らはくじけない！」

牛初動時，他留下不良於行的母親和妻子，前往其他房宅協助疏散。他以為來得及回家照顧妻母，不料海嘯夾著垃圾滾滾而來，逼他不得不拼命往屋上爬。「其實，我也不清楚到底是自己爬，還是被海水頂上去的。」山崎依然是平穩淡然的口吻：「等我有意識時，人已經在三樓。看到高達十公尺的海嘯，我就知道母親和妻子都不在人世了。」

那夜，他看著海水一會兒高一會兒低，瓦斯桶在水上飄，有些人被燒，連頭髮都焦黑了，那些人在水上起起伏伏，自己卻無法救……，只能愣愣看著，腦子一片空白。隔日，海水退去，除了他待著的這個房子，這個城鎮幾乎毀滅，成了一片廢墟。

接下來幾天，他就像行屍走肉那樣，終日在遺體收容中心尋找家人屍體。沒有辦法工作，也沒有心思工作的他，有一天，看著其他人身上的破爛衣服，心想：「如果我不工作，他們就沒衣服穿了……。」一心念一動，他立刻前往盛岡調動衣服和布料，免費製作一千兩百件制服給學生——而親人的遺體，至今未能找到。也許因為這份遺憾和感慨，讓他將心思轉到商店街重建中，整天都為臨時商店街運作和提案忙碌。

我什麼都不能做，心想至少消費一下，於是指向他身後，表示想買下那面畫著「南部鼻曲鮭」的藍色印染掛布，掛布上頭寫明是「回歸大槌川的南部鮭」。我聯想到櫻花鉤吻鮭，那是台灣的象徵。

「這個啊……。」山崎繁沒回應我的詢價，反倒興致盎然解釋鮭魚的背景，以及對他的象徵意義：「我把這個掛在這邊，希望這個城鎮的人，也能像鮭魚一般迴流。我想跟他們說，再回來吧！」

我點了點頭，付了錢，將這掛布收進背包，追上其他人的腳步。他們已經在一樓的大坂屋坐定，這是一家有六十二年之齡的和果子老店。

「生意怎麼樣啊？」一樣的問題。

「還可以啦。」

老闆娘大坂十萬里笑容滿面，語氣高昂又熱情。面對我們的問題，她大方說著：因為工商會、食品公會都支援訂貨，加上媒體呼籲購買災區產品，災後的生意並不會比災前冷清。「因為災難很嚴重嘛，大家都關注東北，希望透過消費來支持重建啊。」我忍不住笑了，想到自己這幾天一直以「支持重建」的藉口，掏錢滿足物欲。

「畢竟太多人罹難，也太多人搬走了。以前商店街都靠在地人消費支撐，現在不行了啊，還是要靠全國支持才行。」大坂十萬里很有生意頭腦，「如果可以，能夠外銷出去，當然更好。」

「那現在呢？生意一樣好嗎？」同行伙伴追問。

「喔，現在當然不行了，到今年，生意也轉淡了，沒辦法，大家對災區沒那麼關注了嘛，都以為我們生活穩定了。可是，不是這樣啊。」大坂一家還住在組合屋裡，這家和果子店能否繼續經營，自己也無法確定，畢竟房子還沒重建，未來的店還不知在哪裡，「不確定因素太多了。」

然而，災後，她一點猶豫都沒，把店開了起來，為的是「不後悔」。會做洋果子與和果子的丈夫在海嘯中罹難，只留下這家店給她，她總得試試看，看自己能做到什麼程度。所幸，她還有個正在仙台拜師學藝的兒子，將來或許能繼承這家店。

這個六十四歲的老闆娘，說起話來精神十足，且能一邊抱著滿周歲的孫子，一邊替我們煮咖啡，身手俐落。

「我對自己的手藝可是很驕傲。」

「為什麼和果子店會賣咖啡？」我看著咖啡一滴滴地滴在杯子上，無意識發問。

「因為災後太多人來了，每個人都來關心我們，都要來聊一聊，都想知道情況……。」她將杯子往我面前遞，「只要有人來就要泡咖啡，既然如此，乾脆去學怎麼煮咖啡。」

「還有人再來關心嗎？」

「少很多了。」她旋即話鋒一轉，抱怨起重建速度，「怎麼進度會這麼慢，人都走光了，也不來了。」三年來，災區情況不變，人們卻再也不在乎。

「為什麼你們都不抗議呢？」每次問了這問題，我都會暗罵自己冒失，但下次聽當地人抱怨，還是會這樣回問。

「想抗議啊，但看到大家也都很努力，做不到的地方我也能理解，只好等待。」我感覺到她有很多抱怨，但每次話到喉頭就又吞了下去。「不是只有我一個人的問題，也不是只有我一個人在忍耐。」

大坂十萬里稱自己沒知識也不懂政治，唯一的希望就是生活過得去、住得安心，大家都有笑容罷了。

「每個人都很慘，但是，常常是這個不行那個不行……。唉，能怎麼說呢……。」她轉頭比了比牆上的照片，那是她和前首相野田佳彥[48]的合照，「該說的也都說了，連他，我都說了。」

「那和安倍（晉三）說呢？」同行記者委婉地詢問對現任首相的意見。

大坂十萬里睜大眼睛回：「安倍？誰啊？！」

這恐怕是她能表達的最強烈抗議了。

與三年前相比，伊東信一顯得更加精瘦結實，頭髮削短、臉部線條也更突出。雖然退休生活報銷，房子也毀，但現在一邊當配送員，一邊過著自己的日子，倒也快活。見面這時，他剛從青森滑雪回來，膚色曬得黑亮；我一上車，他就遞給我一顆大蘋果：「產地直送。」

我以為他已走出陰霾，不料啟動車子，開了一段路後，像是想到什麼，突然往腰上一指：「我的存摺印鑑身分證什麼的都在這裡面。」三年前盡失所有的狼狽，讓他變得很有風險意識——就算銀行有錢，但沒有證明也沒有用，災後要申請各種項目，也都需要證明。而這三年來不停搬家的他，也在這半年才定居下來，房子在大馬路往內延伸約兩台車子的長度，停車後，伊東信一比了比門口前方的馬路說，當初海嘯來，只淹到那裡，「這個地方還算可以。」

那場海嘯，增加他的警覺性，也規範了他選房挑屋的條件。與過去那個不在意警報，還想要觀看海嘯的粗神經漢子相比，算是改變不少。

---

48 野田佳彥在二〇〇一年九月接替菅直人，成為日本第二位面對東日本地震難題的首相。而後在隔年十一月宣布解散國會，由自民黨在眾議院選舉大勝贏回執政權，黨魁安倍晉三出任首相，也是災難發生後的第三個內閣。

「釜石的重建進度怎麼樣？」逛完屋子走出門時，我順口問了一下。

「雖然重建很慢，可是一直在進行。」

昔日被海嘯垃圾堆積的城市，如今就是個大工地：帶口罩奔忙的志工消失在街邊，取而代之的是帶著安全帽的工人和小山貓的占據。重建確實很慢，也確實在進行。

「這簡直是一個看不到盡頭的重建。」我忍不住對伊東感嘆，這是此行最強烈的感受。

「怎麼會？」伊東信一搖搖頭，然後指向一家興建中的大型購物中心說，這將為這座小鎮帶來六百個工作機會，「這不是很厲害嗎？」

他又指著商店街：「你看，很多店都開了。」原本毫無人跡的商店街，只剩些許工程，雖不能說恢復人氣，但路已經開通，便利商店和幾個小食堂已重新開幕，的確不像過往那樣灰淡。他的車又往根濱海岸前進，只見原本崎嶇土泥的道路已被修整，垃圾全都清理，包含沿途本來完整的幾間民宅也都消失了。但岩崎昭子的旅館還在馬路邊，仍是原來的紅色外貌。

外型幾乎沒有任何改變的岩崎昭子見到伊東信一，立刻熱情問候。這兩個鄰居在旅館修建完後，幾乎沒有再見，一見面便問候起家人，特別是小狗「啾啾」。

「因為旅館要改建很忙，他們就將狗寄託給我。」伊東信一開啟手機裡的照片：「看，就是這隻狗。」

三年前，初見岩崎昭子那個月，旅館便開始動工修建。即使曾對海有陰影，也曾猶豫著是否該重新營業或者搬遷，最後她仍決定要留在原地。我還來不及問原因，她就自問自答了起來：「當然，海嘯再來怎麼辦？如果這樣的地方要讓客人住宿，難道不該多考慮一些嗎？」她決意讓直面海洋的旅館，仍屬於海洋。

「很多人擔憂海嘯，我也擔心，但我們都是大自然的一部分，如果我們失去海洋，那還剩下什麼呢？」海嘯，讓她不斷思考人類與海洋的聯繫，自然與環境的關係。她打開電腦，讓我看了釜石市的重建計畫，裡頭就有修築防波堤的預算項目，「防波堤的存在，究竟想守護些什麼？我也不瞭解。」

我可以理解她為何突然談起防坡堤。離這旅館不遠的釜石灣岸，本就有幾處防坡堤，災後這些毫無作用的混凝土，孤零零地在海岸邊矗立。我們來這旅館的路上，就看到許多怪手、卡車在灣岸邊工作著，甚至出現灰白水泥牆夾擊道路的景象，相當有壓迫感。

加高、加強防波堤，是三陸海岸重建的重點。儘管有些城鎮明白防坡堤無法真正阻擋海嘯，甚至破壞景觀，但卻堅持就算徒勞無功，仍然得做。「如果三一一是千年一次的大海嘯，那麼我們就築個防百年一次海嘯的防波堤。」這些公務員是這麼跟我們解釋的。

此刻，岩崎昭子卻反問：大自然擁有我們所無法估計的能量，我們怎麼知道為了「千年一次」而投注的心力，真的能抵擋海嘯的威力？

然而，三陸沿岸的人似乎不這麼認為，他們將防波堤當作這片飽受海嘯侵襲海岸的護身符，即使護身符本身很脆弱。二〇一四這一年，媒體紛紛以宮城縣宮古市田老地區的防波堤為例，探討這個高約十點四五公尺、總長度二點四公里、世界少見的巨大防坡堤，如何在三一一時被徹底擊潰，以至於該地近兩百條性命遭海嘯奪走。

田老的這個防波堤，不斷自證無用：昭和大海嘯後，飽受海嘯之苦的田老人，在其他受災村落決定往高處遷移時，決定原地重建，並修建一個巨大的防波堤。然而，隔年戰爭開始，修築工作被迫中斷，直到戰後再啟。最終在一九五八年，完成如城塞一般的工程，人們稱它為「萬里長城」。明治時期的海嘯最高高度為三十八點二公尺高，波長為十五公尺。田老的防波堤只有十公尺高，其實也防不了海嘯，但當地人仍然堅持「萬里長城」能抵擋災難，以至於三一一海嘯時，還有漁民往防波堤上避難，不料比堤防還高上數倍的海嘯襲擊而來，只好往山的方向跑。

但並非所有宮古這個地方的人都迷信防波堤。田老往南四十公里的姉吉地區，在一九三三年因海嘯侵害而遷村海拔六十公尺的山腰，並修建了「海嘯慰靈碑」，上頭記述著半個世紀前明治海嘯與當次昭和海嘯的慘況：

居住於高處才保子孫和樂
務須記取大海嘯災難
此處以下切莫建屋
明治二十九年、昭和八年，海嘯皆襲至此處
村落全毀，分別只有兩人與四人倖存
無論經過多少年都不可掉以輕心[49]

石碑上也警示：「海嘯會往這裡來，此處以下，不得蓋房子」，而二〇一一年那場海嘯果然在這碑石前方五十公尺處止住。姉吉地區這個村落躲過災難，建築物絲毫無損；但田老地區顯然不是這麼一回事，他們不但蓋起防波堤，還原地重建，不知情的外來者，一批一批移入。根據歷史記載，海嘯過後的田老地區成為開拓者群聚的新天地，在海嘯帶走人命後進來填補人口，因為他們對海嘯一無所知，甚至得到「津波太郎」的稱號。

曾任內閣部會首長、日本前國會議員玉澤德一郎[50]家族，就是明治海嘯後遷入田老的新住民。彼時，玉澤德一郎的祖父甫自日俄戰爭戰場上歸來，就搬到祖先繼承得來的米屋，這個米屋位在重建的街區中心，是離海很近的平坦之地。玉澤德一郎認為，因為新遷入人口太多，海嘯經驗沒有傳承，文化因此被滅絕，於是懊悔自己就任國會議員時，就只是戮力於田老漁港的發展，不斷擴充、興建海產加工場，卻沒有想要防範些什麼。於是田老富有了，人多了，卻對災難無所警覺。

生於昭和海嘯之後的玉澤德一郎，從不覺得昭和海嘯後修建的防波堤，能稱得上是防波堤，充其量也只是防浪而已。在他小學時，這防波堤的高度只有三公尺，又因為戰爭的原因，修建工程被迫中斷。

---

49 原文是：高き住居は児孫の和楽／想（おも）へ惨禍の大津浪／此処（ここ）より下に家を建てるな／明治二十九年にも、昭和八年にも津浪は此処まで来て／部落は全滅し、生存者僅（わず）かに前に二人後に四人のみ／幾歳（いくとし）経るとも要心あれ。（碑文中譯：盛浩偉）

50 出生於一九三七年的玉澤德一郎是岩手縣田老町的人，曾任眾議院議員、防衛廳長官跟農林水產大臣。台灣人對他的認識，多是親台派政治人物，曾說過台灣已是獨立國家的話。

「萬里長城沒有作用，究竟為何花了幾十年時間金錢在這上頭？只要一想到，我就充滿無力感。」我在資料裡讀到，繼承玉澤家家業的妹妹一家人，在三一一海嘯中喪生，玉澤德一郎對此相當自責，而且後悔。

三一一海嘯襲捲三陸沿岸後，防波堤興建意識再起，居民對這項建設，多持不同看法，反對者認為海洋是三陸地區的生命，海嘯則是這塊海岸的宿命，高大的防波堤不僅無助於防災，還阻斷他們與自然的連結。

岩崎昭子並不反對防波堤，畢竟，沒有防波堤，漁民無法工作，但她確知釜石市也有世界級的防波堤，海嘯來臨卻只需要六分鐘就將一切破壞殆盡。「我們的命不是靠防波堤保護，能保住我們的命的，是我們自己。」她不斷建議社區要整理海岸往山上的通路，確保避難途徑順暢，同時也要培養感官敏感度，讓眼耳五官都能意識到災難發生，並採取避難措施。

伊東信一用力點點頭。我轉頭望向他，想到他曾經忽略海嘯警報、到岸邊觀看海嘯時的表情，差點笑出來。

「人無論如何都不可能戰勝自然的力量，再怎麼頑強高聳的防波堤，都會被海嘯破壞，我們應該對自然更謙虛。」岩崎昭子突然拉高語氣，「我們必須對後代子孫負起責任。明知十年、二十年後會後悔，我們能輕易作出決定嗎？」

她指著地圖上的海岸線說，這宛若茶碗形狀的灣岸，將布滿十四點五公尺高的防波堤，往後來到這裡的人們將看不到海。

「震災的傷，就要靠這裡的水、土，還有空氣來治癒。」就跟三年前一樣，她滿腦子的重建計畫，而這些計畫現在以檔案的型態占據電腦桌面。她點開了一個簡報，讓我看「森林是海的戀人」的活動海報：「我們希望藉著各項活動和教育，讓這片曾受海嘯災害地區重生。傳承海嘯記憶和防災意識，是活著的我們的使命。」

「妳知道嗎？岩崎女士還住在組合屋喔。」伊東信一突然打斷談話，「很厲害啊，她真的做很多事，很忙。」

「對啊。」岩崎昭子點點頭，她不打算蓋自己的房子，也沒有那麼多錢跟時間，只想盡快、盡可能讓家鄉重建，讓人們趕快回來，回到海的懷抱。「因為，這片海，終究是我們心靈的故鄉。」

一起生活，就不會寂寞

再過一周就是三月，北國也將踏進春季。岩手縣的天空藍得發亮，地面積雪也閃著光，明明是讓人從心裡發暖的大好天氣，空氣卻刺骨沁涼。融雪時刻，就是這般曖昧尷尬，就跟三陸海岸一樣，明明就在重建的路上，生活卻仍像困在雪地。不進不退，不得一個清爽。

一位年長的婦人站在組合屋前，看著雪堆，發了一會兒呆。她分配到的組合屋是第一排，門前就是大片停車場，不管誰來，都會在她門口停留，或許重建將近尾聲，來客也日趨減少，但紅十字會志工仍會不時到訪，陪伴他們等待新生活。

這個時候，有五、六位穿著運動夾克的中老年人，就在她屋子前伸展身體。鮮豔的顏色在大片雪白裡暈開。他們跟婆婆一起，在這組合屋群裡一起迎接兩個四季。有些人正等著公營住宅，有的人則有別的安排，總有一天，他們都會離開這個地方，過著各自的生活。或許不再相見。

「來！動一動。」幾個穿著藍色背心的志工帶領這些組合屋居民暖身。

「人好像不太多呢。」太田正孝嘟噥了一聲，再擺了擺手肘後，往組合屋後方那座山指了指：「今天太冷了，我們不要走太遠，走到那個山腳下就行。」眾人立刻點頭稱是，跟著他的指揮，雙手輕擺，雙腳輕跳著。

一九五〇年出生的太田正孝，家在盛岡，退休那年剛好遇上地震。盛岡位在內陸，沒有什麼災情，但作為岩手人，他看到新聞後，怎麼也無法在家安靜待著，便主動前往紅十字盛岡分會詢問有沒有幫得上忙的地方。從那時起，他每周固定參加志工活動三、四天，帶著二十二名志工不斷巡迴各組合屋間，試圖透過不同活動來加強人和人之間的聯繫。

這日的室外活動是健走。太田正孝叮嚀幾句後，大夥兒便一邊聊天一邊揮動雙臂愉快出發了。紅的藍的黃的運動外套像波浪一樣在組合屋間穿梭，在雪地裡閃爍，在組合屋的盡頭淡去。另一名年輕志工朝劊雪的婆婆招招手，邀請她加入，她面無表情，趕緊躲進屋裡。

一個小時後，劊雪婆婆出現在公共聚會所。這個聚會所在組合屋的最前排中央，門上貼著的月曆，以藍色和紅色字體標示紅十字會志工活動時程。屋內是和式地板，暖氣趕走了屋外的抖寒，我們脫鞋入座時，已有幾個婦女在圓桌前聚集，或泡茶，或擺盤，準備提前慶祝女兒節[51]。

我從一開始就注意劊雪婆婆，見她步伐輕輕，走到最內裡的角落坐下，內心某個角落的結鬆落一般，竟吐了一口氣。等她坐定喝茶，我旋即想起採訪責任在身，轉頭詢問加藤由美子：「這麼早就慶祝女兒

51 西曆的三月三日是日本的「女兒節」（雛祭），每到這一天，有女孩子的日本家庭都會擺放「女兒節人偶」（御雛樣），以祈求女兒幸福健康地成長。這一天，日本女孩子會和服，在人偶台前吃菱餅度過。親朋好友也會一起吃些花壽司或喝白酒（桃花酒）慶祝。受邀的客人則會準備好用和紙做的桃花、紙鶴、扇子、金魚等吉祥物等贈送給小女孩。

節啊？」

「我們會為喜歡戶外活動的人考慮，但喜歡靜態活動的也有地方去。我們每周固定設計些活動，想辦法讓災民願意走出家門，與鄰里互動。」加藤由美子是日本紅十字會東京總部的工作人員，負責協調、安排台灣紅十字會援建的事宜，這段時間也帶著我們一一檢視、探訪台灣捐款與援建的進度成果。

災難發生到現在，加藤由美子不斷往返災區，只因為「放不下」。當我讚嘆她的耐心與付出時，她連忙表示這沒什麼，「畢竟，這是我的工作。」

「已經三年了……。」我頓了頓，「妳認為，日本社會還關心這場災難嗎？」

「當然。」加藤由美子無絲毫猶豫，「當志工的人或許已經變少了，可是，媒體仍會報導，大家都還是掛念著。像我的朋友，他是普通的公司職員，每個月都還會花上兩、三個周末到宮古市，三年了，還是繼續。怎麼說呢，我們都已經覺得自己是其中一分子了吧。」

她轉頭看了看那些婦人們：「重建還沒有結束，我們的工作也走到一半。」

在我們不注意時，染著粉紅顏色的櫻花茶點糕餅早已擺滿餐桌。二十多位長者陸續進屋，在幾個方桌間擠湊聊天。幾個年幼的孩子則靠在老人的身邊，低頭玩著玩具。祝賀詞之後，大夥兒唱歌，舉杯祝賀，大啖散壽司；孩子們這時已移到邊桌畫圖剪貼，發出高頻的笑鬧聲。

六十四歲的大公好子對剷雪的婆婆招了招手，大聲詢問她要不要再喝杯茶。從活動開始前，大公好子就沒一刻得閒，又端盤子，又倒茶，也不忘到處寒暄，帶動氣氛。我只能趁活動即將結束，她也得空坐下之際，向她攀談。

大功好子態度大方，毫不介意我這突來的採訪，很俐落地說完自己的故事。三一一發生前半年，她就已失去丈夫，海嘯又奪走她三個兄弟，接連失親令她痛不欲生，幾乎失去生存意義。但許多人鼓勵她，說亡者一定會希望她保持原本快樂的樣子，這才逐漸擺脫傷痛。為了宣示振作的決心，她自告奮勇擔任組合屋的居民委員，聲稱自己能好好照顧組合屋居民，也會想辦法讓組合屋氣氛活絡。

「我不希望大家一直不快樂、不好好過日子。」她說自己有一子一女還有一隻狗，已經擁有很多，便想鼓勵沮喪的其他人打開自己的心房，「只要學著換個角度想，感受可能就會不一樣。」

坐在旁的婦人聽著大公好子說話時，不時點頭：「我也有隻狗，如果不是這隻狗，我可能無法活下來。」海嘯來臨時，她為了不想放棄狗，抱著牠拼命逃、才逃離海嘯。「我們一起生活，就不會寂寞。」

這時，健走完的居民，也回到這裡與眾人同歡。將自己塞在角落的劊雪婆婆，臉部線條比稍早略略鬆動，心情像是變好，就和屋內氣氛一樣。太田正孝站在門邊與其他志工談話，不時望望屋內。

「好多住戶參加。」我走向太田正孝。

「會參加的還是那幾個。」他解釋，或許因為心理創傷，再加上環境變化，災民總是十分壓抑，很少說話，別說宣洩情緒，連吐露心情都無法。「健走時，這些人可以自然交談，可是，只要一面對面，就又什麼話都說不出來，就連夫婦也一樣。所以，我喜歡帶他們運動，不但可以活動筋骨，還可以抒發壓力，增加交流。我想，這就跟運動競賽帶來團結與聯繫一樣，當關係拉近，心情會比較好，也就能傾訴煩惱。」

日本紅十字會對災後重建有一套自己的方向。他們認為，重建不意味著「回到原來的生活」，而是要將資源應用在不同生活的打造，好建立一個自立的社會。因此，援助重點多在軟體重建和心理復原上，甚至將「里仁為美」視作目標。日本有太多災難，這些災難重建經驗讓他們體認到：保持社區功能，避免孤立是很重要的。運動，便是其中一個設計。

「可是，參與健走的長者中，只有一名男性。」我往屋內指：「這裡頭也不過兩、三位男性。」

「是的。」他說，無法打開心防、甚至足不出戶的災民，確實以男性居多，「他們也容易成為『孤獨死』的案例。失去親人、沒有工作，又不想出門，整天喝酒度日，最後就孤獨地死去。」

—

「孤獨死」是日本社會的特有現象。所謂的孤獨死，意指獨自居住、無人陪伴照顧，因此在無人發現的情況下在住所死亡、孤獨離世。阪神地震後，頻繁發生的孤獨死案例吸引了媒體注意。第一個提及「孤獨死」的，是讀賣新聞大阪分社，編輯部在發現三個案例後，於一九九五年六月九日首次發出報導：「組合屋內一位六十七歲男性孤獨死，死亡已經兩、三周。」十天後，朝日新聞也刊登這樣的新聞：「明石的組合屋中一位七十一歲年長者病死，死後兩、三日才被發現。」這則報導發出後的五個月內，光是明石這個地區組合屋內孤獨死的案例報導已累積六件。

換句話說，「孤獨死」是阪神地震後才被媒體創造出來的詞彙。專家認為，這議題之所以在短時間內造成流行有很多外在因素，而最根本的原因，是這個詞彙與概念，讓那些失去親人、住所，並承受殘酷逆境的災民產生共感──「孤獨死」這三個字透出一種難以言喻的哀切。

媒體不斷披露死訊，卻從未深究這些死亡故事的發生與原因，每起「孤獨死」訊息，便都以一個人幾歲在哪裡死亡的純淨資訊呈現；這些人死前孤獨，死後也是寥寥幾語，不過就是「議題」的輔助。沒有人能從這裡讀到構成「死亡」的那些綿密原因，僅能哀嘆：啊，又一個人死了。

孤獨死案例接連傳出那段時間，額田勳的「希望診所」才開幕不久，當他讀到媒體的煽情敘述、細描遺體被發現的細節，甚至強調屍體白骨化的意象，只覺報導淺薄無意義，決心自己調查這個問題，並加強組合屋災戶巡視，防止孤獨死情事發生。「這個時候，貧困且獨居的慢性病患者，會因病痛而無法工作，又因失去工作導致生活崩壞，最終陷入惡性循環而死去。這是災區特有的壓迫性氣氛。」

額田勳是神戶人，原本致力於研究腦死、器官捐贈的醫療工作，這場地震轉換了他對生死的態度。災後隔日，他在重災區無目的遊走，走過道路、醫院、遺體安置所，看著無數孩童無辜犧牲，便對自己過往的生死觀產生強烈的自我批判：「瓦礫下的那些受難者，應該可以將他們每一個都想作社會上的弱者。以前，我會認為沒有所謂的醫療不平等，因為，某種程度上，死亡本身就是平等的。但當抱持這種態度的我，目擊到死亡的不平等時，確實受到強烈衝擊……。」他決定去當志工。

有一天，當他結束組合屋的志工工作，在深夜裡走過禁止通行、毀倒的高速公路時，不禁想著：「那些住在組合屋裡的人，恐怕都有著等著被解決的、嚴重的生死問題啊。」為了瞭解災難犧牲者死亡原因，也為了傾聽倖存者的聲音，額田勳在災區最大組合屋群的一角開設診所，希望通盤性解決、瞭解災民的生理心理問題。因為，這個地區多是經濟弱勢。

他在書中記下許多生動的案例，例如谷口先生——谷口夫婦很早就移入神戶，這座擁有一百五十年歷史的城市，是由他們這樣的外地人所創建的，在日本經濟高度發展時期，他們就是城市渴求的外來勞力。像他們這樣毫無經濟能力的年輕夫妻，一般會選擇住在西神區，這裡戰前就是住宅區開發預定地，但一直到一九八二年西神住宅區開設後才真正開始發展。為了闢建住宅區，政府財團削了周邊的山，拓出街道，擁抱了大量的新移民。

這對夫婦在西神區一棟昭和三〇年代建造的文化住宅租屋，是有著六疊與四疊半榻榻米的兩房屋子。這樣的大小對這對年輕夫婦剛好，但當孩子陸續出生，就顯得擁擠。儘管谷口太太一直要求搬家，但谷口先生都不接受，他精算那些收支，想著那些省下來的錢能讓兒子補習、上私立大學，何必要買房？

一九九五年一月十七日早上，人在外地的谷口先生歷經艱難返家時，家裡已是一片灰燼。強震擊倒本就脆弱的房子，烈火一把就將這殘破收拾乾淨，谷口先生在現場抱著妻子的遺體時不停痛哭：「很痛吧，很苦吧，很熱吧？」不管是將妻子的骨灰放進骨灰盒，還是在組合屋時對著佛壇上骨灰盒祭拜時，他都沒停止過喃喃自語。他曾經無法理解家裡為什麼沒有喪命戰場的父親骨灰，甚至因此嘲笑母親，但現在他完全理解那些「沒有辦法」，確實是「可悲」。

谷口先生只能靠酒精麻醉自己，醉後再將自己淹泡在眼淚裡。他常會看到火焰，耳鳴也不時發作。有時，他在商店街走著，會無來由地恐慌，放聲大叫：「妻子不在了。」因為，看到妻子在雨中發抖、火焰隨行的景象時常出現在他眼前。「我真是沒出息啊！沒出息啊！」谷口先生不停訴說後悔，後悔自己為何不答應妻子的要求，為什麼要繼續住在這麼危險的老舊木造房子？妻子這一生到底過的是什麼日子？他為什麼沒辦法讓她的生活過得好一些？除了痛哭與酗酒，他什麼都不想做，也不會做。阪神地震發生那年的夏天，他在組合屋的簡易浴槽裡昏迷。因心臟麻痺送醫的他，嚥下最後一口氣前，還是說著那句話：「沒出息啊，我家都沒了。」

在西神區開立診所的額田勳，見證谷口先生痛不欲生的模樣，甚至陪伴他走完人生最後一程。除了谷口先生，這個地區大多數潛在的孤獨死個案，都受到額田勳的看照。他因此發現孤獨死案例有共通性：多為獨居的無業男性，罹患慢性病，年平均收入一百萬日圓以下的低收入者。

儘管像谷口先生這樣藉酒消愁的例子不少，但在媒體報導中，孤獨死死者卻只呈現酗酒且酒精中毒的形象。額田勳對這點不以為然：「確實，酒精中毒的個案很多。阪神大地震對於中下階層、弱勢的打擊特別大，他們在地震前或許就有酗酒的問題，人際關係遭到破壞而獨自生活，生命受到威脅。但是，我們應該要知道，他們本來就因身殘、貧困而背負許多重擔，而這樣的人卻常受嚴厲批評，稱他們的遭遇都是自作自受，是無法適應社會的怯懦藉口。」

當媒體加強災難孤獨死的刻板印象時，額田勳不斷試著解釋多樣性：有些患者因環境變化而病情惡化，有些突遇人生劇變、治療中斷或死亡威脅而突然死去，這些人和「與他人疏離的獨居老人」不同，他們有親人可談話，也有家族能依賴，「『災區孤獨死』和『城市獨居死』，兩者的概念常被混淆，必須要好好釐清。」

無論如何，對那些無法回復原來生活、無法回到原來社區的災民來說，「鄉愁」是難以排解的，對年長者尤是。高齡災民有時會對額田勳說：「跟戰爭比起來，地震真的很可怕，讓人很難受呢！」這讓他覺得，即使經歷過戰爭的長者具備了面對逆境的忍耐力和智慧，但災後的處境還是讓他們難以承受。因此，他總是不斷發出建議：「重建過程中，要格外考量到長者的需求與環境。」

額田勳在二〇一二年去世後，家人在他的遺物中見到一份手稿，是他為三一一而寫的建言：

各地區的漁業水產加工業農業等將來的雇用與生活性支援，要伴隨著房屋重建繼續下去，因為從經濟困窮中脫離才是真正的重建。與重建期的所謂福祉的技術相比，這種生活再建與人命的問題更應該被看重的……，阪神地震時，許多孤獨死的死因，不是醫學上問題，而是社會性問題……。因此，我們這些醫療社福團體，應該要確保生活再建過程中的照護才是。

這篇手稿被收錄在三一一災後重新出版的《孤獨死》一書中。書中的最後一頁，額田勳以下面這段話作結：「從弱勢的處境中，可以看出社會的本質。從本質上探求人的重建與共同道路，是阪神地震給我們的教訓，災難不會真正結束，還未結束。」

——

二〇一一年東日本大地震發生不久，還在救災之際，就有許多專家著文提出警告：重建開始前，一定要考慮到孤立的問題，震災前的人際關係一定要保留著，同地區的人也要安排在一起。阪神地震的經驗讓很多人瞭解，重建與遷移衍伸的社會問題將會是第二次災難。

就像阪神災後十年，社會以為重建完成，而災民也都遷入公營住宅，一切都像上了軌道，神戶地區仍然有高比例的孤獨死案例[52]。同年一月《朝日新聞》的調查指出：神戶復興住宅中居住的長者中，有四成在該區沒有朋友，有三成表示至今只要地震就會感到不安，「迎接高齡化社會的現在，以年長者為核心的社群仍十分缺乏」。

造成孤立的原因和災後重建政策有關。日本政府採取的異地安置政策，將部分災民從神戶市分配到兵庫郊區；重建區的經濟資格審查，促使有經濟能力的年輕人逐漸搬離，或因不符補助資格為由不允續約……，在在讓復興住宅區走向高齡化、獨居化、孤立化，進而加劇、集約復興住宅中孤獨死的現實。

重建所造成的惡性發展，昭然若揭：災難摧毀了十年、百年以來建立的鄰里關係，一群不認識、不熟悉、失去財產與親人的災民，被迫圈進毫無隱私的收容所內，再遷到組合屋，重新與他人建立連結與關係；一段時日，勉強在創傷中破了冰，有了感情，又分散到其他的永久屋去，再重新適應……。孤獨死的發生，便容易理解。

然而，即使累積許多經驗教訓，三一一災後兩年，統計數字仍顯示受災三縣孤獨死和家庭暴力案例劇烈增加：災區需要緊急介護的高齡者多達三萬，比二〇一一年同期增加百分之十六；孤獨死案例超過五十四件，且四、五十歲的中年案數增加。就在我重訪東北的這一年，案例數甚至翻倍，超過

---

52 從二〇〇〇年組合屋全部撤除，到災難屆滿二十年，神戶地區已有八百九十七起孤獨死的案例。

一百二十一件，過半超過六十五歲，男性占七成之多。日本媒體因而指出，孤獨死雖是日本普遍現象，但重建區內的孤獨死卻反應另一個問題：「災後身心創傷外，倖存者亦須面臨新環境的適應以及社會壓力的挑戰，這些負面因素都是孤獨死在重建階段比例升高的原因。」

環境變化固然是高齡者死亡率攀高主因，但組合屋也是個聚集各種不同人群的「病舍」——在這種生活範圍僅有三公尺的空間，因核災或震災失去工作的災民，每日只能在家自嘆自嘲，如果本就罹患慢性病，身體惡化速度就會增快——從生理與心裡上看，組合屋都不利於健康。

即使能熬過組合屋生活，災民還得應付各種煩惱：好不容易建立起來組合屋的人際關係又斷了怎麼辦？公營住宅的租金付不出來，能不能繼續住在組合屋等等……。災後自殺率的高峰，大多出現在避難所到組合屋，或是離開組合屋的兩個時期，被留下來的那方災民孤立感加深，容易絕望。因此，當人們以為重建完成、生活步入穩定期，災難就能結束，但證據卻完全否定這樣的樂觀。

日本東北地區終究不是神戶這種疏離且人口聚集的大城市，但阪神教訓不免成為東日本大地震重建的借鏡，地方政府紛紛針對老人與弱勢興建復興住宅，避免興建樓房，也注意到鄰里關係的維持。

福島縣相馬市便是重建區的典範。相馬市長立谷秀清本是內科醫師，災後，他擬定從生理、心理健康為出發點的重建政策，將高齡與弱勢者的需求放在前位，甚至特別強調：「完善照護服務，讓長者不因孤單而自我結束生命」。因此，在組合屋興建之初，就優先考慮原有的社區組合，還在組合屋中組成小組，選出組長、戶長等代表，作為照顧者與協助者。另外，相馬市拓寬公共空間，讓這些公共空間與高齡者活動的公園合併。災後五年，即使福島縣出現三十四個孤獨死案例，相馬市一個都沒有。

相馬是一個與神戶截然不同之地：神戶歷史不過百年，是個港埠城市，自古以來居住在此不過數萬人，外國人就占據總人口的三分之一，故有「流離者」城市之稱；但相馬自鎌倉時代開始就一直是相馬家統治，不論伊達正宗、豐臣秀吉或德川家康都無法滅掉這個領主勢力。為了存活下來，相馬家族對該地人民付出許多，也產生了強烈的凝聚力。戰爭無法摧毀他們，天災自然也不行：江戶初期，相馬地區遭到兩次大海嘯襲擊[53]，但即使家園毀損，傷亡者眾，居民卻從不認輸，也沒有拋棄家園的情事發生；一七八〇年代的天明大飢荒讓此地餓殍遍野，人口大減，他們還是守住這塊土地。

這種種試煉成就了一個成熟的地方社群。相馬住民與地方連結性強，至今還有跟伊達家對抗的軍隊訓練等活動，都是回應了歷史，也強化地區認同——他們甚至把核災看成相馬領主的試煉，東日本地震自然無法動搖相馬人的在地性，他們共同面對考驗，也讓社區機能有效發揮。

我們從清早大雪紛飛的福島車站，抵達到相馬市時，已接近中午。五十多公里路程，原本一個半小時能到，卻因路上積雪，道路險阻，硬是花上兩倍車程，才能到達「狐穴井井戶端長屋」。這時，相馬市役所的公務員已站在門口迎接，長者們則在交誼廳等候多時。

災後，中華民國紅十字會提供幾棟老人公營住宅援建資金，狐穴井井戶端長屋即為其一。所謂的「長屋」是五十年前日本守望相助的社會居住型態，相馬市規劃老人公營住宅時，就將舊時建築設計列入考量，提供每戶約十二坪的空間，除獨立的臥房、衛浴等設備外，更強化住戶集會、活動、用餐及洗衣的

53 分別是一六一一年的慶長大海嘯、一六一六年元和大海嘯。

公共生活空間，讓老人們相互交流、照應。狐穴井井戶端長屋在災後兩年落成，共有九名長者入住，平均年齡有七十二歲之高。

這天，除了一位住院的長者以外，其餘八位長者坐在交誼廳大桌，以靦腆的微笑迎接我們，聊起天來也帶著羞怯，聲音輕輕，句子短短，但笑意濃濃的。他們偶把身體往前推，彷彿想說些什麼，但又收了起來。

最後，他們決定推派最年長的木幡幾子發言。這位八十五歲的婆婆是長屋的戶長，也像是眾長者的大姐一般，語氣溫柔。「在這裡生活很愉快。」這是她的第一句話，而後像是進行簡報一般，說起老人們的日常作息：他們每天五點多起床，而後打掃、做體操，再吃早餐，隨即各自去買東西、搭免費接駁車去看醫生，還有各種休閒活動。

「星期一早上還有卡拉ＯＫ喔。」一個婆婆忍不住舉手補充。

「哇。」我們一起大叫，「早上唱卡拉ＯＫ啊？」

「對對，我們還會一起去上舞蹈課。」另一個婆婆雙手舉起：「星期四是傳統舞蹈課，星期五會去公民會館跳夏威夷舞。」

「夏威夷舞？」我們又叫了，「就你們幾個？」

「不只我們，我們以前的鄰居也都會來。」她們趁著這個團體活動，與過往鄰里敘敘舊情。

「你們好忙啊。就跟上學一樣嘛，好青春。」

婆婆們害羞低頭，抿嘴笑了。

眾人談談笑笑之間，行動便利商店的貨車就出現在門口，老人家領我們一起去購物，說這車兩天來一次，提供他們所需的日常用品。而午餐也幾乎同時送達，他們轉身回屋裡，準備拿便當時，竟都順手塞給我們一包零食。

長者們會在屋裡自己做飯，市役所中午也會提供免費送餐服務。「一開始，每個人都關在自己的房間裡，這樣就失去了老人公營住宅的用意。如果我們提供午餐，他們就會走出來，一起用餐，相互交流。」相馬市建設課長伊東充幸解釋送餐的意義：「但是，這個長屋的老人家們不太需要，因為他們平時就會在公共空間交流，彷彿家人一樣。像今天缺席、住院那個伯伯，平時會釣些魚作菜給大家吃，他的廚藝很好。」

「這裡已是超高齡社會，社會福祉投入非常重要。」伊東充幸表情認真。相馬市老年人口原就有百分之二十八之多，有九十九位長者因為海嘯而失去所有親人，只能獨自生活，景況令人擔憂。市役所便決定興建多棟老人公營住宅，提供失親與沒有住所的長者居住，讓他們能夠互相照顧。

「住進來需要什麼條件嗎？」我問。

「在老人公營住宅居住的條件是獨身、沒有自宅，年滿六十歲。」抱著一疊厚厚資料的伊東充幸趁長者取餐時，抽出幾張文件向我們解釋，這裡平時會有志工來做健康諮詢，也有看護來照顧大家，「這空間讓長者都能自立生活。」

日本有老人年金，但其他人怎麼生活呢？「的確，現在福島乃至於相馬市的產業都還沒恢復，不知何時災民能自立。」伊東充幸說這塊土地多是農漁業，如今土地鹽化、禁漁，只能靠東電補償金生活，在外面謀生的人恐怕比在長屋生活的長者還辛苦。

長者們拿著便當打斷我們的談話，拉我們進他們的房間坐坐。年紀最輕的鈴木悅子在我們圍在桌旁時，便顯得迫不及待，咧著一張嘴笑望我們，領完便當，她立刻打開門邀請我們進入一個堆滿生活用品、夏威夷舞衣和漁網的房間。這空間透露了這位七十六歲婆婆不拘小節的一面。

「這種漁網只有二十個人會做，幸好丈夫生前有教我，讓我現在能靠著編漁網掙點錢花用。」她順手拿起電視機前的漁網，拉開網目：「每天我會花上兩到四個小時做這個，邊看電視邊做，才不會寂寞。這一大捆可以賣到五千日圓。每個月可以賺五萬。」

鈴木悅子三十二歲喪夫，之後在救生公司工作二十五年，獨立扶養兩個孩子。住家未受海嘯波及，卻被震毀。獨居的她靠著一個月十萬日圓的年金生活，花費大多用在公營住宅的一萬租金上。但她也說，政府補助四分之一，還有送餐服務，幾乎花不上什麼錢。

「福島不是不能捕魚嗎？為什麼還編漁網？」

「輻射害漁民不能捕魚，人生都亂了序，什麼都不能做。海嘯後，福島沿岸禁漁，我也就沒工作，但今年開始有漁網店委託我編織捕鰈魚的漁網，可能漁民都期待五月能出海吧。」

我們注意到房門入口陳列一張照片，好奇詢問。

「這是替哥哥與姪子、姪女做法會的照片。」鈴木悅子見我們疑惑，絮絮地說著家人的故事：哥哥是個很厲害的漁夫，非常照顧她，姪女也很溫柔，五十一歲姪子在東北電力公司當部長，育有兩個讀大學的兒子……「那天，姪子難得回家，遇上海嘯，開車載父母逃難，卻來不及……。」

說起話來眼睛帶著光的鈴木悅子，這時像關上電源那樣，暗了下來，幾秒無聲，「家族裡，我是頭腦最差的那個……」她敲了敲頭，像是責備自己為什麼是活下來的那個人。

「怎麼會？活下來很好，活下來，才有人記得他們。」在場眾人忍不住摟了摟鈴木悅子，將她逗笑了。

那場海嘯讓鈴木悅子失去十二個親人，親族屍首有些尋回，有些沒有。災後兩個月，她為家人舉辦了一個法會。「我現在每天早晚都對這張照片說話，跟他們聊聊自己的生活。」原本絕望沮喪的她，住進這個長屋後，得到許多安慰與支持，「我每天期待著這城鎮早日重建完成。每年三一一我都會去掃墓，跟他們報告組合屋的日子，請他們安心。我說，現在我有九個親人，我現在很好，能活著又能自立，很感謝。」

就在她擦拭眼角眼淚時，我想起額田勳寫過的話。他說：「人跟人之間的關係是這個世界上最好的生命線。即使是每日操練的日常，單調的生活，卻也是住民相互扶持的人際關係基礎。」

我們必須要離開了。其他長者一邊送我們上車，一邊強調：「我已經把這裡當家，大家都是家人，我們一起住進來，死也要在這裡一起死。」

在車上，我們不停向老人家們揮手，用笨拙的日語說：「要保重喔，要開心喔，要活到一百歲喔。」隔著車窗的他們，無法聽到我們說些什麼，但看著我們誇張的手勢時，有些人擦起眼淚，有些人帶著微笑，舉起手，用力揮動。其中一個始終沉默，避開聊天機會的婆婆，則將身子掰彎至九十度，深深地鞠了個躬。

「汶川大地震」（五一二大地震）

時間：2008年5月12日14時28分04秒

震央位於中國四川省阿壩藏族羌族自治州汶川縣映秀鎮附近

（成都市西北偏西方向79公里處），地震規模8.3

第二部

大地呻吟

震動一瞬間

九二一，像一個災難的度量尺那樣，成為千禧年前世代的集體記憶。說來可恥，身為一個地震帶上的居民，這是我第一次對地震產生印象，就好像是這輩子首次遭遇。我不確定其他人是否跟我一樣，但之後每每發生強震，這晚的感受與經驗就會被喚起，而後不自覺地盯著天花板上的燈瞧，彷彿它是震度指標。

因為，對我來說，這個地震經驗是以視覺形式存取的。一九九九年九月二十一日深夜一點四十七分，住在台北盆地最南側的我，正掛在網上與朋友閒聊時，房外突暗，頂上的日光燈接著熄去，面前的電腦是唯一的光源，還來不及疑惑，視窗迅速轉黑，只剩螢幕中間的一小個亮點，隨後啪一聲，瞬間吹滅。像是遠方有人點燃引線，黑暗沿著筆直的棉線奔跑吞沒原來的光，最終在我眼前爆炸。

「跳電嗎？」正要起身查看時，一股帶著轟隆聲的蠻力在我腳下竄動，將失去重心的我推回椅子。我跟我的椅子還有這棟老公寓，一起上下跳躍起來，本以為只是普通地震，待大地冷靜下來、再次站起的我又像被誰摔角那般用力甩動，時間既長且久。之後，消防車與救護車聲呼嘯而過，鄰居早在公寓對面的空地聚集。整個夜晚失去電力，沒有通訊，我只能翻出收音機，靠著微弱雜訊讓這暗夜裡的一切能有個稍微具體的形體：震央在哪裡？有沒有傷亡？為什麼停電？我以為自己知道地震很危險，但直到這一刻，才真正清楚它能有多駭人。

過去這個島的居民以為，陸地是由牛所撐起的，當牠翻動身軀或用牛角頂地時就會地動；直到二十世紀初，仍有人宣稱看到地裂中有牛尾擺動[01]。現代人已能理解，台灣島的生成源於造山運動，這蠢蠢欲動的大地，就是島嶼生命的證明。然而，這樣稜角分明、雄壯有勢的撞動，很不一般，到底是怎麼了呢？

這場世紀末大地震的經歷者，或多或少都能從自己的角度，勾勒災難的形貌：

因為年紀大了，邵族長老高倉豐總是淺眠，睡了一陣，又有尿意，才想起身上廁所，便感知到地震。震度如此之大，讓他步伐不穩，晃行到窗邊，只見住家旁的日月潭潭面上升，壯如滾水，地震發出的呼呼聲不斷，令他有颱風的錯覺。一九三七年出生的他，閱震無數，卻從未遇過如此嚇人的。即使恢復平靜，他仍不敢回頭再睡。不久，又搖，他坐不住了，連忙逃了出來，部落族人也都出了門，一夥兒人在空地熬到天明。而屋子的裂縫，就在日頭升起之時，明明白白露出。

・

大半生都耕作檳榔、香蕉，靠天吃飯的呂春寶，住在南投中寮鄉合興村最高處，村民都叫他「盡傍

01 一九三五年台中大地震。

叔」。這晚，已入睡的夫妻倆被地震搖醒，跑了出來，只覺四周盡是「乒乒叫」、「吱吱叫」、「晃晃叫」。濃霧覆蓋著他們，毛毛細雨灑在臉上，即使近在身邊也看不見彼此，地動像篩糠一樣將他們往上拋擲。「我們一直跳一直跳，跳好高。只好抱著柱子。」妻子陳也好不停說著：「好恐怖！簡直就在地獄。」

·

中寮鄉公所職員廖學堂在睡夢中被驚醒，在地鳴中，與其他人在外躲避。眾人竊竊私語，有人說是地震，有人揣想是炸彈，廖學堂卻說地球快毀滅海水要來了。只見南投酒廠方向火燒紅了半邊天，而隔壁住戶拿蠟燭回屋裡說要找長褲穿，竟引起瓦斯爆炸，發生火災，但餘震不斷，誰也沒發現，任火慢慢延燒，半個小時後有人發現才開始用臉盆滅火。廖學堂家的玻璃破了，天棚也燒掉，一個婦人被爆炸震到路上，但路壞了，誰也沒能力送她到醫院。路斷了，誰都無法求救。最後廖學堂想起屋後有個小水溝，因為前天下雨還積了點水，眾人靠著這點水來滅火。而他自己一整夜都拿著滅火器，與火龍對抗。

·

在奇萊山主稜山腳下溪溝裡的成功二號堡避難小屋裡，紀錄片導演陳亮丰與一群山友各自晚餐後，就著清茶，簡單聊天。深山裡的夜包裹著他們，他們也就早早鑽進睡袋就寢。地震前，來自地心的嗚嗚將陳亮丰震醒，她將耳朵貼地聆聽，隨後地鳴光速般穿過中央山脈各種岩層，傳達到他們躺臥的溪溝，緊接著的是整座山的劇烈晃動。短暫顫慄後，山林又趨於死寂，而後又是劇烈晃動，小屋裡的山友發出驚恐的叫喊聲。陳亮丰披上外衣走出山屋，面對黑暗的溪谷，聆聽是否有落石的聲音，山林仍然靜謐，但勉強可以通訊的儀器突然斷訊。他們又回到睡袋裡，繼續睡眠，渾然不覺幾十公里外的中橫公路已是天崩地裂。

·

日後成為陳亮手紀錄片主角的泰雅青年林建治，這時難得在家。自十六歲離開部落求學，他便很少回到位在台中縣和平鄉的三叉坑，跟父親甚至疏離且陌生了。為了過中秋，許多族人回到部落，林建治也是。他整晚待在卡拉ＯＫ喝酒唱歌，老母親好不放心，趁睡前來看兒子一眼，並小聲叮嚀不要喝太多酒。林建治不知道這是最後一次見到母親，說了聲好，又貪著玩樂。待到深夜回房躺下，大地遽動，林建治跟整個部落都被埋在瓦礫堆下；第二次震動，鬆動了瓦石，他將手挪出來，努力掙脫，不顧自己滿頭是血，和大弟一起瘋狂徒手掏磚挖瓦，一邊哭一邊挖，聽到母親微弱的聲音後，更是用力挖掘。無聲的父親被救了出來，母親已然氣絕。

·

台灣首任民選總統李登輝正在台北的書房裡。埋首案牘的他，先察覺電燈漸漸暗去，僅僅數秒即天搖地動，不免心驚，隨即感到憂慮：「規模這麼大的地震，災情恐怕很嚴重。」他很快就接獲報告，得知地震規模七點三，震央南投，南投酒廠爆炸，全台大部分地區停電，中部損失慘重。已有人傷亡。

·

台北盆地北邊的東星大樓，又稱松山賓館，高有十二層，屋齡約十五年，是台北市區標準的住商混和大樓。當夜，孫家夫婦與兩位子女外出，只留孫啟光、孫啟峰兄弟。兄弟倆捨不得睡，窩在客廳玩著撲克牌，不料轟地一聲，就深陷黑暗中，不得動彈。直至一百三十個小時之後，才見天日。這個大樓垮了。

・

人在彰化的我的母親，在第一次地震結束後，帶著小弟直往頂樓佛堂，守在佛桌下一夜。投身警職的父親在鄰近震央的台中縣警局，過完一個熱鬧的生日後，在宿舍睏睡，不知發生何事。但樓下訊息紛雜而至，消防員警全數出勤，沒人知道災情有多大，卻能預料接下來幾天都無法休假、不能回家。天亮後，父親得到一個消息：南投某個派出所員警悉數死亡。他們是他的部屬，但他們不是在當夜唯一殞落的生命——

將近兩千五百多人，在那個夜晚，沉沉睡去，再無醒來。

——

那晚，一陣劇烈晃動打斷馬國鳳的睡眠，將她甩回現實裡。計算程式自動在這個年輕的地震學家腦海裡啟動：上下晃動的P波先到，左右搖晃的S波後至……，當數到二十時，她已知不對勁。

「我們一直說的超級大地震，難道就是這一個？」她忍不住問自己。

馬國鳳是個研究者，也是個教學者；她會在課堂上講解深奧的數據和公式，也能使用簡單的譬喻，例如雙手抓著鉛筆的兩端，往同個方向彎，解釋板塊擠壓就跟這隻鉛筆一樣，都是在不斷承受力量，也會變形——地震學家稱為錯動或位移——當力量大到無法承受時，板塊就會破掉，能量也會釋放，這就是地震。

即使熟知地震，但強震一來，地震學家的反應也跟普通人一樣，只能躲避。餘震不斷，馬國鳳帶著小孩跑到中庭，聽著鄰居七嘴八舌的討論，心情複雜：「再怎麼努力研究，地震還是會發生。這個時候，我們什麼都做不到。」這茫然如此熟悉。四年多前的一九九五年，剛拿到博士學位、決定以地震學為職志的馬國鳳在電視上看到阪神地震的災情，有種被拳打到的感覺——地震就這麼輕而易舉地摧毀整座城市、奪取萬千生命，身為地震學家到底能做些什麼？

九二一地震後隔日，包含馬國鳳在內的科學團隊前往災區，發現這場大震因車籠埔斷層而起——這個呈現南北走向的斷層，從南投竹山的桶頭地區開始，來到霧峰光復國中旁的乾溪河堤，再經過學校的運動場、校舍，穿過校門、馬路後，繼續向北延伸，最後到了苗栗卓蘭，破裂長度有九十六公里，高低落差從一到十公尺都有。

馬國鳳站在車籠埔斷層斷裂處，不免感到震驚：從大學接觸地球科學，一直到投入地震研究以來，她都只能從模型裡認識、理解地球構造和地震成因，但在霧峰看到抬升近三公尺高的斷層面時，才真正感到所學為真。

親眼見到固然興奮，但痛苦沮喪之情也裹住這群科學家。「造成這麼大的傷亡，我覺得非常對不起大家。」馬國鳳身邊的資深地震學家突然談起自己的愧疚感傷，卻也補充：「但如果前輩們沒有推行耐震評估，傷亡數目可能不止於此。」

儘管台灣屬地震多發區，但因政權不斷改變，地震經驗並未累積。科學家仍憑著文獻與科學經驗，說服未曾遇過震災的國民政府進行防震準備。在經建會的支持下，台灣強震站的密度是世界第一，地震觀測能力與先進國家相比也不遑多讓。一九九〇年代末期台灣地震學家的研究，正是依賴遍布全台的地震觀測網與即時訊號。

雖說如此，地震學家仍然得在災難面前低頭，他們也清楚自己沒有喪氣的權利，必須看得更遠、走得更快。然而，災難一次又一次發生，人類卻還是以自己的經驗和生命周期來論斷災難。

「我們很難以自己有限的生命記憶，來認知大自然運作規律。」許多年後，當我向馬國鳳問起地震海嘯的難題，這位地震學家忍不住嘆氣：「人類太渺小了。」

——

二〇〇八年五月十二日，一個普通的上班日，台北盆地再次天搖地動。辦公室像原地跳躍那樣，在重重踩地那刻，發出轟的一聲。大地嗡鳴約一分多鐘，直到地震停止，仍餘音不斷。「啊，好像九二一。」驚魂未定的同事們表達相同的感受與擔心：這種震度，災情恐怕不小。震央在哪裡？

「北京時間下午兩點二十八分，四川省汶川縣發生芮氏規模七點八的強震，範圍遍及大陸華北和西北。」打開電視，答案很快揭曉，且出人意料——竟然是跨過一個海峽又半個大陸的四川？

但為何這場發生在中國西南的強震，讓台北盆地也感受到相當程度的震動呢？

這個時候沒有人知道，這場地震已成為中華人民共和國建國以來破壞力最大的地震，規模有八；當然也沒人能料到，自一九七六年唐山地震後、中國死傷最慘重的天災正在發生。在創傷最深的土地，沒有攝影機、沒有網路、沒有通訊，被土石掩埋的居民在這世界發不出一絲聲息。

或許只有嘎嘎作響的科學儀器能夠替他們說話——震後不久，全世界各個地震監測網站的訊息，如浪潮般湧入北京國家地質局地球物理所計算中心，光是下載這億萬條資訊，就花上三個半小時，又花上半個鐘頭計算數據。四個小時過後，才真正確定地震發生在龍門山斷裂帶上。

這個斷裂帶在歷史上一直只有中等程度活動，清順治年間那次的災難紀錄已是最近的一次：「地震有聲，晝夜不間，至初八日山崩地裂，江水皆沸，房屋城垣多傾，壓死男婦無數。」此後三百年，這個地區地震頻率甚少，從未出現過規模七以上地震，科學家們因此認為這是一個日漸沉寂的古老斷層——不料，千百年來的表面靜止，僅是在累積能量而已。

這醞釀千年的天搖地動，有九十秒之長。因震源淺，加上破裂過程複雜，造成了大量高頻的地震波，使得破壞力加強，跨過大陸、越過海峽另一側的台灣因為位在同一個板塊上，也就承受同樣的力量。幾小時後，台灣氣象局召開記者會解釋緣由，強調汶川地震強度約是九二一地震的五倍。因此，即使全台震度只有一，但因為是板塊內地震，也能感覺到威力。

二〇〇八年五月這場震動發生時，正是台灣政治板塊重組、兩岸關係錯動時——國民黨在總統大選中取得勝利，執政八年的民進黨退回在野位置，海峽之間的關係有回春趨勢，但民間懷疑且抗拒態勢也隨之增強。災情逐漸傳出後，台灣社會除了「血脈相連」這樣的呼聲，還有一股不小的抵抗聲浪：「不要援助一個把飛彈對準我們的國家。」當然，台灣過往發生天災人禍時，中國政府在國際資訊與救援上的阻攔，也被記上一筆。但即使反對聲音不斷、計較分明，台灣捐款數字仍超過十五億人民幣，居該賑災金額的世界之冠。

如果要給這數字一個理由，比起「兩岸情誼」，我更相信這是基於九二一地震經驗而生的共鳴。至少，新聞報導中那些斷垣殘壁、痛哭流涕，所有能指控天地無情的畫面，都會讓我想到一九九九年的那一天：那僅僅一個瞬間，就足以改變一個人、一個家庭與一整片大地。

達爾文也懂這種感覺。一八三五年，這位演化學大師到智利大地震災區時[02]，被震後的景象震撼而寫下自己的感嘆：「通常在幾百年才能造成的變遷，在這裡只需要一分鐘。這樣巨大場面引起的驚愕情緒，似乎還超過了對災民的同情心。」

人類終究是太渺小了。

達爾文搭小獵犬號到智利時，智利剛發生規模八點五的地震，他因為才讀過英國地質學家萊德爾的《地質學原理》，對於地質變化很感興趣，看著地面被堆高三公尺，明白了平地遺骸為何能在山區看見。日後，他的記錄與發現也幫助世人更加瞭解地震。

---

02 達爾文搭小獵犬號到智利時，智利剛發生規模八點五的地震，他因為才讀過英國地質學家萊德爾的《地質學原理》，對於地質變化很感興趣，看著地面被堆高三公尺，明白了平地遺骸為何能在山區看見。日後，他的記錄與發現也幫助世人更加瞭解地震。

花椒與香蕉

在二一三號公路上顛簸數小時後，我們終於有機會停歇。這條起自甘肅蘭州終至雲南　臘的南北向國道，全長將近三千公里，幾乎貫穿中國西南，擁有絕美的風景；但無所不在的限速、限載標語，明白指出這是一條險路。沒有人料想得到，這條難走的險路還有更難的關卡——地震後，汶川路段或被震毀或堆滿土石，路標也被砸爛，別說超載、超速或超車，車子能往前滑動，就已經不錯了。

在這不上不下的窘途中，站在土堆裂縫上，不免覺得這就是兩岸關係的寫照：川震後半年，台北正發生一場因政治衝突而生的學運[03]，「敵營後方」卻有我們這些志工。無論政黨政治如何拉扯，民間都是在各自堅持與理念的路上前進、發聲。對於某些擁有九二一經驗的專業人士來說，人道援助與災難重

03　二〇〇八年，中國國民黨重新取得政權後，為了加速與中國交流，邀請海峽兩岸關係協會會長陳雲林於十一月訪台。因陳雲林是中共政府來台最高層級官員，引起反對派的不安，在他所到之處都有抗議之舉；警方卻以強烈手段對付這些不同意見的民眾，引起學者與學生對馬政府侵犯人權的質疑，並於十一月六日凌晨聚集在行政院門口抗議，而後移至自由廣場與各校園靜坐。主要抗議行政濫權、侵犯人權、集遊法違憲，並要求總統馬英九與警政署長王卓鈞下台。參與者將這場抗議行動稱為「野草莓運動」。

建就是現下唯一的語言，川震發生第十天，他們打著「民間先行，政府隨行」的旗幟，以「五一二行動聯盟」[04]的名義前進災區。我便是因他們邀集，才會在這個時候陷在這無法動彈的尷尬裡。

這是我第一次到四川，還來不及觀看這天府之國的樣貌，就直接困進車陣裡。震災前，從成灌公路上行至此，只要半小時車程，現在得花上數倍的時間才行；路毀不說，還得讓路給救災的軍車、貨車——為了加速救災重建進度，其他與救災無關的車輛，都須嚴格管制，單數日進，雙數日出，任誰都不能違反這規則。災區民眾、媒體與重建救災車輛，就這麼爭行僅容一車的泥坑道路。我們這台銀白小麵包車不斷走走停停，而我一路睡睡醒醒，只見天白抹轉成紅紫灰橙，而後落入黑漆。最後，除了前方連成一線的刺眼車燈，什麼都看不見，乾脆下車，鬆鬆筋骨透透風。

台灣還未入冬，但四川已寒透。我打了個冷顫，跳了幾下抖了抖，暖暖身體。黑暗中，只聞流水潺潺，我以腳尖輕輕點了點地，確認自己站在路間，不至於一不小心就跌落谷地。

王睿朝我走近，手往前頭指了指：「那兒就是映秀。」

這個成都女孩是我們這個小型團隊的在地成員。地震發生時，她還是個大學生，正結束世界自然基金會（World Wildlife Fund）的實習工作，準備返回成都。當路面與山頭上下左右震動時，這女孩還不以為意地拿起相機，記錄這場「天崩地裂」。但搖晃太久，震動太劇，她直覺不對，立刻回頭往早上待著的村寨走。往羌寨的道路本就蜿蜒崎嶇，震動陡抖落了山林土石，路途更是驚險，茂縣聯外道路也斷了，成為一座孤島。王睿因此被困在餘震不斷、電力不來的山寨中，直到半個月後，才被直升機載送出去。但回到成都的她，在一個多月後道路搶通後，又趕著上山探視羌族朋友，甚至花上一個月陪伴他們。

「什麼？」我不瞭解她的意思。

「映秀啊，妳不知道嗎？」她的語氣像是我應該知道這個地名。

「震中[05]呀。」

「震中？」睡了一路的我，像是還沒清醒：「不是汶川嗎？」

位在四川西北、青藏高原東側的汶川，是四川的一個縣級行政區，約莫西元前一百年就被設立郡縣，今日則以「世界汶川，大禹故里、熊貓家園」為品牌號召。但對我與這世界上大多數人來說，提到汶川，只會想到地震。

「映秀是汶川的一個鎮。」王睿明白我將「汶川縣城」當成震央，連忙解釋：「映秀是震中，但整個汶川都在地震範圍裡。」

地震前，映秀是個世人陌生、連地圖上都指不到的地方。要到這個小鎮，得從成都一路往西過都江堰，再行約三十二公里，穿過幾個隧道才能到達。但沒什麼人會在映秀停留，人們通常催著油門經過這

04 地震發生在五月十二日，因此災難被簡稱為「五一二」。而「五一二行動聯盟」，又名「台灣支援四川災後重建行動聯盟」，是台灣大學建築與城鄉研究所所長夏鑄九召集曾投入九二一重建工作的專業人士一起組成，並與《商業周刊》合作，計畫將台灣的「捐款、人力、經驗」三合一投入，為四川災區提供中長期的災後重建規劃與經驗交流。參與者包含建築師謝英俊、呂欽文，學者劉可強、喻肇青等人。

05 中國稱震央為震中。二〇〇八年這場地震的震央是汶川映秀，因此被稱為汶川地震，又因發生在四川，簡稱川震。本書以「川震」稱之。

個無名之地，直接往九寨溝或臥龍而去，那裡才是川西高原的重要觀光景點。就算過客抬頭看見「西陲遠映邊境」這六個浮雕大字，也不會意識到此地曾是個重要的商旅通衢和軍事要道。

「這鎮幾乎全毀，根本是座鬼城了。」像是替過去的華美詩詞增添一筆那樣，組織這個團隊的林正修走了過來，丟下這麼一句話。林正修有著城鄉規劃的專業背景，曾參與各個災後重建工作，也是五一二行動聯盟的成員，是他鼓勵我參與這項援建計畫。但行前除了工作任務與計畫背景，他沒給我多餘的描述，我只能就著新聞畫面自行想像災區的樣貌。不料，與震央的初次相會竟是「什麼也看不到」。

據聞從都江堰往九寨溝的這條路風景絕美，我無緣賞玩；而林正修口中的鬼城，於我也是虛幻。我唯一知道的是，距離我們目的地茂縣，仍然很遠。

王睿像是沒聽到林正修的話，低著聲音對我說：「這裡也是倪阿姨的家。」她口中的倪阿姨是這趟載送我們上山的麵包車師傅。

「他們家還好吧？」

這個反應似乎就是她所期待的。「嗯，她失去了兩個女兒。」

林正修第一次上山，搭上了倪孝蘭的車。在漫長車途中，聽她提起自己的喪女經歷後，便承諾只要到四川，進茂縣、去九寨溝，都會請她開車。

我還想多問些細節，卻聽到林正修呼喚我們隨他往亮光處走去。那是一排留有「廣東」二字的營帳，一位手捧著熱茶的女子，這時恰好將頭探出來，便大聲招呼：「快進來坐吧！外頭冷。」

帳內原本圍在暖爐前喝茶的二、三人，立刻起身將位子讓出來，有人從紙箱裡拿出餅乾，有人遞過來水果，有人忙著泡茶，甚至將爐火往前推，讓我們能夠享受點溫飽。他們是廣東醫療衛生單位發派的志工，因災區醫療診所盡毀，接手當地的治療和防疫工作。

「救命是不能等的。」他們向我們解釋千里支援的原因。比起中國其他災難，川震援建的特殊處就是「對口援建」[06]，也就是以一個省（直轄市）對一個縣或縣級市為原則，在中共中央的部署下，協助救災重建。這個決策在災後一個月內下達，在七月正式實施；第一批志工已待滿三個月後回到廣東，眼前這些烤著火的志工是第二批，才剛抵達。

聽聞我們從台灣前來幫忙，他們直嚷著：「真的是遠道而來。太感謝你們了。」

「哪裡，廣東也不近啊，」我連忙擺手：「你們在這裡時間更久，做得更多。」

但我們到底都是過客，都會很快離開，除了彼此感嘆災難無情外，都不適合多說什麼。待了不到一杯茶的時間，我們就因趕路而起身離開。倪孝蘭耐心地在路邊等著我們，嬌小的身軀被壓在黑沉裡。她沒有抱怨我們耽誤行程，暗暗替我們趕上。即使時間已過八點，這條路仍然擁擠，交通號誌與交警布滿每個路阻，倪孝蘭超車的舉措立刻被逮到。

我在昏睡中不明所以，只聽得聲聲威嚇從前頭傳來，便醒了過來。只聽得倪孝蘭持著川腔特有的輕揚語軟，懇求警察放過她。警察當然不願意，她只好交出駕照，日後得以罰金來換取。我們要求替她打

06 例如廣東省對汶川縣，而廣東省各地方縣市分別負責汶川縣下的城鎮，如汶川縣的映秀鎮交由廣東東莞市負責、水磨鎮則由佛山市負責。

理，支付罰款，都遭拒絕，只說要自己負責。但不管她是繳交了罰款（甚至可能遭到更多的索求），或是放棄駕照，都會讓我們不安，總覺得對她有些虧欠。倪孝蘭卻說：「沒關係，沒關係。下山也要通知我，我一定要送你們回家。」她說，我們遠道而來的溫情，怎麼也還不了。

倪孝蘭是真心的。每每接受中國媒體採訪時，都會提到這一點：「從台灣來茂縣的志願者得知我的遭遇後，不斷安慰開導我。我跟他們成為好朋友，每當他們進茂縣都會租我的車，他們還帶著我一起到成都，看熊貓，後來還去了九寨溝。」

這是第三次送大夥兒入山，即使得不停經過傷心地，她仍願意。

蜀道之難，難於上青天。在這顛簸慢行的車途中，我幾次無意識地在心裡複誦李白的作品，這位唐朝詩人以兩百九十四字的篇幅描述蜀地鬼斧神工的壯闊跟難以橫越的凶險，勸說朋友盡快離開：「唉，你們這些遠路的人，為什麼還要到這裡來呢？」

「為什麼要到這裡來呢？」我也問自己。

黑夜太沉，只有水電站的亮光引路，在災後的蕭瑟中，這橘黃光線格外刺眼。「這個區域有太多開發。」林正修看著窗外：「為了配合工業發展，道路、水庫、工廠、水電站等，都加速改變岷江上游河谷的環境與地形。災難怎麼能不發生？」

沿著二一三號國道往上走，滾滾岷江水始終在旁，我有種逆流而行的錯覺。岷江上游至都江堰的距離僅三百公里，高度落差卻有三千公尺，也因此孕育豐沛水力，吸引重工業沿著江岸興聚。在我看不見的黑裡，都是一間間工廠。災後有個謠言，稱川西高原藏有大型國防工業，而這場地震之所以釀成重大災禍，或許因為爆炸——甚至是核爆。

在這個寒冷漆黑、讓人墮入絕望的時刻，說什麼我都會相信。而我以為，這黑是短暫的，當地人卻說，暗夜原本就這麼長。地震摧毀水電站雖是事實，但貧窮才是他們夜不見光的原因。「這裡產出的電，都高價賣給都市人了。」站在岷江河谷邊，林正修拉了拉衣襟，抖了抖身體，試著驅逐寒意。「成都和都江堰相對富裕且需要電力，電當然賣給他們。」

但居民也不覺得有什麼不公平，也不懂計較，他們習慣了這樣的日子。家境較好的，都自備發電機。

我仰頭看天，看不見星星，想著水電之鄉卻沒有電的荒謬，思著窮鄉僻壤在災難裡更是遭殃。這個情景竟無來由的熟悉，我立刻想起九二一震後數日無電的原因：大地牛翻身那一瞬間，鄰近震央的中寮變電所受到震損，電力無能北傳，島國大半折入黑暗，失去光明。那一刻，滿布變電所的小鄉鎮，超過八成崩毀，兩千五百多間房舍應聲而倒，將近兩百條性命從世上消失。

第一時間趕赴現場的記者留下這段文字：「路面沙塵滾滾，永平村內，挖土機作業聲隆隆，然而，最令人驚心的，還是那飄散不去的屍味……，新舊建築物在地震中軟了腿，陷進了地底，一排排如強大火力掃過的透天厝，開膛破肚或相對頹倒，碎石、玻璃屑、瓦片鋪滿了街道。」記者還引述了鄉長的感嘆：「中寮鄉負債五千多萬元，行政預算都是虛列的，鄉公所實際上一毛錢都沒有，不知道我們一萬九千多個鄉民要怎麼重建家園？」[07]

這個日後因為震災舞弊被判貪汙罪的鄉長，不只一次對媒體表示，中寮是南投最窮的一個鄉，連省道都沒有經過，農業也衰敗。這種「鳥不生蛋」的感嘆彷彿自我詛咒，歷代鄉長都以「地方建設」為名，招攬各種危害環境的建設，例如為了台電回饋金積極爭取「南電北送」的中繼站，以土地來換取利益，最終讓二百四十一座鋼鐵怪獸蠶食鯨吞中寮的田園。原本翠綠的山峰被綿延不絕的高壓電塔取代。

地震發生，電斷了，地裂了，這個以香蕉、檳榔為經濟作物的貧窮農村，一夕之間聚集了鎂光燈，博得了社會的關注。但除了短時間聚集救援物資與重建支援，這個「明星災區」還是什麼都沒有。甚至，因為鄉長被收押，外界資源不敢進去，鄉公所公務員也不敢辦事，救援與重建都停滯下來，絕望的氣氛在這鄉鎮瀰漫。隔年，公衛學者郭憲文提出一份報告[08]：在災害發生後第一年間，災區自殺死亡人數明顯增加，而中寮自殺率更是高得嚇人，是平常的三倍。自殺的原因，無非是失去生計與希望，「活得太苦」[09]。

汶川地震發生前一年，我到了中寮，當時，距離九二一那場天地齊力的破壞已整整八年，除了遠處光禿的小山，大地傷痕已被時間抹去。曾經殘破的永平街妥妥地重建完畢，但城鎮裡還是瀰漫著寂寥的氣息。佛光山星雲法師題字、立在鄉公所前石碑上的「奮起中寮」，彷彿空谷回音，無人回應。

經過漫長的重建，中寮還是無法貧窮中走出來——稅收僅一千多萬，是南投縣稅收最低的鄉鎮。我跟機要祕書李增陸聊起「貧窮」時，他還以「全台灣未婚比例最高、娶外籍新娘比例高」這類統計數據來證明。在他看來，原因出在中寮產業只有農，而農業花上十年都是零成長零收益，鄉民生活條件自然低。地震後，貸款條件寬鬆，許多民眾申請了重建貸款，現在到了還本息的時候，卻遇上壞景氣，生活壓力更是加重。「貧瘠的地方會消極閉塞。」李增陸忍不住強調。

這半個小時的談話中，「中寮真的很窮」這個句子不斷出現，如果不是因為認識廖學堂，知道他因為想擺脫這無法透氣的沉重感而行動，我應該也會跟著絕望吧——廖學堂原本也在鄉公所服務，雖然是公務員，卻常因環境破壞、劣質發展挺身而出，與其他鄉民一起向自己的「老闆」抗議。他不願故鄉墮落沉淪。

地震那夜，廖學堂居住的那條街發生大火，他眼見一個阿嬤因爆炸而飛開，最終不治。對此耿耿於懷的他夥同村民，齊心修復廢棄的水圳。起初，誰都不看好，也不認同。最後憑著毅力，廖學堂花了一年，讓記憶中的圳溝重生，潺潺流水終能穿過田園。他還想要找些事給大家做，讓大家有點盼望，也讓中寮藉機發展出自己的特色和產業，誓言讓故鄉活回來。

這個叫大家到屋後廢棄水圳汲水、自己拿著滅火器對抗火龍的中年男子，向父親借了五分地，打算從振興農村開始。這塊地位在中寮八仙村馬鞍崙聚落的「溪底遙」，昔日水源乾淨且充足，曾是一片平

---

07 楊索，〈中寮屍臭瀰漫·冰櫃還是等不到〉，《中國時報》，1999.09.23。

08 二〇〇〇年十二月十五日，在「二〇〇〇年中日回應九二一地震學術研討會」中，中國醫藥大學環境醫學研究所教授郭憲文提出一份報告：災後第一年間，台中縣和平鄉、南投縣中寮鄉男性自殺死亡人數有明顯增加，而台中縣新社鄉、南投縣中寮鄉女性自殺死亡人數也有增加。

09 曹以會，〈活著太苦，中寮一年內二十九人自殺〉，《中時晚報》九二一大震周年報導，2000.09.10。

坦良田，原是中寮的米倉；但在農業政策轉變下，逐漸沒落。他認為如果故鄉要重生，就該從這裡開始。於是，廖學堂和災後駐點中寮、興辦地方報的馮小非合作，以有機農法為試驗，打造一個學習型的農業社區。

當我回到溪底遙，看到在三合院前敲敲打打的廖學堂時，忍不住轉述和祕書李增陸之間的談話。廖學堂沉默了一會兒：「當然，我也有點自不量力啦，講個洩氣話：我們這裡的人被一種東西壓制傻了，又是生活的壓力，又是沒辦法突破的困境。好像沒有辦法看到好的團體、好的事發生。」

「我們已經沒有路了，變到沒辦法再變時，就需要一個新的刺激。」他眼鏡度數很深，認真說話時，眼鏡會滑落，「這個農村好像窮到快要凋零死去，只能在這裡丟個石頭，看這個石頭能不能盪起漣漪、掀起波瀾。」

頭抬起來，他推了推眼鏡：「我想要讓這裡的人們生活得更好一點，不要提到中寮，就只想到貧窮。」

災後半年，餘震依然不斷，每天都得搖晃幾下，每每一搖，就會抖落大量土石。當我們穿過像是空城一般的汶川縣城，抵達如被黑色絨布覆照的茂縣時，累到眼睛睜不開，只想快快將自己丟到床上。從車上搬下行李，看到前方有光有電，我差點對這個靠著發電機營運的小旅館跪下，只覺此刻世上再沒什

麼比這更讓人感動。但才陶醉在這幸運裡還不到一分鐘，地板就像篩穀子一樣，上下左右抖動起來。屋裡的人齊聲尖叫。

「地震！」王睿大叫了一聲，倏地轉身對我：「這是餘震，一直都有的。妳不要害怕。」倪孝蘭無意識地附和：「是啊，別怕，別怕。沒事的。」像是逐漸加入聲部的合唱團一樣，其他人也跟著對著我這外來者唱安撫曲：「沒事，沒事。」

「我台灣來的耶。」看著眾人的安撫，有些好笑也有點感動：「我們那裡地震多，習慣了，不用擔心我。」我確實不是太在意，在這搖搖晃晃的旅館中，呼呼大睡了好幾個夜晚。

我對地震無懼，但難捱岷江河谷的溼寒，每晚得設法將腳弄暖，才好入睡。茂縣地處岷江上游，青藏高原與川西高原的過度地帶。當地人說，冬天午後是此地最嚴寒之時，因為這裡獨特的地理位置讓季風更為突出，只要中午一過，就會刮起由西北至東南的大風，頓時狂風四起，塵土遮天，老百姓只好以各種方式來取暖度日。十一月，在台灣還可以穿短袖的時節，我在這裡裹上冬季大衣仍頻打寒顫，不免對住在板房（即組合屋）或龜裂房子中的茂縣災民懷有同情。無電可用的他們，該如何度過這個冬？

人口稀少、相對貧窮的茂縣，就在前往九寨溝的路途中，過去少有人注意，更無人逗留，本就自覺邊緣，地震發生後，更是感到委屈——南方的汶川是震央，東邊的北川是重災區，都吸引媒體前往，也得到中央政府重視，救援人員與物資直直往哪些地方去；傷亡較少的茂縣宛若孤島，則不被聞問。災後整整二十四小時後，茂縣地方長官才與阿壩藏族羌族自治州政府透過衛星電話聯絡上，當時保守估計茂縣農民房屋倒塌達七、八成，有八成無法居住，所有房舍都受損，三萬多人無家可歸，鄉鎮到縣城的交通嚴重中斷，滯留旅客達上千人。地方政府雖不斷提供帳棚、藥物、食物、棉被之類的需求，但等空中支援到、解放軍進入，已是十天、半個月後的事了。

「我們被那些降落傘震懾住了。」一個中學生跟我說，當他看到空投物資時心情非常激動，但是也覺得很委屈，「我們是不是被遺忘了？」

看著電視裡總理的口號與人民的熱血，茂縣居民心情複雜，又感動、又難過，自己哪方都不是，沒有人想來看他們一眼，連平日早已稀疏的遊客更不見蹤影。於是，像我們這樣的外地人，走在其間，便很顯眼。

每每被問起，我都笑說：「來賣花椒的。」

花椒[10]是「十三香」之首，能去除各種肉類的腥羶氣味。主要產地是四川，特別是海拔一千五百公尺以上，寒冷、少水的乾旱谷地，是川菜最重要的調味料，更是農民的主要收入來源。

「花椒六月採收，卻遇上地震。」還在台灣時，林正修便向我解釋花椒產量變少、運送受阻的種種困境，為了解決這個問題，他擬定了一套架設網路、建立產銷制度的援建計畫。而我們要做的就是教農民使用這套網路概念與技能。

我對這樣的想法並不陌生，對於九二一重建，民間大多依著維護文化主體、關注弱勢並強化生態的方向而行。川震災區的經濟作物既然是花椒，在災後重建的漫漫長路上，花椒的收成就會成為岷江沿岸羌寨枯榮的關鍵。林正修邀我參與這計畫時，還特別強調：比起政府的承諾和規劃，比起那些大硬體大建設，更應看重災民自立更生的能力。更別說，花椒根深，抓地力強，易於照顧，是水土保持的重要物種。「花椒既是羌的文化，就要利用這種文化來重建。」

台灣飲食極少使用花椒，不善吃辣的我對這食材陌生，無知且無感；然而，來到蜀地，不免得嚐一嚐，趁著工作還沒開始，我們先在縣城中心的市場閒逛，想隨便找個餐館試試。縣城已回復日常，市場人來人往，新鮮蔬菜和一大麻袋一大麻袋的花椒擺置在路中央，香氣迷人。城門口張貼的重建規劃地圖因風吹雨打，已經褪色，人們輕易地穿過它，毫不在意，似乎只有我停下來仔細察看。

此時，茂縣縣城已少有帳棚，「危」字圈起的樓房倒清楚可見。餐館的老闆娘讓我們上二樓她的住家，看天花板與樑柱的裂縫，油漆斑駁掉落。問她為何不遷到板房？她稱板房太單薄太冷，住不慣，因為「再危險都是家」。

板房全蓋在岷江邊、無人之地，成排成片地在谷地間沿展。從上方觀看，一望無際，宛若閱兵，整齊且強健的白色軍容，等著一聲號令，就能衝上這片高地，卻看不出這密密麻麻裡有多少生活痕跡；走在聚落間，也是無人而清冷。市場或縣城裡的板房、帳棚倒是物盡其用，有的賣通訊商品，有的賣起雜物，還有臨時銀行設在這裡。

餐後，我們走進一個羌寨，信步走到一個田地旁的平房。一層樓高的磚瓦平房看來無恙，但庭院間卻立著一個木板架起的房間。木板非常單薄，工技也潦草，裡頭僅有一張床，一床厚棉被，與一個熱水

10 花椒，又稱川椒、蜀椒、巴椒或秦椒，屬於芸香科。當地人說，辣椒及胡椒是泊來品，只有花椒才是真正的本土香料，所以被稱Chinese pepper。花椒在中國社會也被當成一味中藥，有溫中散寒，驅蟲治病效。

瓶。我往裡頭看，只覺晚上在裡面睡覺，一定會冷到發抖，難以成眠。

「婆婆，妳不冷嗎？」我們問這木板房的主人。

「冷。但至少心安。」眼前這位白髮無牙的九十多歲老奶奶，對遠方客人到來感到驚喜，眼睛瞇成一直線，充滿笑意，對著我們喃喃說道：「地震嚇到我了，我每天都很害怕。」

老奶奶年輕時曾遇過一次大地震[11]，晚年又來了一個，讓她很是恐懼，孝順的兒子只好在庭院裡蓋起了一間簡單的板房，讓老太太晚上能安心入睡。我們離開時，老奶奶仍叨念著這生如何辛苦，只求餘生平安。

——

台灣向來被稱為香蕉王國，整年有吃不盡的香蕉，我卻是到了中寮才知道，香蕉一生只開一次花，我們吃到的香蕉，是一棵香蕉樹畢生的心血：香蕉種植後，先長出二十至四十片葉子，才會抽蕾開花。香蕉的花是頂生穗狀的無限花序，每個花序都有葉狀的花苞保護，當花序漸漸生長便會開始往下垂，之後苞片會脫落而露出小花，稱為果梳，果梳會一個接著一個長出來。

「我們吃到的香蕉，是這個雌花子房長出來的果子。」蕉農解釋時，十來個小孩專注地看著，然後大叫：「好大啊。」

戴著斗笠的老農笑得亮出金色假牙，一手指著那紫紅色子房後，再指著香蕉樹頂：「我們往上看，就會看到香蕉屁股上的小花。」只見蜜蜂穿梭其中，舞步輕盈，孩子們看著蜜蜂歡笑叫嚷。

這是孩子們的農村見學課，課程從做風箏開始：一早，我就看著廖學堂一路從砍竹子、削竹子、糊上報紙……逐步教著大夥兒作風箏，近午還蹲坐在草堆裡，一邊忙著替落後的孩子收拾，一邊汗流浹背地指揮著那些抓住風箏不放的頑童放風箏。

有個孩子怯懦懦地站在團體外圍，只是看著大家。「他功課跟不上別人。」廖學堂拿下眼鏡擦了擦汗，用手肘指向那個瘦小男孩，「可是沒有誰比他更會辨識昆蟲。」

「他學打繩結，也比別人慢，但是會靜靜地看，其他的小孩沒耐心時，他會幫忙做，做不好，沒關係，再來。一次又一次。」廖學堂看著孩子說，「但等他完成的那一剎那，他也會開心笑出來。雖然沒有掌聲，但他有了自信。」這個男人想做的，比其他人想像得更多；除了農業，他還想改變農村隔代教養、貧窮、資源少等問題。他認為，正是這些問題，讓這些孩子成為沒有自信的小孩。

他花了許多時間陪伴孩子，只因不滿意現在的教育——家長放任孩子打電腦、打電動，追求聲光刺激，求狠求快，卻一點意義都沒有。「我小時候被帶著玩，學會很多東西、不會恐懼危險。但現在的小孩，根本沒有從生活上學習的機會。」他認為，沒有生活上的學習，不瞭解在地文化，對環境也不熟悉，就失去了表達自己的機會跟能力。

11 疊溪大地震（又稱茂縣地震）發生於一九三三年八月二十五日，震央就位於茂縣疊溪鎮。地震強度達七點五，造成大規模的地表變動，山體滑坡，岷江河水倒灌，導致疊溪古城被淹沒盡毀，形成今日的疊溪海子。

下午這場香蕉園見習，是今天最後一個學習。雖然一根香蕉也沒吃到，大夥兒還是興致高昂，齊步走回溪底遙學習農園。看著我們歸來的農友笑著問：「有沒有流汗啊？沒流汗的可以來領一顆鳳梨喔！」

這個時候，大夥兒正忙著鳳梨出貨的事。這一年，是他們第一次嘗試無毒鳳梨的種植販賣，光出貨就讓他們忙翻天。從開始經營溪底遙到這個時候，已經四年，這些年來，光是說服習慣慣行農法的農人，就不是容易的工作。廖學堂等人親自翻書、研究、向專家請教，自己種植，將成果一一記錄在網站上，希望可以建立一套關於有機、無毒農業的知識，分享給農民們，但仍難以被肯定接受。搬運一箱又一箱鳳梨的農友轉頭對我轉述其他人的嘲諷：「人家都種幾十年了，怎麼可能種贏人家？怎麼會這麼做？怎麼會賺錢？」

「這只是平台的問題。」聽到這句話的廖學堂，不以為意：「如果平台夠大，不但我們有信心，隔壁的農友也會以我們為榮。」

然而，注重賣相、產量與品質的水果，在銷售上本來就不容易，加上溪底遙的條件與堅持，面臨的挑戰更多；但他們不想放棄，因為他們需要這個利潤來支持他們想做的事，特別是教育。不只廖學堂看重學習，馮小非與中寮國小的老師也都不斷跟我說，缺乏資源的孩子少了很多文化刺激，也就沒有能表述自己和農村的語言能力。

這一年，大家有力出力，有錢出錢，租下了一個鐵皮三合院農舍，成立了社區學園。在這個學習空間，有一個「後三名小朋友」的課輔計劃，是讓學習狀況不好的孩子也能跟上進度。課程內容分別是透過種菜、養蚯蚓、數蝌蚪的方式教數學觀念；有的是透過延伸閱讀，學習如何表達；還有精心設計的圍棋課，讓孩子學會安靜和取捨。不論種菜、養蚯蚓、數蝌蚪，都是希望能讓孩子們發現，學習是有趣的，而學會跟大自然相處，就是一種能力。

「我的故鄉，有沒有可能變得不一樣？」廖學堂自言自語了起來。這幾年來，他日思夜想的，就是扭轉這個貧窮農村的命運。

午後微風讓人昏昏欲睡，我在三合院裡茫然地聽著廖學堂說話，窗外香蕉葉隨風刷刷而過，我想到香蕉一輩子只開一次花，結一次果，就如同人只能活一輩子，只有一個盡頭。怎麼活，只有自己能決定。

當廖學堂順手將桌上的緞帶折成塑膠螳螂，遞交給我時，佛羅斯特（Robert Frost）的詩突然浮上心頭：「要學會忍耐並學會向前看，有些事情我們只能聽其自然，雖說希望不可能養殖牛羊，但據說它可以把農人滋養。」[12]

生長於茂縣溝口鄉的何有信膚色黝黑、身材結實，典型務農人的樣貌；但比起那些只懂耕作的農

12 佛羅斯特是美國詩人，有美國詩歌新時代領袖之稱。這首詩摘自《未走之路：佛羅斯特詩選》，曹明倫譯。

民，他更願意多動點腦袋賣花椒。二〇〇五年，他和世界自然基金會合作，組成花椒協會，建立花椒的品管產銷與技術培訓，並協助農民廣植花椒改善生活。為了保護熊貓棲地與生態環境，世界自然基金會與羌族農民、婦女合作，透過各種經濟誘因，鼓勵他們放棄伐木、獵捕，甚至投入生態維護之列，花椒耕種計畫自然也在其內。

茂縣花椒年產約二百五十萬公斤，花椒協會就占十分之一，量不可說不大，但如何進一步運用這項資源，卻是一個學問。林正修在成都的花椒交易會上，認識在世界自然基金會實習的王睿後，循線找上何有信，希望和他一起協助災後受創嚴重的羌族農民。他們先成立「茂縣溝口鄉花椒合作社」，好建立一個公平貿易的平台；最後，透過愛心花椒行動計畫起用受災的羌族農民，組織花椒採收與發展的產銷制度，讓羌民以工代賑自力更生。而我要做的，是協助他們使用網路，學會行銷茂縣花椒。

「我們都是細心地，像這樣一顆一顆地摘取，用自己的雙手工作。」何有信拿起一個花椒籽放在手掌上跟我解釋，花椒表皮粗糙尖刺，農民摘取時，都會在手上畫出傷痕，久了也就長出厚皮，因此花椒農都有雙厚實、黝黑的大手，「花椒成長期，既不能有霜害，也不能太熱，要仔細照顧才會長得好。六月只要能開出長長的花，這年就會是豐收的一年。」

這幾日天天在何家用餐，我總算識得花椒滋味——在發電機強力運轉下，入夜的何家才有那麼一點光，昏黃光線照映的餐桌上滿滿是菜，道道佐花椒卻滋味多樣，不獨有麻辣一味。我總是一邊吃一邊誇獎，有時還得盛上三大碗飯才滿足。何有信的妹妹何有蓮在我們快將餐桌掃完時，才將廚房整理好，上桌陪我們用餐。

何有蓮年紀不過三十出頭，孩子就已上中學。就像一般農家婦女那樣，她沒受過什麼教育，字也認不得幾個，早早就結婚生子，操持農事家務。平日閒暇，她會拿起針線，細細繡花，為家人做鞋、替女兒縫衣裳。羌繡，是羌族文化，許多人鼓勵她們將平時的手藝拿出販賣，一方面維持文化，一方面也重建災區。

體態瘦高、表情羞赧的何有蓮不懂這些，她只是靜靜聽我們說話，有時會低頭抿嘴笑。她最關心我們是否吃飽，是不是太累，盡是溫柔。在我們籌辦的工作坊上，她也是最用心的一個，當其他婦女聽著志工解說羌繡文化與行銷，教導電腦操作使用時，會分心做著手裡的活兒，只有何有蓮頭抬得高高，眼神專注。

這個工作坊不光只為了賣花椒，也希望少有機會接觸新事物的羌族婦女、小孩，都能透過網路接觸世界。於是，林正修找來幾台電腦，加上包含我在內的幾個年輕志工，替茂縣的大人小孩上電腦課，教他們打字、使用數位工具拍照或寫部落格。由於川震重災區皆是羌族居地，我鼓勵他們將自己的故事說出去，讓大家能認識羌族。

「這個沒什麼人認識的小地方，你們不說，沒人聽得到。」我授課的對象是青少年，這些孩子平日習慣上網咖，已熟悉電腦，卻只懂得打電動，不知道什麼是「說出自己的故事」，甚至連羌族是怎麼樣的存在，都不清楚。我只好循循誘導、鼓勵他們說出地震時的心情。害羞的他們只是低著頭，沉默不語。

山區的網速很難跟城市比，我打開 Google earth，這地球轉了好一會兒，衛星圖下的茂縣才被打開。雖然只是一片深深淺淺的綠。

「地球上，有茂縣這樣的地方的。你們的家，在哪裡呢？」我停頓了一會兒，看著大家：「雖然發生地震，它還是綠色，還是很美麗。」

孩子們被觸動了，一個女孩打破尷尬，分享她如何逃到操場以及之後都在操場上課的心情：「我叫了出來，拼命往外跑，沒有人敢進教室去。」其他同學紛紛發言，有人說覺得自己被遺棄了、沒有人管他們，有人說自己很害怕。

何有蓮的女兒也說話了：「他們說茂縣沒死傷……。有的，都是父母，他們因為擔心孩子，趕赴學校探望的途中，被落石砸死。」

「災後你們住哪兒呢？」我聊到自己在縣城看到一些危樓，也看到板房，總會想像裡頭災民的生活，「你們能告訴我嗎？」

一個女孩立刻舉手，稱她仍住在危房。

「為什麼？妳不怕？」

「因為我父母去世了，沒人替我們準備板房。」我沒有料想得到這個答案，有些不安，於是轉移話題；而這女孩說完後便一直低著頭，眼淚汩汩流著。成包成包的花椒在隔壁的倉庫裡散發香氣，而這方空間彷彿結冰，一點溫度都沒有。

他們顯然很多話想說，但說不出口。我請孩子們在電腦上打字、在部落格上表述心情，他們卻都撕下筆記本，將自己的感受交給我。

我是一個來自偏遠小山村的孩子，在地圖上幾乎不能找到我的家鄉，那裡雖然很小，可是很美很溫馨，但地震讓這裡的一切變成灰白，在地震苦難的日子裡，我從絕望中驚醒，因為我看見一群人向我們走來，他們帶來希望和光明。他們帶來大米和蔬菜，我問他們為什麼來？他們微微一笑說，因為是親人，親人有難，我們能不來嗎？……

像姐姐你們這樣，來到我的家鄉，和我們重建家園，就像是雨後的花從廢墟裡冒出來，看到這一切，我覺得地震並不可怕。

父親卻從十幾里外的家匆匆趕來，見了我，那黑色的臉上立刻放鬆了緊繃已久的皺紋，當然我的內心也平靜了……我毅然決然跟著父親回去，並不是我不願意待在學校和同學同甘苦共患難，而是我必須回去，回去陪我孤苦的父母，況且長年在外地打工的姐姐還不知音訊……。

我知道我不能哭，我忍著不讓眼淚留下，也不能被母親看到。母親終於說了一句：「以後怎麼辦呀？」我不想讓母親如此沮喪，不得不說：「現在誰家都一樣，只要人好就可以重新開始了。」母親看著我喘了口氣。

村子裡幾戶、十幾戶不等的合成一伙，大家一起勞動一起吃飯，各自拿出自己所有的物品、食物共享。不過這種日子沒多久就解散了，畢竟各自還得生活下去；年輕人輪流站崗巡邏，沒多久也解散了，還有人在地震發生後，別人無事可做時，拉起自己田裡的莊稼，大家都笑他，但他是對的，因為之後其他人不得不到別人田裡幹活。

也許這些在你們看來沒什麼大不了的，對我卻很重要

我帶著這些孩子到茂縣中學走走，試著分享故事，聆聽彼此感受。校園裡的操場、空地都架起了板房，單薄的夾板上掛著學生們抹塗的畫作，一筆一畫都是他們災後的經驗與心情。

有個同學見我在外東晃西晃，便熱情邀我進班上坐，並且不斷朝我丟擲問題：妳怎麼會來？台灣遠不遠，冷不冷啊？另一個想當記者的女學生，抓著我的外套袖子不放，不停對我訴說她的理想與孤獨：她一年才回家一次，非常擔心家人。她拉著我的手向外走，為我介紹學校破壞的情況。

「如果我可以當上記者，就可以說這裡的故事了。」她說。

「妳現在就可以說這裡的故事了。」我指了指自己帶來的孩子：「他們正在學習怎麼上網寫自己的故事。」

更多學生湧上了，搶著說話，表達他們的喜悅。

「我們以為沒有人在意我們。我沒被遺忘了。」

「記者都沒有來過我們這裡，沒有人聽我們說話。」

「我好想家。」

「謝謝妳從這麼遠的地方來看我們。都沒有人來看我們。」有個矮小的男孩，從教室裡拿出了一袋香蕉，放到我的懷裡後，害羞跑走了。同行的夥伴催促我離開，上車之前，學生們擠在車前跟我說謝謝、再見，爭相和我擁抱，其中幾個孩子不斷擦著眼淚。關上車門，我在車上邊吃著拿取的那根香蕉，邊想像他們的心情，試著感受那樣的孤獨、恐懼，被隔離與遺忘。

重建漫長，而人們善於遺忘。我們這些外地人到此，或許只是種自我滿足，短暫幾天，就要離去，不值得任何感激，任何眼淚。

隔天，擁抱道謝的戲碼再次上演。這次，我們要離開這裡，不知何時能再回來，何有蓮與其他羌族婦女，都在門口等著，一一送上羌繡、梳子等禮物，我這才知道他們上課埋頭做著的，不是家中老小的衣裳，而是我們的謝禮。夕陽濃烈刺眼，但即使瞇著眼，也能見著這些農家婦女閃在黑皺臉龐上的淚光。那個時候，我並不知道何有蓮有一天會寫 e-mail 給我們，向我們證明一個沒受教育的農婦也能與世界相連。

揮了揮手，終究道別。我們刻意不聯絡倪孝蘭，希望已付的回程車資充作罰金。但車子走了一段路後，卻聽說倪孝蘭在後頭追著。「為什麼你們不等我呢？我想送你們一程啊。」車子在汶川停下，在狹窄的路上，在龐大落石之間，倪孝蘭用手抹著眼淚，大聲哭著，說她還要請我們吃飯啊。

我們不斷推卻她的好意，她仍堅持將錢還給我們。就在這個依然落石不斷的公路上，我與眼前這個災民相互拉扯、安慰擁抱之時，海峽那岸的廖學堂已住進醫院，形容憔悴。前一年與他聊天時，他偶爾會流露出落寞與抱怨，當時我只覺得總是在樂觀與悲觀間起蕩的「廖伯伯」真的好囉唆，卻不知道這時他罹患了癌症。就在他奮力求生的這個時候，眼前的倪孝蘭垂淚接受我們的好意，目送我們下山。這次我們順著岷江而下，滾滾江水護送相隨，直到日頭落下，這條路依然黑暗無光。

回到台灣一周後，我得到廖學堂離開人世的消息。這棵香蕉樹，開了這麼一次花，結了這麼一個果。但這個果，就停留在他關上三合院門的這一刻。中寮，還是中寮。汶川，已非汶川。

抗震英雄

中國歷史上最早的地震記錄，見於《竹書紀年》，只有寥寥數字記下這場發生於西元前一八三一年的地震：「帝發七年，泰山震」；對地震成因的探究，則可追溯到周朝，根據《國語·周語》記載，當時的太史伯陽父在華中地震（西元前七八〇年）後指出，大自然中有陰陽兩股對峙力量，如果陽氣不在自己的位置上，壓制陰氣，就會發生地震，天地之氣位序錯亂的後果，還包含河流源頭堵塞、土地難保溼潤、萬物無法生長、人民無水可用；如此一來，就會發生民亂，國家會滅亡，夏商兩朝就是如此。伯陽父因而大嘆：「周要滅亡了！」

國運或政權更迭與災難之間不必然有因果關係，但有時災難確會引來社會變動，有時也可被政治利用。災禍雖被視為亡國之兆，中國人也會說：「多難興邦」，意指災難可以激勵人民奮發圖強、戰勝困難，使國家強盛。二〇〇八這年就是如此，即使一開年就有雪災礦難，但北京奧運的氣勢與改革三十年的昂然，都讓中國上下驕傲不已，災難和騷動只會讓這個社會更激昂。「多難興邦」，他們將這四個字喊得震天嘎響。

因為自信，中共領導人採取前所未有的開放姿態，地震過後，舉國救災。災後一周，全國鳴響汽笛，降下半旗，為大地震死難者致哀。這也是中共建國以來首次哀悼災難中的亡者。

看著這些救災畫面，開灤煤礦博物館研究員楊磊心情複雜。身為震災倖存者，他對汶川地震感同身受，由衷難過；但生為唐山人，卻有些許委屈。

一九七六年七月二十八日，發生在中國北方的唐山大地震，是中共建政以來最大的災難，死亡人數達二十四萬之多。災後第二天，《人民日報》才發布新華社通稿，標題是〈河北省唐山、豐南一帶發生強烈地震，災區人民在毛主席革命路線指引下發揚人定勝天的革命精神抗震救災〉。官方不僅沒有公開哀悼，甚至阻擋資訊流通。那是文化大革命時期，政治運動凌駕一切，即使後人不斷訴說解放軍的英勇與毛澤東的心痛，但與汶川地震相比，唐山人那時的孤立也是真實的。

唐山地震將滿三十八年之際，我向楊磊問起這場災難，他卻回應：「妳跟唐山人談地震，他們不會多談。」這個開頭讓我擔心，以為他要婉拒這個話題。幸好他只是表達心情，說提到這災難讓他們傷心，況且當年唐山人多是自救，現在看著大批救援趕赴汶川災區，心裡就難受。「我們不但沒有什麼外援，政府還拒絕外國援助。」

一九五〇年出生的楊磊，是土生土長的唐山人。在博物館門口一見到他，他就下巴抬起、指著主建築不遠的一個井口說：「老牌產煤國家都不產煤了，這口井還有。」語氣裡帶著唐山人的驕傲。他熱愛這座城市，隨口就能講出每個街區的歷史，說唐山如何從一個十八人的屯，發展成中國近代最重要的工業城市。唐山從煤礦起家，自清末洋務運動時期李鴻章指定創辦開平（灤）礦業開始，到西洋人宰制這礦產，最後中共接手，都是煤礦在牽引著這城市的發展。即使政治運動炙熱那些年，開灤產量仍然不減。

「周恩來特別肯定我們，毛澤東也說，唐山人特別能戰鬥。」每個唐山人都能說上這麼一段，楊磊也不例外：「周恩來說過，研究中國近代史，南有江南，北有開灤。」

在中國現代化的時程裡，開灤煤礦扮演龍頭角色，引導唐胥鐵路的建成。楊磊的曾祖父是火車司機，開的正是當時虎虎生風的「龍號機車」，這個機車模型是孫文的宗親孫錦芳所做，孫文有幾次到唐山都是找孫錦芳。而這個城市最開始發展的基礎，便是這群廣東人，最熱鬧的街市就是廣東街。一八八九年，唐山出現了第一座水泥廠，楊磊的祖父在廠裡當工人，父親則在通過嚴格考試後成了開灤的職員。出生在這樣的家族，楊磊也步上父祖之路，十九歲進了開灤煤礦。

唐山地震發生那年，楊磊在離家約有三十公里的林西礦廠工作，晚上就住在共青團裡。他記得那個夜特別悶熱，房裡又沒電扇，和另外兩名室友不管如何用力搖著蒲扇，整個人還是像在蒸爐裡那樣，全身溼溼黏黏的。在床上翻來覆去，怎麼也睡不著的楊磊只好起身沖澡，躺回床上不久，地震襲來。他看了一下時間：三點四十二分。

華北本就多震，礦場的人也時常演習。即使如此，地震發生當下，楊磊對床的室友還是嚇得立刻衝出門，但門被震得傾斜了，無法打開，他們下意識便往木板床下躲，一個石頭此時砸了下來，剛好被床板頂住。楊磊看著被壓塌的床板，差點喘不過氣：「真恐怕，幸好不是天花板掉下來。」

地震搖了十分鐘，或許更長。他們嘗試往外逃，但即使穿過重重障礙，在失去電力的屋子內，仍得迎著四處飛散的粉塵，他們被嗆得無法睜開眼睛，頻頻咳嗽。好不容易逃到一樓，卻看到一個同事在自己眼前被大磚砸死——這名同事只不過來支援一天，就遇上橫禍。楊磊不由得感嘆，不該死的人死了，但在這樣的天災中，誰又是該死，誰又是能活的呢？像是一號樓的司機，受了重傷，本應送鄰近的醫院，但醫院也震壞，該救而不能救；喊疼喊了一天，下午就再也喊不出來，死了。

這讓人無法想像的狀態，楊磊以為震央就在開灤，自然無法待下去，便牽了個自行車，騎乘三十公里路回家，順便探望懷孕七個月的妻子。途中，聽到廣播，才知震央在唐山市路南——他家就在路南。心更慌，腳踏板踩得更急更快。但唐山市連外道路幾乎都毀了，汽車尚且難以橫越土石路崩，況且自行車？但他邊騎邊走，終於到了陡河，只要過了這條河，就是唐山市，他牽著車走過斷裂的吉祥橋後，舉目所見，皆是死屍。

楊磊的二姐與姐夫就在陡河附近的中學教書，那裡除了一望無際、倒塌的屋瓦碎磚，不見任何一個完整建築。一個孩子告訴他，自己在這裡找人許久，都沒有任何人出來。楊磊明白，姐姐一家恐怕都不在了。城裡的家儘管屋倒人傷，但命卻都保住了，倒是前後鄰居有死一家的，也有亡幾人的，光是所在社區就有三分之一罹難。除了協助搜尋挖掘，再也沒有其他安慰的方法。

而老天爺像是對自己失手帶走數十萬生命感到抱歉而落淚似的，震後豪雨不斷，楊家只好在屋後的葡萄架上放上塑膠布，一家十個人躲在這棚架下躲雨避難。日夜都顯漫長。

那幾天，餘震頻頻，只要一震，盆裡的水跟波浪一樣。氣溫還是很高，天氣還是很熱，楊磊日後回想，都有些膽戰心驚，只覺沒有瘟疫真是奇蹟。

而即將臨盆的妻子，得在這樣的環境下待產——醫院傾毀，資源不足，只能闢個簡易產房，無門，掛著條白布簾遮擋，六到八個床位的孕婦，各自帶著毛毯被子隔開彼此。楊磊的母親陪著媳婦到醫院時，看到這個情景只能嘆息，但能怎麼辦呢？醫護人員大多都喪生了，眼前的醫護人員都是從外地來支援，能有人幫忙，已經算是幸運。楊磊的長子，就在這年秋天誕生。「就這麼小。」他將手彎成個碗型，眼睛瞇瞇對我說。

「很多人說，唐山人內心都是創傷，可是我不會這麼想。那個時候家家戶戶都一樣，都有親人死在地震裡，都是要接受的。」他說，光是他們那個礦區死了三萬六千人，受傷兩千人，但一年之內，煤礦產量就回復震前水準。「外國人說唐山會消失，喝，我們就證明給你看，唐山不會亡。這是志氣仗。」

—

作為一個與煤礦相處一生的礦人，楊磊對唐山人憤起對抗災難的志氣感佩，對當時礦區幹部李玉林的英勇救災更是強調再三。唐山人似乎把救災的功勞，都歸給李玉林、毛澤東與人民解放軍。因為他們曾經歷過、帶領過戰爭，所以懂得如何穿越這個如戰火焚燒的土地，拯救塗炭的生靈。

中國記者錢鋼在《唐山大地震》中花了許多篇幅描述李玉林——一個爬出瓦礫堆的礦工工會的幹部，如何帶領幾個人衝出滿目瘡痍、找不到路的城鎮，直往北京而去，向中央求救。

七月二十八日凌晨四點十分左右，地震發生後不到三十分鐘，一輛紅色救護車吼叫著從開灤唐山礦開出，他輾過瓦片磚塊，駛入起伏不平的新華路，在茫茫灰霧中顛簸、搖擺，拼近全力奔馳向西。這是自地震後，唐山市第一輛甦醒的車。車上有四個人，這四個人當時根本沒有想到，僅僅三個多小時後，紅色救護車會出現在北京中南海的門前。

從唐山到北京這段路的故事，在錢鋼筆下如電影緊湊，讓人懸著一顆心。他不忘提到李玉林曾是中國人民志願軍戰士，是個身材魁梧、膽量過人的漢子。地震發生後就赤裸上身、只著泳褲，緊盯著眼前有條條裂紋的道路……。這些人踩著滿地瓦石，不顧路上的悽喊，只能前進。

李玉林的英勇故事，也在開灤博物館裡展示著，裡頭甚至還有個擬真打造的紅色消防車，裝載著四個人的塑像；旁邊還有個電視機，反覆播放這個人民英雄的訪談。「妳剛剛有看到館內的紀錄吧？真是了不起。救了唐山人。」楊磊提到他時，語氣盡是佩服。

「我曾在錢鋼的書裡讀到。」我對這種英雄故事不是很感興趣，但在唐山，沒有辦法略過這個人跟這個話題。

「那可不是。」楊磊表情得意，直說錢鋼寫得好，寫出唐山精神。但馮小剛的電影就不那麼好了——二〇一〇年，中國導演馮小剛將華裔作家張翎的短篇小說《餘震》改編成電影，在原本以唐山地震為背景的故事上，添補汶川地震的情節，兩個相隔約三十二年的大災難就這麼連結在一起。

「為什麼？」我回想電影情節：女主角的母親在地震後，選擇救弟弟拋棄她，讓她心理受創，最後則在汶川地震中原諒且和解。相比原著，電影過度正面且煽情。我曾問過張翎的感想，她先是稱讚馮小剛很會說故事，但在「改編」上不是很認同，說電影是「暖」，但自己的小說寫的是「痛」。

我以為楊磊也對電影過分渲染不悅，不料他的回答是：沒有把唐山人的英勇和志氣拍出來。

事實上，馮小剛的電影對於「解放軍」有相當強烈的正面塑造，「解放軍是恩人」這種台詞，在電影中很是鮮明；而楊磊的回應，更印證我的偏見與印象：這場災難似乎被扣在一種剛性的、熱血的、壯闊而英勇的基調上。不論從國家角度來看，或是人民經驗來談。

或許因為錢鋼跟馮小剛一樣曾經入伍，又或許因為擔任《解放軍報》記者，他在作品中也特別著墨軍隊的角色，格外細膩鋪陳救援的細節和氣勢，這份幾乎成為典範的災難報導文學充滿了戰爭的隱喻。例如書中開頭的這個段落：

> 古今中外，許多軍事家在描述戰爭的巨大場面時，常常把它比做一次毀滅性地震。然而，這一次，那些乘坐直升飛機俯瞰過唐山廢墟，並親臨救災第一線擔任指揮員的身經百戰的將軍們，卻對我說，這次地震，就像一次空前殘酷的戰爭。

唐山與廣島也被放在一起比較、談論：

「我從沒見過這樣巨大的傷亡，這樣慘的畫面……」一等殘疾軍人、北京軍區後勤部副部長楊立夫

> 說，「到唐山最初幾天，我天天夜裡做惡夢，每次都會夢到廣島。我在軍教片裡見過廣島的浩劫——一顆原子彈毀了一座城市，瓦礫遍地，人燒得不像樣子……可我們的唐山比廣島厲害多了，一個早晨幾十萬人喪命吶。」
>
> 唐山—廣島，兩座蒙難的城市，一次可以遷怒於法西斯發動的戰爭，遷怒於製造人間慘案的人自己；而這一次呢？地震科學家說，僅唐山七點八級地震釋放的地震波能量，約等於四百個廣島原子彈的總和（而地震波的能量僅為地震全部能量的百分之幾）。

兩岸媒體時常在報導中以「原子彈」作為地震的計量方法，我對這樣的描述總感到疑惑，不懂為何拿過去的災難作為眼前災難的修辭——沒有人在乎廣島人的感受嗎？而這本一九八六年出版的調查報導，也是使用這樣的比喻。

我曾尋找這比喻法的由來，僅得到「廣島原爆後科學界時興的比喻」這樣的推測，那段時期甚至有一張地震能量類比表。網路上也很容易發現地震規模與能量的類比——地震規模〇點二，約莫是大手榴彈爆炸所釋放的能量，若是規模三則與一九九五年奧克拉荷馬城（Oklahoma）爆炸案相同；規模三點八七則與一九八六年車諾比（Chernobyl）核災的威力相等；規模六的話，便與一九四五年美軍向廣島投擲的原子彈「小男孩」（Little boy）能量相當……。而其能量類比，又以三硝基甲苯（TNT）這種常見的黃色炸藥為基本單位換算，像是一顆「小男孩」所釋放出的能量，約等於一點六萬噸的TNT爆炸，是芮氏規模六地震所產生的能量。

日本京都大學工學院教授後藤忠德曾在「科學吧」[13]這個網站上以另一種方式來換算地震能量：像三一一那樣規模九的地震在一分鐘所釋放的能量，約是日本六個月電力總和，而其相對應發生的地底斷層長寬約莫四百多公里與兩百多公里，是東京到神戶站的長度……。

然而，地震與軍事武器的連結，有時不是「隱喻」，確實是人為所致[14]：一九九二年十二月二十八日，為了建機場，中國軍方在廣東珠海外的山上引爆一萬一千公噸的炸彈，震碎四百九十萬立方公尺的土石時，便引起規模二點五的地震。根據新華社報導，即使這些工程師努力將爆炸規模減小，但距離珠海約有一百公里遠的香港地震學者還是測到了規模三點五的地震波。炸山的能量，恰巧與一九四五年投落廣島那顆原子彈威力相當。

冷戰期間，包含中國在內，許多強權爭相發展核武，到處試爆核彈，也製造許多地震。核子試爆引發地震的可能性，至今尚存，例如二〇〇八年汶川地震發生時，就有核試爆謠言傳出，只因中國西北是軍武重地。

然而，這種核武競備也意外促進地震學發展：核爆行動越來越隱密，就越難越與真正的地震做區別，因此，當核武專家利用盲點躲避監測時，便激發地震學家較勁的心態，藉著不斷翻新的技術以辨識真正的地震波。像是為了監控蘇聯，美國增加對地震觀測的投資，在全世界設立一百二十個觀測站，建

---

13 「科學吧」（科学バー）網站：http://kagakubar.com/index.html

14 麥瑟斯・萊維（Matthys Levy）《大地怒吼：地震與火山的故事》，時報出版，1997.11。

立了全球地震觀測網（Worldwide Standard Seismograph Network, WWSSN）。因為監控核爆灑下的種子，卻大幅提高全球地震監測能力，讓地震報告從純文字敘述躍升到儀器觀測。原本對資料只能七拼八湊的地震學家，突然擁有「看見」地震的能力。地震的生成原因，也慢慢被解開。

因此，地震科學研究的進展，某種程度，也是要歸功於原子彈。

唐山地震發生時，喻塵才剛滿三歲，這場悲劇對出生河南的他很是遙遠，幾乎不存在任何關連。但長在中國，誰不知唐山這件大事？只是沒人真正清楚發生了什麼？二〇〇六年前往唐山採訪的喻塵，只覺稍稍看到那場災難的模樣。

喻塵是出名的調查記者，曾因揭發河南愛滋村問題而被盯上。在中國的媒體越來越被限縮新聞自由，當調查報導進入死絕之時，喻塵也只好離開媒體。與唐山距離更遠的我，不得不把喻塵約找出來。我需要他那對厲害的眼睛。

「好多年前的事了。因為搬家，這些採訪筆記都收進箱子裡，我找了好久才找出來。」我和他約在北京東四環的咖啡廳見面，一坐下，他就從包包拿出一個本子翻了起來。他每做一個採訪，就得用上一個本子。

「既然如此……，」我知道這問題很唐突：「為什麼你不幹記者了？」身為同行，我能從這疊滿是綑折的本子感受他對這工作的熱情與執著。

「幹啥記者呢？我的朋友都被抓了，能在這裡跟妳說話，我很幸運了。」

我心領神會地點點頭。二〇〇八年前後恐怕是中國調查報導的顛峰，許多重大議題在那些年揭露，川震自也是其中一場新聞競逐。約莫是二〇一一年左右，急速走下坡，越來越多限制，越來越多禁令，也越來越多媒體人被撤職、被抓或遭到起訴，某些報導不能刊登，更多消息在網路上被封鎖。那些年，我在跑兩岸新聞，正巧見證這一切，而喻塵也是那時離開媒體的。

眼看空氣凍結，我立刻切入正題破冰。喻塵從稅收數字開始說起，稱河北稅收有四〇％來自唐山，工業發展的經濟成果好，但也得付出環境汙染的代價。有一次，他從東北開車回北京，才過山海關，便見眼前一片黑，彷彿世界末日景象，就知道唐山快到了。但他也說，正是因為工業發展成就傲人，才讓這座城市擺脫地震的陰影。唐山再也不是地震的代名詞。

「我在唐山採訪的時候，天都很陰，很少看到藍天，都是汙染。我採訪倖存者時，總覺得他們打開記憶閘門的那個瞬間，心情大概就跟唐山的天空一樣吧，都是霧霾。」他說，這些人會拿出發黃的照片，自責地哭道他們為何沒有好好保護自己的孩子。我忍不住想起《餘震》故事最後，那個捨棄主角的母親如何將孩子記在心裡的「補償」，而作者又如何從孩子的角度出發，談他們「沒有流出的眼淚」，和那些沒有被深究的後來。

許多的「後來」，都得靠有心的文史工作者，甚至是記者來挖掘。災難發生三十年後，喻塵到了唐山，對他而言這原本僅存在於錢鋼作品中的歷史輪廓，漸漸因為悼念和追憶而真實了起來，轉成自己的體驗——例如電影《唐山大地震》描述每年二十八日凌晨燒紙錢的場景。

自二十七日入夜，唐山街上都是飛散紙灰，當地人燒著紙錢，紀念亡者。甚至還有遠從貴州而來的追悼——當年貴州銅仁縣的市府有兩百人來唐山開會，不幸在地震中罹難；為了悼念死者，貴州政府在西南邊地建起了紀念碑。

「妳可以想像兩千公里遠的地方，也有唐山地震紀念碑嗎？」喻塵在旅館前，看著老人們在狂風中堅持點亮蠟燭，才曉得這個故事，但就在黃色燭光成功飄動時，一個老人卻哭了，他說本來要排出懷念二字的，但排不出來。

自二十七日起，前往抗震紀念碑前獻上花圈致哀的人潮不絕，越夜，人越多。二十八日凌晨三點四十二分，正是地震發生的時刻，甚至有人騎著摩托車闖入警戒區，警衛公安攔都攔不下來，這個因硬闖而受傷的騎士，頭帶鮮血、顫抖哭嚎：「媽媽！媽媽！我想你，媽媽。」旁邊的幾個軍人隨他一起孩子般哭泣。廣場上滿是眼淚。

與這樣激情的場面相比，沉靜的輪椅老人們格外醒目。他們在晚輩陪伴下來到現場，卻只是直直盯著紀念碑，任眼淚無聲落下。

喻塵為這些老人製作了「康復村」專題[15]：有三千八百一十七位從廢墟裡爬出來的倖存者遭到截肢，他們幾乎都是自己家庭的唯一倖存者，災後搬到一個村落共同生活，有的還結為夫妻。當時，國際衛生組織宣稱這些人的生命年限是十五，但三十年後，仍有一千六百餘人健在。他們在無障礙的環境裡，相互扶持，自立生活。

「那個時候情況緊急，醫療不發達，也沒什麼救急制度。吃都吃不飽，還能奢求什麼呢？截肢保命，能活下來就不錯了。」喻塵向我解釋，即使是日本，也是阪神地震後才建立救災制度的，何況文革時期的唐山？

埋頭寫筆記的我，無意識地接下了話：「所以那個時候也不會有什麼心理輔導、創傷治療的事。」我又想起《餘震》故事裡那個內心受創的小女孩，長大後得不斷看心理醫師的過程。

「我訪問過一個精神科醫師，他跟我說，創傷跟時間無關，跟記憶有關。」他翻了翻筆記：「當時第一批地震孤兒被送到了石家庄，離開原有環境後，他們各自長大成人後，其中一人從石家庄到了唐山，在鐵路旁大哭不止。才知道地震時，他兩歲，家就在鐵路旁。」

從災難中活下來、並淪為孤兒的孩子共有四千二百零四名。我在喻塵展示的資料照片中，看到一九七六年九月七日，孩子們在那班列車上啃蘋果的開心模樣，這一刻，他們暫時忘記了傷痛。喻塵的同事設法找到了其中幾人訪問，他們說自己心裡或多會少有陰影、感到自卑，直到現在依舊害怕天黑、害怕雨夜。[15]

「所以，我們該如何紀念災難，難道只有數字嗎？」他反問我。

唐山地震的採訪經驗間接促使他回故鄉探查一場發生在一九七五年八月的水災。[16]這個水災僅僅停

15 〈「死」過一回，活得更堅強〉，南方都市報專題：共祭唐山之殤哀悼二十四萬逝者。
16 〈回憶，或者不回憶〉，《看歷史》，二〇一一年第三期。

留在喻塵母親對雨季的憂慮裡，當時沒有報導，日後也沒人講述、記憶與強調，長大後的喻塵只從檔案資料裡找到遇難者有兩萬的數據，但這兩萬冤魂如何證明呢？他只能不斷向同輩人問起，確認這件事情曾經發生過，再一一追尋，試著從更多人的嘴裡掏出些什麼來。

喻塵採訪時很怕碰觸傷口，不料說的人大多沒什麼情緒，平靜得彷彿災難沒有光顧過，死亡也未曾降臨。然而，縣城裡確實有個「七五八抗洪勝利紀念碑」，只是這碑既不是為了災難，也不是為亡者而立的。是為了國家。

「唐山也沒有紀念碑，這是中國上世紀幾場大災難的共同特色。」喻塵聳了聳肩：「似乎只有中國這樣，外國都有個紀念碑，上面寫著誰曾經在這裡，誰因為什麼而離開，親人們都能在這些碑前悼念亡者。」

如果沒有紀念的地方，經驗也沒有公開，遺忘便會成為常態。於是，他在《水墓：河南 75.8 特大洪水三十五周年祭》這篇文章中寫道：「我感覺到，那裡所有對歷史記憶的漠然處之者，卻都在等待著歷史真實一幕被解封的時刻。因為，我們不能只是活在傳說裡，我們需要信史，向後輩，鄭重其事地，相傳。」

——

唐山車站新穎寬闊，從車站往外看，沿著筆直大馬路往前延伸的白楊樹將視野拉長到天際。整座城市像是個重新打造的模型，一點焦黃都沒有——除非你跨過車站旁邊的圍牆，檢視附近的橋墩，才能看得到地震的裂痕。我快步下階梯，坐上了一台計程車，車上廣播宣稱今日空氣品質良好，抬頭望天，確實見得到藍。

進了旅館，打開電視，任人聲從螢幕流洩，不免注意到每節廣告都出現汙染防治宣導：一個得完成作業的孩子對父親抱怨看不到北斗七星，父親便感嘆空氣汙染太嚴重，最後則以「如果有人製造空氣汙染，請檢舉」這樣的宣導詞作結。我忍不住看向窗外馬路邊的大煙囪，搖了搖頭——這煙囪就在唐山市中心，在迎賓酒店與大醫院旁。

但這煙囪對唐山人來說卻是驕傲。在我抵達旅館不久，一個作家協會幹部前來找我，坐定便侃侃而談唐山港的發展建設遠從民初就開始，記載在孫文的《建國方略》裡……。一整個下午他都跟我談曹妃甸的由來，講中國的鋼鐵石化產業如何在唐山擴大規模，而唐山也在地震後擴大了五分之四，經濟不斷攀升。對他來說，有錢，生活過得好，就是好。

「我們河北人，就是憨厚樸實、內斂不張揚。有人說唐山人能起引領作用，我們的基因就是幹大事。」穿著輕便的他，已經年過七十，從家裡到我住的地方要走上兩個小時，卻當那是健身。我問他難道不怕空氣汙染？他卻說：「在國家政策下，現在沒什麼汙染了。」

如果我只在唐山待這麼一天，或許會相信他。但隔日開始，我再也沒見到唐山的藍天，而這時還是規定停工的冬季。我在灰暗陰霾的市區行走，只能勉強看見這城市由寬闊道路與平整的樓房構成的樣貌。據說，災後重建的準則就是屋不過五樓，但隨著改革開放經濟發展[70]，越靠近市中心，這項規定越被破壞——唐山市最中央的抗震紀念公園周遭，盡是十層、二十層以上的高樓住宅與百貨商場——廣場成了唯一能看天的地方。

這裡也是當地人的生活中心：年輕人在抗震紀念碑前練習街舞，老人們在紀念館前聚集，他們坐在輪椅上，曬著太陽閒嗑牙，另一邊的草地上則是大叔大嬸們舞棍練武。還有大人帶著小孩在後方空地上騎三輪車……。我以為即使過了三十多年，這座城市或多或少會殘留些災難的影子，實際上並非如此。人是活在現實裡的，就算遇災也一樣。捱過災難期間生活失序的痛苦，人們會想盡辦法回到生活常軌裡。然而，世人往往把注意力放在苦難上，鮮少在意他們掙回的日常。

我在抗震紀念館快速晃了一晃，除了李玉林等礦工英勇的介紹、解放軍奮力的圖像，與唐山矢志不懈的種種文字描述外，就只有祖國與偉大的毛主席等字樣，像是一張張泛黃的政令宣傳照，乏味陳腐。沒有地震的解釋，沒有災民的故事，更沒有唐山的生氣。錢鋼曾提過[18]，被封鎖了的災區到處都是「一次地震就是一次共產主義教育」、「別看唐山遭了殃，大慶紅花照樣開」、「他來一次地震，咱來一次革命」等標語[19]。當時遺留下來的照片除了破碎的建築，都沒有人物入鏡，理由是「原本就是為了研究者收集地震資料才拍的，不是為了新聞」。這紀念館像是封存了當時的封閉狀態與政治氣氛，對我這樣的外國人來說，實在乏味，沒有什麼意思，花不到十分鐘就走出來，往抗震紀念碑前去。

抗震紀念碑是一個方形檯子，在碑文上頭豎著解放軍、礦工樣貌的雕像，這些人都舉起手、往前揮，標準英雄式的象徵。這塊土地上的災難，幾乎都要訴諸軍隊，都得等待武力拯救。或許只有軍隊那般強大的組織與動員力，才能降緩災難的混亂度。

這不只中國獨有，美國、日本，甚至台灣也相同。九二一地震發生不久，總統李登輝獲知地震災情同時，就接獲國軍出動的通知。過去國土防衛都是以狹隘觀點來思索如何抵禦外敵，但後來歷史經驗顯示，像自然災害這樣非傳統性的災害威脅，恐怕遠大於傳統安全威脅。台灣國軍在這場災難中約莫動員了四十六萬人次救災，做著屍體搬運、拆除與清運毀損建物、大環境消毒、組建組合屋等耗費勞力的工作，整整兩個月不眠不休，才稍稍整頓災後的混亂。李登輝在《九二一大地震救災日記》中，數次提及國軍救災的貢獻：「如果把這次地震視為一場戰爭，國軍的表現，猶如打了一場勝仗……。」而天災如同外敵、救災如同作戰的思維日後也被納入法規，「災難軍事化」的概念也是美、日等國家的準則。

當然，還有中國。眼前這個紀念碑以「抗震」為名，就是視災難如同敵人的表徵。在這點上，中共似乎領先世界。

就在我抬頭拍照之時，一個戴著雷鋒帽的白衣老人對我笑了笑，手往地下指：「這裡是震中喔。妳

---

17 二〇〇六年八月三日出刊的《三聯生活周刊》報導：一直到一九八七年，唐山住宅重建都以居住為主，商業與公共設施都是暫時性的，一九八四年才開始啟動商業系統建設。因此，一九八四至一九八七年是居住到商業的過度期。唐山賓館因為作為政府接待之用，規劃跟選址更早開始。而它作為災後重建的標誌性建築，一開始就以二、三十年無人超越的標準來建設，但幾乎同時開工的唐山飯店以十三樓高超越。到了九〇年代，唐山只有這樣一個十三層樓高的建築，尚不足以稱為一座城市，而市中心的商業價值也讓低樓層、低密度的唐山市很有壓力，於是開始擴張發展。

18 〈一九八六年，《唐山大地震》讓中國人知道了封凍十年的真相〉，《暢銷書裡的中國》，中國當代出版社，2017。

19 其他還有：「我們以大批判開路，狠批階級鬥爭熄滅論、唯生產力論、物質基礎論，促進了抗震救災」，「感謝毛主席，感謝解放軍，讓咱們唐山人民吃上了『友誼米』，喝上了『感情水』，穿上了『風格衣』」。

知道嗎？這裡是震中。」

我點了點頭說知道。「伯伯，您哪兒來的啊？」他看起來很像是觀光客。

「我，我是唐山人啊。」這位姓謝的老人隨即往抗震紀念館後方的高樓一指，「我住在那邊的紅房子裡。妳猜我住幾樓？」

我隨便說個數字，立刻被反駁，「嘿嘿，那總共三十三樓，我住三十二樓。」老人牙都掉光了，說起話來含糊不清，我常不懂他在說什麼，唯獨那樓高三十三，而他住三十二這段話異常清楚——在接下來的談話中，出現十次之多，想弄混都不行。

他解釋自己本來就住在那裡，地震後，重建高度只有五樓、他住在四樓，只想著能住高一點就好了，這樣生活才能清靜些；後來房子改建，等他從借住處回來，赫然發現樓變高了，被分配到三十二樓的他，不斷叨念，「太高，太高了。」

「這裡是震中喔。」謝姓老人手往下指，又重複一次。

我問他地震危不危險，他怕不怕？

「怕啊。我那年三十一，大閨女八歲。地震把房子都震倒了，還好我們有逃出來。」老人說，「清晨五點，開灤礦業那邊有人來家裡接我，我拒絕了，閨女才八歲，怎麼可以離開？要是出事了怎麼辦？」可以不用去啊？我很好奇。

「我問他們，簡易房呢？有沒有簡易房，下雨怎麼辦？那邊承諾會給我辦好，讓我快去。我只好去了，在那邊整整兩個半月，都在排水保礦。」老人癟起嘴：「整天就是燒餅油條豆花豆腐肉包子，唉唷，我現在都不敢吃那些東西，看了就怕。」

一個拿著明信片的大姐往我們走過來，聽到這句話，笑了：「又在說了，又在說了。」我看了她一眼，老人指了指：「這是我的閨女。」

「八歲的那個？」

「不是，不是。我有三個閨女，這是最小的。地震時，她還是個小娃娃。」

我對著大姐點頭示意後，趕緊追問謝老伯，後來呢？

「後來啊，我跟李玉林上北京人民大會堂接受表揚。我們很多人去。」老人往紀念館指：「可是那裡面只有李玉林他們的名字，沒有我的名字。我也是抗震英雄啊。」

大姐又笑了笑，安撫他：「對啊，你是，你是。」

「妳猜，那個時候誰接見我們？」老人促狹地看著我，那缺牙的嘴高揚掛起。

我沒什麼耐性猜謎，但還是應付了一下：「毛澤東？」

「毛澤東那時病重啊，妳怎麼什麼都不知道啊？」老人抱怨了起來。

我向老人求饒：當時我都還沒出生呢，怎麼會知道？老人還是不斷催促我答，一點都不想放水。

「江青？」我只好把毛澤東的老婆抬出來了。

「對！就是江青。」老人笑得好開心，「他們要給我升幹部，我不要，升了幹部領六二五，不升領八四五。而且升了幹部，我就不是抗震英雄了。」老人說抗震英雄每年都有錢領，領的時候要蓋手印，只有他還有口氣在，就能領錢。

我想起紀念館裡不斷反覆出現的那些字詞，不是抗震，就是英雄，忍不住懷疑是怎麼樣的國家，會將災難轉化成人民的勝利、共產主義的光榮，甚至是祖國的英雄？但在老人面前我什麼都說不出口，只能讚揚他。確實，離家、窩居礦坑兩個月，這等辛苦值得任何人肯定。

他比了比紀念館，說他曾經去當解說員，可以領到一百元，但國家規定博物館免費後，他就不想解說了。「因為我是抗震英雄，才幹這樣的工作，不然，我就不說了。」

「這裡是震中喔！」老人又繼續，「我那時跟李玉林上人民大會堂接受表揚啊，妳猜誰接見了我們？猜猜看啊。我來看妳頭腦清不清楚。」

公民社會的崛起

再過一兩年，高思發就滿四十歲了，人生如在一條平實的軌道上運行，有妻有子有份不錯的工作，沒有什麼理由脫軌，哪怕是一個大球擊上，恐怕也不會將他撞離軌道。地震發生時，他正在西藏山南地區處理業務，即使聽到同行朋友驚呼，也不以為意，直到上了網咖看到強震訊息，且家裡的電話線路無法接通，才感到情況嚴重。

整個晚上，他就只是盯守著電視。新聞台在地震發生後不久就全程轉播災情，二十四小時不間斷。高思發自有記憶以來，從沒見過這種狀況，即使如此，他還是覺得播報進度太慢了。菸一根一根，菸屁股攢成小丘，燒了他似的，讓他焦躁不安，起起坐坐，狠不得鑽進電視機裡，再不停按撥手機，期待嘟—嘟—聲響。

隔天，聯絡上家人，得知家人無恙，但因房子受損必須住進帳棚，高思發掛上電話，鬆了口氣，但心裡卻像破了個洞那樣，想著該做些什麼來補丁。於是在拉薩錄募款節目、參加祈禱活動，儘管做了些幫助救災的事，仍覺得空虛，想著不如回到四川去、而且應該前往重災區。高思發瞞著家人，訂了張拉薩到重慶的車票。他計畫前往北川。

五一二這場地震，首當其衝的是位在震央的映秀，但日後被視為鬼城、吸引最多媒體的，卻是龍門山脈斷層另一側的北川，特別是作為縣城的曲山鎮，幾乎全被土石流掩埋。

自古以來，北川縣城都在「治城」——又稱禹里鄉，相傳是大禹的故鄉——但這城數百年來經歷各種大大小小的漢番武力鬥爭，中原統治者無不以征剿方式消滅此地的「異族」；到了二十世紀初又因國共鬥爭，發生不少死難故事。中共建政後，為了軍事控制和安全保障，決定將北川縣城從治城遷到曲山。但專家們強力反對，多次提出警告：曲山鎮山高坡陡，處在斷層帶上，地質環境複雜，歷史上曾多次發生嚴重坍崩、滑坡和土石流等災害，需要防範。

他們不斷建議撤離，卻因地方財政無力負擔搬遷費用，提議始終被擱置，幾十年間，只能藉著護坡、打樁、攔石保坎等工程來防災，但每逢中小地震或雨季小震，仍有滾石或飛石傷人情形，當地人苦不堪言。

這座都城曾在五〇年代發生一場嚴重地震，當時因狂肆的政治運動而遭到掩蓋，而「早晚要包餃子」這樣的警語則在民間流傳。半個世紀後，「包餃子」情事果然發生：強震讓縣城靠山那側的山體滑坡，吞噬了曲山街，老城區裡無人能夠逃生，北川中學學生幾乎全遭活埋；縣城上游因山體滑坡而形成的圍堰湖泊，對下游地域形成嚴重威脅……。這城鎮像被誰用手揉壓過那般，扭曲破碎變形。第一時間進入現場的中國記者，速寫了這場災難的樣貌：

死亡的氣味是在五月十五日下午開始在北川縣城裡瀰漫開來的。那是一種甜、臭和焦糊的味道。地震在北川為害最烈，由於缺少屍袋，仍有大量遺體被擺放在街道上廢墟的空隙間等待處理。廢墟下面可能仍埋有上萬人之多，而且正在不斷死去。[20]

征服大水的大禹，無法拯救千百年後故鄉的山河崩動。災難整整一周，老城廢墟仍在燃燒，裊裊青煙縈繞在北川上空，居民們試著翻找生活物品，救援部隊準備撤離，穿著橡膠防護服的防疫兵埋頭消毒，空氣中都是飄動的白色粉末，到處都是消毒水味道。官方發布的死亡人數已達四萬。

這個時候，高思發已抵達重慶與其他志工會合。因為官方媒體二十四小時直播災情，民眾救災熱情也被激起，沒有人可以忍受自己只在客廳掉眼淚。因此，在中國時興的網路社群 QQ 上，有不少網民相互邀集、組織志工隊伍到災區當志工。高思發便是加入了這種 QQ 社群發起的臨時志工隊伍。這個臨時組織的志工隊在眾人見面後，才有了名字：「四川抗震救災志願者 QQ 群先遣隊北川聯絡部」。

往北川的路上，他們制訂了八條管理規定，後經無數次修改，已成一大本手冊。當時的他們無法想像，這個雜牌軍日後能夠變成正規軍。餘震不斷，危機未滅，首批隊員不得不簽下生死狀，以悲壯的心情往北川前進。待他們到達北川，已是災後兩周，消毒完成，搜救停止，只剩下災民。

「外面怎麼會說這裡已經空無一人了呢？」北川中學後的體育場上帳棚林立，災民仍住在那裡，沒

20 李海鵬、陳江，〈災後北川殘酷一面〉，《南方周末》，2008.05.22。

有離開。高思發看了又是難過又是憤怒，心情複雜。他們這不過數人組成的志工隊，根本毫無作用，每天就只能看著受難學生家長前來收拾孩子的遺物，聽災民痛哭流涕，聲音裡滿是絕望。

他們除了在北川中學旁立起無名師生紀念碑，其餘的，一籌莫展。

成都是四川省會，古來就是岷山腳下的富庶之地，唐朝詩人李白曾以「九天開出一成都」形容這座城市：九天，指的是天的中央和八方，也就是大自然的意思，換句話說，此地承受億萬年地質板塊運動，原是陸海之地，也是日後的天府之國：「萬戶千門入畫圖，草樹雲山如錦繡，秦川得及此間無？」

李白筆下這般市井描摹，千年來沒有什麼太多變化，成都人仍然愛吃愛玩，到處都是酒樓飯館。當地人總說，自己不想爭些什麼，也不必出什麼風頭，只想好好過生活。二〇〇八年那場地震，震壞了這悠哉的景象，成都人全都爭著擠在室外，公園裡或車陣中，市內沒有任何一處停車位，因為沒有人敢回家。媒體宣稱還會再有次大震發生，因此，即使這城市一棟房子都沒毀，人們仍恐懼滿溢。人人都想逃，卻不知道該逃到哪裡去。

但這座城市還是有自己的風骨的。災後我走在成都街頭，仍能在路邊街角見到老人拎著鳥籠，悠閒地哼著歌；也常看到許多人圍著一方桌，邊打麻將、邊喝一口清茶。這座城市的氣質明顯不同於其他地區，即使在抗震救災的主旋律中，也不會拋棄自己的底氣。他們維持自己的步伐，施展著自己的能耐，溫婉地實踐「公民社會」的概念。

台灣人嫻熟的「公民社會」詞彙，是在汶川地震後才在中國成為一個公開討論的詞彙。具有影響力的自由派媒體，甚至以「震出一個新中國」發表評論，文字不無煽情：

一個開放的、透明的、全民參與的現代救援體制正在拔地而起。但它並沒有給政府添亂，反而跟政府力量配合，形成了最大限度的合力。這個嶄新的救災體制，或將是未來中國公民社會的模本。

評論者認為，這一切都建立在前所未有的「開放」、「透明」和「全民參與」上。無獨有偶的，《亞洲週刊》也以「地震在廢墟中建立了一個公民社會」作為封面標題，該刊總編輯邱立本接受採訪[21]時談到：訊息結構決定民眾的認知結構，也決定了行動結構，公民社會建立與訊息開放的自由，有著密不可分的關係。「川震算是一個里程碑了，訊息開放、公民社會的建立跟採訪的博弈。」

一位在自由派媒體工作的朋友卻說：即使沒有這個地震，成都還是會往這個方向走，因為這裡人文素養深厚，從三國時期就有讀書人聚積，也是知識分子逃亡的地方，有名校，也有名報。從唐朝、到清末，與民初，革命黨和自由派都聚集在這裡，成為一個相對開放之地。「川震其實是給了一個破口，一個機會，讓成都的知識分子可以實踐過往就已埋下的開放種子。」

21 李梓新，〈災難如何報導〉，廣東南方日報出版社，2009.01。

我以為造成民間介入的「破口」[22]，或許是地方政府遭受空前人力物力損失，而黨國無法控制與壓制。但這些媒體人的正向評價，確實也是事實：自汶川地震後，四川民間團體就十分活躍，不時舉辦公民社會論壇，相較於四川其他各地，成都市政府對這些討論的態度寬鬆，也不反對公民社會這樣的詞，甚至在二〇一一年十二月推出城鄉社區治理條例。對四川省社會科學院社會所所長郭虹這些知識分子來說，這些政策代表了對「公民社會」概念的肯定。

二〇一四年六月，我重訪四川。從居住的成都青年旅館轉了兩趟公車，來到西南邊的青羊區時，已接近落日，天空灰沉，但和我相約的高圭茲與郭虹夫婦還在雅安回成都的路上。川震後，他們夫婦全力投入災區社會服務，原以為階段性任務已然完成，但災後這六年來，中國西南邊境無一刻平息，災害不斷，前一年又發生規模七的雅安地震，只能馬不停歇地再赴災區，推動重建計畫。

當我在門口把玩玻璃瓶時，一輛黑色廂型車在我面前停下。郭虹從車窗向我招手，喚我隨他們進去小區裡一間水泥公寓，並不時回頭向我解釋這一切的開始。地震後，當她從北京趕回四川時，成都機場已被大批拎著包包行李、想奔赴現場救災的年輕人塞滿。這些青年看了新聞後，一股腦兒買了機票就上路，卻不知道能做什麼、該往哪兒去，只好留在機場協助扛包、運送物資。郭虹一看這景象，忍不住想：因為中國對民間的嚴格管制，合法註冊的公益組織寥寥可數，這些志工空有熱血卻尋無門路。

「整個災區只需要一百到兩百萬志工，最後卻來了三百多萬人。」高圭茲向我補充。

這比台北市人口還多，我忍不住大叫。

「志工」在當時的中國還是很新鮮的概念。一名中國記者曾跟我提過，山裡面的老百姓在地震後才知道有「志願者」這樣的人存在，卻很難相信，原來可以有一種人是不用給錢、不用給紅包、不需要用什麼交換，就跑來替你張羅吃喝、解決事情的。「經過一場災難，才把這樣的概念從城裡傳到大山裡面。」

但對高圭茲他們來說，卻是另一番景象：志願者本來就不少，只可惜，能夠協助、疏導他們的團體數量不足，NGO更不算專業——因為實施黨的一元領導，遏制民間力量，直至一九七八年改革開放，中國才有民間組織出現。但這些組織只是配合黨的需要運作，要遲至一九九〇年代，才陸續有相關概念與法規制訂；又因為限制多、審核嚴格，仍是極少數人才知道的領域。

別說志工了，連捐贈物資都無處可去。

「災難發生時，只有七家國字頭基金會[23]可以接受捐款。為了解決這個問題，日後，中央發布重建法規時，特別將公民法人與民間組織加了進去，鼓勵民間參與重建。」郭虹向我強調，這是相當罕見的，「不過，整個中國，只有四川有這空間。」

因此，當川震激起百萬志工，人人爭相往災區跑時，就顯得混亂無序，而理應解決問題、負起責任的民政系統，因救災任務繁重，沒有多餘人力心力面對這突如其來的困境，就將連繫管理之責交給團委系統（中國特有的共青團）承擔。團委系統因此在災後設立了許多工作站，方便協調管理，竟意外架起

22 林宗弘，〈災後重建的政治：中國五一二地震與台灣九二一地震的比較〉，《台灣社會學刊》，2012.09。

23 國字頭基金會，意即國家控制的基金會。如：中國扶貧基金會、中國紅十字基金會、中國青少年發展基金會、中國婦女發展基金會、中國慈善總會等。

了一個讓中國非營利組織集體出場的舞台。

高圭茲與郭虹原先創立了一個專作農民工調查服務的組織，在災後第一時間，收到香港朋友的問候，竟促成了境外公益團體合作救災的契機。他們一邊整理資源與需求，前往災區考察，確定救災方針。當時每天都有七級左右的餘震，狀況還很危急，政府對民間也有層層限制，但他們仍不顧一切進行。最後，決定針對那些「逃出來後滿是灰塵、除了泥濘外什麼都沒有的災民」提供具體援助，像是臨時安置、護理服務、物資需求，甚至幫災民收小椿（油菜、小麥）、種大椿（水稻）、帶小孩，成立帳棚學校。

高圭茲像做簡報一樣，向我一一列舉當時所做的細項，像是生理期用品，內衣褲和藥物等等，務求事事仔細。但因為物資金錢捐贈受到限制，他們得列表向北京或其他省市的組織、朋友提出需求，再由他們採買。「四川人一般吃得挺好的，我們也要照顧到。就買大鍋、大米，送到災區去。」看著桌上的美食，我頓時理解。

當然，參與救災的組織不只郭虹夫婦。根據四川省民政廳統計，約有超過六千個社會組織直接、間接參與抗震救災工作；有將近兩千五百個社會組織、十五萬名志工直接投入救災，還有將近六千多個組織向當地政府發出募捐的倡議，對災區捐贈超過二十六億、捐贈物資折合人民幣共超過十六億。

「災情太嚴重，政府只好開放民間團體進入。」高圭茲認為，這樣的慈善動機與志願者動能，意外開拓社會空間，地方政府不僅在註冊規定上鬆動，也將街道辦公室的職能空出來，由民間組織填補，開始「購買社會服務」的制度。

見我對「購買社會服務」這說法疑惑，高圭茲進一步解釋：「就是政府出錢，委託民間組織做事。」

我暗想這是否是某種維穩的手段，好讓民間組織能在政府控制下做事？但對民間來說，確實促成社工類ＮＧＯ的迅速發展、政府也迅速立法作為問題回應，像是在二〇一一年時開放社會組織成立，成果在兩年後的雅安地震看到：大批社會組織、市民組織成立，政府購買服務的力度也變大了。ＮＧＯ在中國——嚴格來說是四川——成為新的行業與專業，高圭茲因此下了這個結論：公民社會的概念在四川發展了起來。

「當然，跟你們台灣比，我們還有很大的進步空間。」頂著白髮、戴著金邊眼鏡的郭虹就像一個久久不見的遠親那般，語氣溫暖輕柔而不見威儀，「但能在災後形成這樣的公益高地，對我們來說，很不容易。」

高圭茲也認同：「四川因為這場災難，比其他省對這些方面多點接觸，知識也多了些。對整體社會資源和力量，或多或少或深或淺都有些影響，這些成果到了雅安地震都能看到成效。」

滔滔不絕一個多小時後，他突然頓了一下：「大陸從來沒幹過這件事，幹得挺好的。」隨即滿意地笑了起來。

我對災難初期的「樂觀」氣氛印象深刻，但這種開放空間不過曇花一瞬，一個月不到就收了起來。中外媒體不久之後都被趕出災區，民間人士只好獨立追查、拍攝紀錄片，試圖釐清災害為何這麼嚴重、

為什麼死亡的大多是孩子，孩子又為何死在學校裡？因為資訊不透明、現場不開放，原本對中國肯定的聲音，也立刻轉為負面質疑。

災後一年，負責採編兩岸新聞的我，面對的已是截然不同的氣氛——傳統媒體煽情依舊、歌功頌德，但社群媒體上滾動的卻是控訴哭嚎與不解：這不是天災，是人禍。

然而，這些質疑的聲音，很快就被強權抹去，包含冉雲飛、譚作人這些公民記者在內，還有艾未未等文化人都因調查與網路書寫，遭控「煽動顛覆國家政權罪」。許多NGO也在這年受到不當管控與限制、打壓甚至拘捕。而天災依然發生，青海玉樹地震、甘肅舟曲土石流大災、雲南魯甸地震接連發生，卻已不見川震那時的種種活絡。資訊被封鎖，災難處理關起門來做。媒體記者採訪趨於表面，如果要再往深裡挖，就得隱瞞身分[24]。所謂公民社會的崛起、震出來的新中國，彷若是一場醉人的美夢，再沒人提起。

然而，對四川在地團體來說，這個省的開放性始終沒有改變。揮別高圭茲與郭虹夫婦後，郭虹甚至給了我一封信，請我有機會再來四川，重新檢視災區的改變；尤其是讓她興奮的各種社會變革，像是包含社會性別、可持續性與反歧視等內涵在內的基本公共服務的城鄉均等與社會管理體制改革。

這天晚上，他們夫妻倆對我分享很多，儘管我認為「公民社會」只是表面，但他們的正向回饋讓我質疑自己是不是絕望得太快。高圭茲在我的筆記本上留下一個電話，讓我隔天去北川找「中國心」的「高隊」——高隊本名高思發，自從創辦「中國心」這個組織後，人人都暱稱他為高隊。他說，「中國心」就是一個從草根發展起來的成功典型。

隔日，我起了個大早，從成都出發，到綿陽轉車前往北川。綿陽也是災區，如今是個開發不斷進駐的城市，大型房地產廣告成了我這一路的風景；從綿陽到北川走的是「遼寧大道」，是災後闢建的六線道大馬路，沿途成排頂著羌族紋飾的樓房卻是空屋，毫無人跡，生活氣味要進了郊區才出現——但我仍忍不住注意到這翠綠山間的田園風情內竟有一座為了觀光而花上幾億打造的羌城，與突兀的「遼寧產業合作園區」。

終點站是北川遊客中心前的停車場，旁邊是販售觀光產品的街市。我撥了通電話給高隊，他說正忙著開會，讓我先逛逛舊縣城。

「舊縣城在哪裡？」我有些疑惑：北川還有新舊兩個縣城？手機有雜訊，但明顯察覺他愣住了，「妳進遊客中心登記，有巴士讓妳進舊縣城。」

我後來才知，途中經過那排羌族紋飾樓房位在永昌，是北川新縣城，大多數人若往終點擂鼓鎮來，多是為了參觀慘遭覆滅的北川舊城。那些熱鬧的街市不為當地人而設，是為了我這種觀光客而生。

十分鐘後，我搭上了一輛白底綠邊、車身寫著「感恩祖國，祝福人民」的觀光巴士。川震發生後，這樣的口號像拋彩帶一樣，從四川往各地發散出去，當整個國家差不多都遺忘這悲劇時，彩帶還掛在川

---

24 台灣記者鐘聖雄以志工身分進入舟曲採訪，完成〈舟曲報告〉。他在前言中明確表示：「我在八月底進入舟曲前，便一再被曾經進入舟曲的志工、媒體從業人員警告，表示舟曲已進入封鎖期，謝絕「非中央」媒體採訪；不但進入災區不易，就算能成功進入，恐怕也無法順利採訪。最後，我以志願者身分進入災區，但因為「台灣人」身分敏感，所以二十四小時均有人在身旁「關切」，縣團委亦不斷以「沒忙可幫」為由，勸我離開舟曲（最後甚至以舟曲將「封城消毒」為由要我盡速離開）。」〈舟曲報告〉，2010。

西高原的居民身上。

但這只是簡單的見面禮而已。車子發動後，車上電視螢幕開始播映影片，旁白抑揚頓挫又煽情地介紹北川的地震遭遇，一連串的數字滾了出來後，接著一段結語：「這是中國人戰勝大自然的巨大勝利！」我皺起眉，各種不以為然：一座城，死了十一萬人，究竟誰贏過了誰？就在我心裡發著牢騷的時候，窗外又是一個標語閃過：「從悲壯走向豪邁，是我們的責任」。

整車恐怕只有我這麼憤世嫉俗，其他人要不是噙著淚，要不就是對著窗外傾頹屋樓喊著：「好可怕啊。」他們的情緒反應與這個空間共振著，我像是被排擠一樣，怎麼也無法融入被設定的情境裡。

車子在倒塌民宅前的道路上顛簸，順著堰塞湖而過，最後停在寫著「深切緬懷五一二特大地震遇難同胞」的白底黃邊牌樓前。下了車，我安靜地走著，就怕在那扭曲變形的樓房群前、在這不成形的縣城裡，驚動那些壓埋在地底的亡魂。

這些原本四四方方、有窗有格的屋房，被大自然力量甩動後，像是手捏陶土那樣，成了獨一無二的作品；有的歪斜對稱，有的磚塌半邊，低樓層被壓縮得只露出眉眼，還有頂樓招牌被震出微笑曲線。土堆成山，成排的政府大樓辦公單位也在破壞之列，殉職的公務員遺照一張張貼於門外，供人悼念。

我在北川中學坡下的小攤子買了束太陽菊後，沿著坡道往上，坡道盡頭是一大片瓦石土堆。原本青春洋溢的校園，如今成了個大墳場，只有一面隨風飄動的五星旗，替這灰白死沉的畫面染上一點紅色。巍巍青山遠遠掉在焦距之外，和灰色的天空融成背景，而「媽媽好想你」這幾個大字則掛在前方土堆上，成為視覺中心。

我將太陽菊放在土堆前方祈求亡靈安息，之後便轉身下坡，與一對父子錯身而過。只聽得父親對孩子說：「這些哥哥姐姐去世的時候，跟你一樣大呢。」而理著平頭的孩子就只是點點頭。

十字路口中央有一穿著藏藍色大衣的老人，不知在發放什麼，我立刻快步向前探視。老人家的手臂上掛著袋子，見我往他這兒走，立刻將手上的紙冊往我眼前送，問我要不要買——紙冊上是中國總理溫家寶災後在北川堰塞湖前遠望的照片。

在這場災難中，溫家寶一直是鏡頭追逐的焦點，被稱為「平民總理」的他，據說自一九八八年以來，都會親自到訪災難發生地。二十年後，川震發生時，他正在河南視察，在飛回北京的飛機上聽到災情便立刻命令班機折返，直接飛往成都。當這個六十六歲的國家領導人連夜趕到災區後，既無長篇大論也沒有召開會議，就只是流下眼淚，替災民打氣，並宣示全國動員。他的嚴格冷酷，只對著解放軍：「是人民養你的，你們自己看著辦。」

這樣煽情的言語和行動，透過媒體傳遍全中國。一個跟隨溫家寶的記者發出這樣的記錄[25]：

「年過花甲的總理已經哭得不成樣子了。」

「如果你現在看到老爺子的樣子，你馬上就會哭的。」

25 這個中國官方媒體代號「綺夢」（360327959）的記者，在中國人使用的QQ群上，不斷發布溫家寶在都江堰新建小學現場的狀況。幾乎各個媒體都轉載，卻只轉溫家寶煽情的話語，沒有細談新建小學乃至其他學校的災情。《南方人物周刊》在二〇〇八年五月二十一日報導中藉著〈被地震掃過的學校〉一文，帶出溫家寶談話。

「老爺子（溫家寶）摔倒了……手臂受傷出血，他把要給他包紮的醫務人員推開了……他對電話大喊，我不管你們怎麼樣，我只要這十萬群眾脫險，這是命令……他把電話摔了，頭一次看見老爺子這麼厲害。」

這並非中國媒體的一廂情願，《經濟學人》的第一篇川震報導[26]就以溫家寶的安撫作為開頭：「不要哭，不要哭，這是災難，而你活下來了。」記者藉著溫家寶對孤兒的柔情，描述中共領導人以何等姿態面對中國改革開放三十年來最嚴重的一次天災。

中共的迅速反應，博得各國領袖讚揚，西方各大媒體更對中國政府的行動與開放性，表達一致肯定。路透社記者盧偉奇（John Ruwitch）在分析稿[27]中寫道：「中國面對三十年來最嚴重的一次自然災害，最初反應是快速的、規模龐大、史無前例的。中國政府的動作與緬甸軍政府應對本月的熱帶風暴，以及美國政府對卡崔那颶風的遲緩反應形成鮮明對比。」他引述各界的讚嘆與意見，「中國中央領導層感知災難規模、發動大規模救援工作的能力，令中國贏得史無前例的支持和同情。」

然而，這樣的讚揚也退得很快。災後一年，中外媒體滿是質疑：為什麼這麼多孩子死亡？救災的錢哪裡去了呢？但這些問題無法傳到中國每個角落，溫家寶的承諾如同泡影。異議分子在網路上戲稱溫家寶是「影帝」，每顆在鏡頭前流的淚，都只是演戲。

「好。多少錢？」我說。

「十塊錢。」

「老人家你幾歲了？」我一邊掏錢一邊問。

似乎些微重聽的他，在我重複兩次問題後，大聲說：「九十二歲啦！」我清楚看見他嘴裡只有兩顆牙。

「你住這裡嗎？」我右手食指朝地下比，幾乎是用吼的。

「我從很遠的地方來。」他往後頭比了比，「這裡不能住人啊。」

「地震你怕不怕？」

「我這麼老了，都不曉得什麼是怕了。」我必須努力辨識，才能聽懂他的鄉音，「我不怕，可是，其他人可憐啊。」

很多人看我們談話也湊過來，對著老人說：「我給你錢，你不要賣了，趕緊回去。」老人繼續說著：「這是偉大的溫總理，快來看看啊。」

這個不到十頁的冊子，大多是溫家寶救災的照片與事蹟。彷彿這場災難由他一人獨撐，一人獨抗。我在等著回程巴士時，隨意翻翻，覺得無趣。抬頭一看，又是個標語：

「任何困難都難不倒英雄的中國人民！」

---

26 ‘China’s earthquake: Days of disaster,’ “The Economist,” 2008.5.15.

27 ‘China quake response unmatched, but challenges ahead,’ “Reuters,” 2008.5.22.

「中國心」的辦公室設置在一個體育場的邊角房間，空間並不算大，放了接客的木製長椅後，僅容五、六張小型辦公桌並置其中，七、八名工作人員像是隨時就能衝鋒陷陣那般，就穿簡便衣服與登山鞋。辦公室的電話號碼就是五一二。地震至今仍影響著他們。

跟高隊一樣，這裡的工作人員當年不過就是志工，為了不讓家人擔心，瞞著家人倏地就跑來了，卻不知道該做什麼，連給自己買份保險都不懂，只能不斷尋找能幫上忙的地方。那年到達北川參與救災重建的人數多達數萬，但隨著大地創傷彌合，大部分人都離開了，只剩下幾家公益組織與員工數十。「中國心」這個組織就是其一。

「我那時什麼都不懂，就只想陪著孩子。」在木椅上坐定後，高隊劈頭就這麼一句。災後的北川到處都是震毀的磚瓦鋼筋，連吃個飯都危險，孩子們還是在這裡跑來跑去的，難免跌倒或摔傷。坐在旁邊瞧著的他，想著得讓父母安心處理災後問題，便決定號召志工，辦起帳篷學校陪伴著孩子們。但就在暑假結束，年輕志工都回去讀書後，他仍覺得問題還沒解決；畢竟，不論重組或留守家庭，都是災難留下來的次傷害，都會對這些孤單、無法處理問題的孩子造成影響。陪伴這些孩子、看著他們實實在在成長，是高隊當時最想做的事。

但原本做生意的他，完全不懂什麼是慈善，什麼是救災？不知道能做什麼制度性協助，只能自掏腰包做事，在險些撐不下去時，因為參加一場公益論壇而瞭解到社會組織的運作邏輯。他重新檢視初衷，並整理方向後，開始募款幫助北川的孩子們上學去。從一個資助者到兩個資助者開始攢起，一步步地拓展「助學」計畫，讓每個需要協助的孩子都能找到一雙抓住他們的手。

「剛剛妳在辦公室前看到的年輕人，就是我們第一批助學的孩子。」高隊得意地說：「他們都已經要上大學了。」

這個極短髮、單眼皮的壯漢，心思細膩，做的每一件事、每一步，都會記錄在網站或QQ裡，近幾年來則是在「微信」隨筆，並名為「行者記錄」——因為多半是在車程中寫下的。

我曾在他的網站上讀到一個悲劇：一個名叫黑娃的孩子，地震後只剩父親，後來父親中風、繼母出外打工，讓他不得不自己照顧自己。開學第一天，老師發現黑娃沒有上課，通知繼母，待繼母趕到家裡，黑娃已死亡多日。

高隊與他的團隊，從後母口中聽到她撬開門後看到的景象：「地上是他的嘔吐物和散亂的啤酒瓶，桌上放著一碗冰冷的泡麵。黑娃已經沒氣了。」

黑娃平時笑容滿面，但大人們都知道他倔強得像塊石頭，那些嘻嘻哈哈的表現不過是將自己牢牢鎖進心門的方法，他不接受他人幫助，不願袒露內心，不想繼續讀書，不要待在這塊成長的土地。黑娃像是把打開心鎖的鑰匙給吞進了肚裡，讓關心他的大人們束手無策。

自「中國心」成立以來的每個暑假，高隊都會舉辦成長營，想辦法化解孩子們的心理壓力。讀書是這些孩子改變命運的唯一機會，但受到資助的學生會面臨各種壓力，不論是學業或環境、貧困或喪親，都會影響他們的身心。儘管團隊努力且真誠地關照那些孩子，但悲劇還是發生了：一碗泡麵、一瓶啤酒、一個火盆，獨自過年的十四歲少年的生命，就在一個飄著雪夾著雨的夜裡畫上句點。

這對高隊是個嚴重的打擊，想著愧疚、自責和懊悔將會伴隨他一生，並時刻提醒自己：「孩子的不幸，是社會欠他們的。是的，我們都欠他們的。」在北川這些年裡，在一次又一次的挫折中，他似乎理解災難對活著的人具有何種意義，而要從一個災難走出來又何其艱難。

高隊很是茫然，認為「時間是治癒內心創傷的最好辦法」這種話說得太簡單，因為時間並不真正能縫補什麼。人心，永遠是最難的。就像是他觀察到，為了災後重建的利益關係和分配，村子裡的人際被破壞了，生態也改變了，當人們追逐著利益，純樸的內在都變質了。「災後的硬體起來了，但內心卻迷失了……災後重建不僅僅有大量政府資金，更有民間組織介入。短時間的災後重建，對大山裡原本安靜的環境有了巨大的衝擊。」

我跟著高隊的思路走，聽他半傾吐、半剖析災後的種種問題與努力。他大致上還是一個樂觀向前、不想放棄的漢子。

「我們要讓政府感受到自己的位子在哪。」大半個下午過去，「中國心」的辦公室內仍然明亮，面對窗子迎著日光的高思發繼續說著：「雖然公益的土壤孕育得很慢，但我們願意一針一針去補，我們把自己的位子選好了，將政府該站的位子讓給政府站。」

然而，民間與政府的互動又該如何評估，公益的發展難道得靠故事嗎？步步都是問題，將鳳梨酥捏在手裡的他，並沒有答案。

羌與邵

川震發生在阿壩藏族羌族自治州，十萬名受難者中就有三萬餘名羌族人，約占羌族總人口十分之一。羌族原就是少數民族，災難不僅摧毀了他們的傳統建築，破壞賴以為生的環境生態，也削弱了這個古老民族的人口數量。

羌人宿命地以為這毀滅性的自然災害就是針對他們而來，但台灣的歷史學者王明珂卻認為：這是歷史與地理環境兩者疊合造成的結果[28]。汶川地震在青藏高原和四川盆地兩大高低地理板塊間的斷層帶上，在長程的歷史發展下，兩大地理板塊分別為藏漢所占有，而羌在藏漢之間，也就是在這兩大板塊之間，自然常受地震侵擾。

28 在王明珂的研究中，羌在某種程度上是被「建構」出來的，它受漢與藏的影響很深，但因為政治作用的關係，這族群被使用為中華民族的傳說與象徵，也被塑造出族群邊界。一直到九〇年代，大部分羌人還沒有「羌」的認同與意識，是為了民族身分而成為「羌」。川震後，羌族的意識更被鞏固。本書提到的羌民以及協助羌文化重建的外地人，都站在一種族群本質論上，將羌視為一個沒有變動的本體。我只能跟著他們的認知而行。

或許因為如此，羌族的「尼薩」[29]中，就留有地震的傳說：

過去有三代人，由三代的神管著。

這一代神所管的人有現代人的九倍高，牙齒有九個手指寬，腳有九拃長。

那代地殼是木頭做的。

地火上去，地殼燒毀，天翻地覆，那一代人都死光了。

第二代神所管的人有現代人的三倍高，牙齒有三指寬，腳有三拃長。

那代地殼是鐵做的。

鐵生鏽，地殼穩不住，天翻地覆，那一代人也死了。

第三代，神是東巴協日，他所管的人就如現代人那樣高，牙齒是一指寬，腳如現代人的一拃長。

這時地殼是石頭做的。

這樣的地殼穩住，人類也就生存下來了。

根據羌族民間傳說，地殼穩住後，底下還有個牛，牠一動，地面就有大地震，但「東巴協日」憐憫世人，用繩子把那牛緊緊綁了，卻忘了綁牠的耳朵，後來這牛耳朵動一動，地面就會震。「這史詩究竟是古老經驗的累積，還是預言？或者經驗和預言原來就分不開。」王明珂忍不住反問，卻也表示：羌族文化從一九八〇年代就持續發生改變，地震破壞與災後重建，只是加速變化而已。

或許出於某種族群存亡的危機感，加上媒體報導和羌族知識分子的呼籲，羌民的認同在災後更為鞏固，甚至引領他們捱過家破人亡的傷痛，家庭重組與人口重建甚至成為地方政府的災後政策與方向。

地震發生不久，茂縣溝口鄉溝口村後寨的徐家，答應了坡腳下的求親，將女兒嫁出去。溝口在川汶公路上，近岷江，是個靠近水壩的鄉寨，這裡的羌民因種植經濟作物而稍微富庶；但若要往溝口村，仍得往山裡走，交通不方便，寨子也稍微窮些、舊些。徐家主人種了花椒，還有些許水果，日子算過得去，地震除了震壞幾個牆角外，沒有為他們帶來太多損失。但經過這場大災，日子接著是福是禍難以預料，不如趕緊辦個喜事，讓寨子熱鬧熱鬧，也讓老人家安心。

我們一行人在接近立冬、橘子熟成的季節來到溝口。車子從大路轉小路，越走路越窄，一大段路程後，最終僅能在後寨入口一處平坡停車，接著全得靠步行。整個寨子都是土石路，房子都在坡路上；徐家的房子位居最高處，距離我們停車處還有一百多公尺高，順著僅供一人走的路彎曲而上，經過諸多柿子樹，走個半小時，再拾階而上，才能到達徐家。

多位羌族婦女帶著娃娃坐在屋台前，或是聊天或是做著羌繡，見到我們，咖啡色的臉頰泛著桃紅，眼睛都笑成一線。就在我們遞出禮金，換得比竹筷還細短的炮竹一根，代表入場資格時，持著嗩吶的樂師正在門口試音，準備吹響喜氣。

羌族婚禮會連續進行三天兩夜。頭一天，是由女方親友開始的「女花夜」。雖名為「夜」，卻是從

29 羌族透過吟唱來傳承文化的方式。地震傳說在「開天闢地」這章。

中午就開始的宴席。大廳裡十餘張桌子，坐進了寨子裡與其他寨子的親友，大家嗑起瓜子，等著飯菜上桌。叼了根菸的徐家主人趁著空檔，一個人靜靜地從大廳走過，站在廳堂前頭，對著一個寫著「天地君親師」的牌位上香。這祭祀方式分明不屬於羌，卻是羌的生存策略，但也有人認為這種外來文化與羌人意識型態及神話本就吻合，讓他們對「天地君親師」這種五位一體的祭祀體系具有先天的、必然的親近感、認同感。不管哪種說法，在在證明羌的確受到其他文化影響，不只是一個固著封閉的族群。

當賓客陸續入座，宴席也開始了，菜餚一道又一道，似乎沒有停止的意思。我忍不住到溜到廚房門口，窺探其內，發覺餐盤不停往內延伸，看似沒有盡頭。吃到一半，我就抱著吃撐了的肚子，嘆了一口氣。「酒菜不能斷啊。」一同桌人笑著解釋，婚宴得做到客人吃不完也無法帶走的程度，才代表有餘且富足。這似乎是許多農業社會的習俗。

飯後，我們離開宴席，跟著朋友四處拜訪親友。羌寨房子多是兩層木屋，二樓是主廳，屋樑上會懸掛臘肉或米糧，有的屋角置放薪柴。一樓是入口，堆有雜物、糧食或木柴，廁所則以木門隔起，挖個坑，任排泄物往下掉落廁所底的豬圈，好做堆肥。我們在羌民家裡邊喝茶邊吃瓜果，聽他們聊著地震後的一切，我也伴著豬聲上了幾次廁所，直到天色昏暗。在一戶人家用過臘肉晚餐後，才往山下走。暗夜無光，卻不妨礙我們前進，因新郎家傳出的熱鬧聲響已為我們引路。

與新娘家相比，新郎家顯得富裕且現代許多，寬闊的水泥房圍成一方空間。結婚前一晚，新郎家親戚都在這裡相聚，屋子裡裡外外人來人往，彷若趕集。發電機打起的微白燈光，僅在幾個房間亮著。廳堂外面都是看熱鬧的人，我得踮起腳，才看得見對著神桌與長輩磕頭跪拜的新郎，而旁邊的親戚高聲喧鬧著。旁人跟我解釋，在上位的母舅這個時候正在為新郎「升冠」。所謂的「冠」跟清代官帽一樣，是個紅穗圓形雙層帽，上面插著一對紅色喜牌，而升冠意味著這個孩子已經成人，即將成家立業，另立門戶。等升完冠，再行掛紅。儀式間，眾人都要說一段祝福的話，盼望新人日子美好圓滿。

但這夜的主角，還是新娘。在羌族婚禮中，正式婚宴的前一夜最為重要，以現代觀點來看，或許是「單身派對」的概念，因為這晚之後，男女雙方組成家庭，只有這一晚是他們可與親友放肆同樂的時刻。

當我們摸黑上坡時，新娘家已點滿燭火。原本擺滿圓桌的廳堂，已被兩張併攏的八仙桌占滿，板凳在桌旁四周排設，供人客入座歇腳。桌上則放置了咂酒和十二盤「幹盤子」，分別裝著花生、核桃、紅棗、柿子、蘋果、橘子、糖果等飽含圓滿、吉祥、喜慶之氣的果乾茶點，還佐些菜餚。有些人在輕快的流行音樂中跳舞，有些人則邊吃點心邊聊天。

我跑到屋角邊間偷看新娘。這裡是整個建築裡唯一開著電燈的屋室，在傳統上，新娘房整夜都得燈火通明才行。閨密這時都在房裡陪伴，替新娘更衣化妝。一名婦人跟在我身後進了這個房間，她捧著一個裝了十顆雞蛋的方形盒子，以我聽不懂的語言說明後續流程：新娘母親會為新娘準備一鍋雜糧玉米，上頭擱幾個雞蛋讓新娘踩破。穿著紅色羌服的新娘這個時候正上著睫毛膏，頭抬得高高的，聽著這些交代，也只能輕輕動了動下巴示意。

約莫七、八點，就在我嗑完十多顆紅棗後，新娘才入座，姐妹們也隨她入席，男方接親的人也在位子上坐定，花夜也準備開始了：第一個儀式是「上梳」，顧名思義是替新娘梳頭，新娘父母會依序拿梳子在女兒未被繫起的髮絲間梳動，說些祝福和告別的話語。徐家男主人上梳時，新娘的淚珠僅在眼眶滾動，待母親上梳時，情緒已無法控制，淚流不止。在場的親友也跟著淚眼模糊，心情就像身旁這些紅色燭火融入木屋的黑裡。

咂酒的時刻來臨，氣氛旋即被炒起。砸酒是羌族慶典的重要儀式，這個時候，新娘父親得坐在堂前，和每一位賓客共飲羌族傳統酒釀。我們因為是遠方客人，率先與徐家主人各持一個玉米桿，啜飲整個酒罈。氣氛越夜越熱鬧，新娘帶著眾姐妹與賓客整夜跳舞、對歌不停，音樂聲徹夜不停。

一位穿著牛仔褲、T恤的瘦高女子，在這場子裡明顯格格不入。我與她攀談起來，才知這名漢族女子在網路上結識了一位羌族男子，不久，前往新疆打工的她，竟與他在同個網吧裡巧遇，接著相戀。她不顧父母勸阻嫁給了羌族男子，但婚後種種不適應，讓小倆口不斷吵著分手離婚……。

「為了養家，他到外地打工，地震就發生了，那段時間我們又在吵架……。」這已經不知道我聽到的第幾次吵架，加上震耳欲聾的音樂，我根本無法專注在這種瑣碎的小吵小鬧敘事裡，但還是耐著性子聽下去。「他擔心我們是不是出了事，我也掛念他是不是平安，但失去通訊，電話打不通，只能乾著急。」故事的最後，丈夫步行三日回家跟妻子團聚，這個漢族姑娘終於對婚姻和生命有更深的體悟。她亮了亮脖子上掛著的項鍊，還有手上的戒指。「地震後，我們就沒再吵了。」

——

災難過後的羌族，總讓我聯想到台灣的邵。以日月潭為傳統領域的邵，鄰近九二一震央，雖屋宅有損但生命無傷。儘管無法與羌受到的重創相比，但邵族卻也在羌族的命運中，看見自己。

「聽說他們跟我們一樣人數很少，卻死了很多人？」一位參與羌寨重建的朋友返回台灣後，被邵族人如此問道。

「嗯，對，但羌族死再多人，都還有二十多萬人。你們……。」她比了比對方的鼻子，「只有兩百多人，比大熊貓數目還少。」

和夾在漢藏之間的羌族類似，距離平地較近的邵族[30]，也有類似的模糊性。一九九九年地震發生時，這個族群尚不被官方認可、在學界研究上也界線不明：老人說著台語，年輕人沒有邵的意識，只有不到三百人認同這個身分，各種證據都指向這個族群的危機。

這種危機感到了九二一地震發生後更為熾盛。二〇〇〇年，網際網路正熱時，我到日月潭邊探訪災後一年的邵，詢問部落長老為何想利用網路凝聚族人並向外發聲？那日飄著小雨，我在一間堪稱完整的水泥房裡，聽他們沉沉地說著這族群的委屈：因漢族越界侵墾、躲避瘟疫等等緣故，邵族各社只能不斷

30 從日治時期，邵族的定位一直處於模糊地帶，族分與分布位置時常被錯誤界定：清領時期，時常和漢人接觸的邵族，因族性溫和，被視為「化番」；日本學者伊能嘉矩等將邵族當作布農族的一支；森丑之助根據邵族人從阿里山追逐白鹿到日月潭的傳說，下了「水社化番和阿里山番是同族」的結論，認為邵族是北鄒族的一支，因此，邵族在官方認定中，一直被視為阿里山鄒族的分支。國民政府來台後，學者們紛紛發表不同觀點，有人認為他們跟布農關係密切，有人主張視為獨立族群。邵族的「正名」運動早在一九五五年陳奇祿先生進行邵族的調查研究時，就認為它應獨立為一個族群。二〇〇一年九月，行政院正式核定，並請總統宣布邵族脫離鄒族，成為台灣原住民族第十族。

遷移。一九一九年，日本殖民政府在日月潭興建發電廠，為了蓄水，便於一九三四年將邵族遷居到今日的日月村（德化社）——也就是我們所在的觀光街區，後來更名為伊達邵（Ita Thao）[31]之所。他說，這是邵族近代最大一批遷徙。

國民政府來台後，實施土地總登記，邵人不知道應該要登記自有土地，因而喪失土地所有權。到了一九八〇年代市地重劃土地清查時，政府竟因此認定邵族占有公地，向他們追繳十五年租金，無力繳納龐大租金的邵，更不敢指認他們的土地使用範圍；於是，市地重劃執行後，邵人家屋、祭場被拆，菜園豬舍牛寮全也蕩然無存。原就弱勢的邵，不是出外另謀生計，就是自責無力鬱鬱而終。

族群命懸一線的邵，在這個時候遇到地震。雖然日月潭離震央有十二點五公里之距，無人傷亡，卻有八成房屋頹圮。在日月潭邊市街地的邵族長老高倉豐，在兩次餘震中逃出屋外，並與其他族人連夜奔逃到空地，在帳篷中捱過一、兩個月時間。他對我追憶震後的日月潭觀光如何蕭條，邵人生計因此無以為繼；但幸運的是，當時有一群關注災情、同情邵族的外部力量進入，支持他們在原本就屬於自己的土地上重建，甚至協助他們「正名」。[32]

二〇〇九年，九二一將屆滿十周年之際，我重回日月潭，同行的是幾名中國記者，迎接我們的，則是將周長二十四公里的環湖公路塞得滿滿的遊覽車與小客車。來自上海的記者隔著車窗，看著許多人拿浮板從馬路上穿梭而過，不由得感嘆：小學課本裡那兩百字的日月潭介紹，根本不足以解釋這地方。

「課文沒寫會有這麼多人啊。」他對著馬路大叫。

「就是因為你們那課本，才有這麼多人啊。」我忍不住吐槽。

二〇〇八年才開放的陸客觀光，幾乎撐破了日月潭的胃納。他們和這些對岸來的記者一樣，從小朗誦課本，想著來台灣必得到日月潭和阿里山。但眼前這車潮不能都賴在中國遊客身上，大部分都是因日月潭萬人泳渡活動而來的，而這兩萬五千多人次、五千台遊覽車才能消化的泳客，不會寫進任何一本教科書裡。「泳渡」在大眾眼裡，不過是個娛樂，人們並不在意這項橫渡三三〇〇公尺水域的活動與邵族成年禮的關連；但是邵對於這種像下餃子一樣的熱鬧，則感到非常困擾——畢竟，邵族新年最重要的儀式是祖靈祭，但這肅穆的儀式卻受到八百公尺外的萬人泳渡影響，噪音不時傳來，遊客三兩侵擾。若要到邵族人家戶前進行儀式，還得要出動青壯年保護，否則年邁的「公媽」（女祭師）會不斷被遊客阻擋、推擠，甚至跌倒。邵族年復一年，在這樣尷尬的情況下維持自己的文化。

但若不是因為九二一地震裂出個縫隙，或許現在連一個舉辦儀式的空間都沒有——進了「伊達邵」的牌樓，直往上走，就能看到祖靈祭儀式的廣場。這塊地原是耕地，然國民政府以興建山地文化中心之由，低價強制徵收、委外經營，後因經營不善關閉；災後，邵族透過協力造屋方式在這裡重建聚落，仍不得安穩，畢竟在法律上，這塊地並不真正屬於他們，更別說，這區有觀光商機，南投縣政府也虎視眈眈，一直想收回，甚至打算以邵人原本的土地來換這塊土地。邵人自然不為所動。

穿著傳統衣裳、咬著檳榔的女巫師們，在族人攙扶下，坐在一排家屋前，對著祖靈籃念禱詞。這樣

---

31 邵族自稱為 thao 或者 thaw，亦即「人」。

32 邵族災後的支持力，包含學者邱延亮召集的全球邵族之友會，及建築師謝英俊團隊的進駐。謝英俊在九二一後協助邵族以協力造屋的方式重建，其工作室從此在伊達邵駐點，協助邵族各項運動。

的祭儀得連續進行五天。一個穿著背心的男人站在草地上看著，我聽人介紹他名叫高春貴，是祭典中的領唱長老，也是邵族議會議員，便朝他走去。

「地震那時，剛好也是祖靈祭。」我向他問起九二一，他往會場指了指：對於四散各地的族人來說，每年中秋前後舉辦的祖靈祭是他們得以維繫族群的傳統，無法拋棄。地震發生當夜，忙累了的族人睡沉之時，兩波地震搖晃，壞了邵的房，也斷了祖靈祭，「兩年後，才又舉辦。」

「還好有這塊地。」高春貴說，「如果沒有這塊地，四散各地的邵人將無法聚集，文化就會崩解。」

國民政府來台後，漢人逐漸移入，像高春貴的父親高倉豐這樣上了年紀的邵族長輩，說的是一口流利的台語，年輕人更是不識邵語，加上商業觀光的沖刷，文化越趨衰微。族人外流嚴重，求職生活不順的打擊，讓青壯世代死亡率升高，邵人明白，這個族群必須得找回文化重心。因為九二一，邵族得以使用這塊土地，等於擁有了文化復育基地，族群復振的信心與驅力才因此加強。

「邵以前迷迷糊糊失去土地，不知怎麼要回來。」高春貴說，現在算是有了安定的地方，他們也就有了保護文化和土地的目標。

地震震出邵的意志，讓他們能夠吶喊出聲，終於在二〇〇一年得到「正名」，在原民會始有族群代表，註冊為邵族的人數也增加到六百餘人；二〇〇六年，邵族民族議會成立，議會也提出文化復育園區的議案，以堅持主體性為原則，在園區內還原邵族傳統文化，並延續邵族生命。這案子交由原民會編列預算，但後來預算遭挪用而未再編列，文化復育之事停擺，至今毫無動靜。

女祭師的吟唱聲細細地，在太陽光下融化，只剩下我們幽幽地嘆息。

中國記者雖聽不懂祭文，卻被儀式震懾，不斷拍照做筆記，偶爾轉頭跟我說話。聽到「北京話」，簡史朗略略皺眉，疑惑我們這些外人為何會出現在這儀式場域？直至我以台語和他解釋，表情才有些鬆懈，並親切地與我們聊了起來。我這才知眼前這個戴漁夫帽、身上掛滿相機、錄影機的男子，是一名國中老師，工作之餘投入邵族語言文化調查，甚至替部落開辦邵語課，年年祭儀都拿著錄影機追著記錄儀式，是最忠誠的「邵」迷。

「陸客太多了，」簡史朗手往外一指：「還有那個。」他說的是萬人泳渡活動。

這個邵迷自告奮勇，當我們遊潭的嚮導，在湖光瀲灩中，細細說著邵族的現在和過去。汽船在一個小島旁，停了下來。「這裡過去被稱為光華島，對邵來說是拉魯島。」簡史朗解釋，建造水庫前，這個島與岸邊距離很窄，水淺時，邵人騎著水牛就可以到島上耕作，但日月潭水庫興建後，湖面增加一倍多，水位升高二十一公尺，原本擁有八公頃面積的島只露出不到一公頃，「台灣的工業化，是在邵的犧牲上得來的。」

「『歸還拉魯島』是邵族文化復振重要的一步。」船船搖搖擺擺，簡史朗的聲音忽強忽弱，我們得仔細聆聽，才能聽到他的批評：九二一地震後，南投縣政府將聖地拉魯島歸還給邵族，這個因地震迸裂的島得以恢復舊名，島上的「月下老人」也就不再重建，「這個觀光噱頭讓邵感到屈辱，『光華』，是光復中華的意思，到底跟邵有何關係？」

簡史朗對邵很同情，直言長期以來，漢文化喧賓奪主，邵皆受政治牽連，像是清朝中葉以後，移民拓墾潮興起，漢人大量遷入，族群衝突四起[33]，邵族便偷割漢人頭顱，而清政府則派出強大官軍圍剿。邵人死傷慘重，從此沒落。

我們坐在船緣，任日頭直照，曬得一臉紅黑。簡史朗也是。看著他，我卻不知道那陣紅那陣黑到底是因為太陽，還是情緒。

「如果不是因為九二一大地震，邵族可能就此慢慢消失，台灣人也不會知道這裡有個原住民族。」他的聲音漸漸和緩。

湖水起伏讓人發暈，我在船艙沉沉睡去，闔眼前，看到中國記者們還拿著錄音筆在問問題。一個月後，我讀到他們的重建區報導，其中一篇最後如此寫著：「日月潭成為明星災區，台灣人也由此看到一個弱小民族在苟延殘喘。就像汶川地震後，大陸這邊驚見羌族，而此前這個古老而沒落的民族一直默默無聞。」[34]

33 歷史上稱為骨宗事件：清雍正期間，漢人大量來台，水沙連諸社因生活空間遭擠壓，遂以邵族水社頭目骨宗和其子拔思弄、水裡萬為首，對平地漢人進行一系列出草等行動。清廷鑑於內山凶番出草不斷，決意興兵鎮壓，徵召軍隊及壯丁，並結合平埔族人組成數千人的討伐軍隊，於雍正四年（一七二六）九月間，共同圍剿邵族頭人骨宗父子三人，搜出頭顱八十五顆；之後，為妨害番害，遂增擴兵力，設立水沙連堡，漢人勢力逐漸轉往內山，邵族人也失去出草獵首的慣習與實力。

34 陳統奎，〈日月潭憂思錄：開發過熱喜憂參半〉，《南風窗》，2009.11.10。

一棵不會說話的大樹

二〇一一年，震後第三年，劉陽以廣東珠海援建身分來到汶川，怎知就再也離不開。迷上羌文化的他，一邊做田野記錄，一邊設立文化保護平台，盡可能地協助羌族保存文化。三年後的二〇一四年，我在當地羌族幹部的介紹下，到他的工作室拜訪他。

劉陽的工作空間與住居結合在一起，書本文件從客廳桌子一路擺置堆疊到餐桌上，整齊乾淨，卻也無人翻讀的模樣。我以為他是個講究秩序的人，直到晚餐過後，才明白他「讀書」的方法：在網路上或付費或免費下載各種文件資料，投放到二十三吋電視螢幕裡；泡杯茶，坐在沙發，再將鍵盤滑鼠放腿上，食指不斷滑動，開啟一個又一個檔案。比銅板還大的字，在螢幕上閃著。

「我們先知道黃河文明，再是長江，後來才是三星堆，就以為這些文化都受中原文化影響。」劉陽喜歡研究各家之言，但也有自己的立場與詮釋方法，像是四川史前遺址三星堆的起源與中原文化的關係，便令他著迷。他邊看著螢幕，邊對著翻讀羌族文獻的我叨念：「其實不是的，每個地方都有它的文明。是我們對地方性文化不夠重視，等文化快滅亡了，才想著該怎麼辦？就像我們在病危的老人面前爭論西醫好還是中醫好，沒有個定論時這個老人就已經死了。因為我們沒有文化保護理論。」

聽到他這段的喃喃自語，我突然想起他的爺爺似乎就是中醫，懷疑他對羌族文化的熱衷，或許就是因為在這族群身上看到自己。

劉陽是滿人，家住遼寧，出生在一九六〇年代的他，從小好學，可以在學校讀書讀到最後一班公車發車，才甘願回家。小小年紀的他認為，中國文化就在黑板上，甚至熱愛唱「解放區的天是藍藍的天」這樣的歌。改革開放之際，他雖跟許多中國人一樣，往南方找機會，卻不是個只想著錢的生意人而已；空閒時他會研究文史，整日泡在歷史論述裡——自然是那種華夏史觀、中原論述——然而，當他來到災區，看到的卻不是「拔地而起」，而是各種「失去」，不由得想起長大後，看到「滿語消失」這種新聞時的錯愕。

「當時我只感覺到一切都來不及了。」輕靠在沙發上的劉陽，背對著光，讓人看不出表情，我只聽著他不斷說著災難如何震動他，令他設法放下東莞的生意，參與廣東珠海對四川的援建；但等到他能入川時，已是最後一批，重建接近完成，似乎沒什麼可以做的了，就在這個時候他注意到羌族的問題。

為了鞏固政權，中共必須控制住國境邊緣的少數民族，西北、西南這些敏感地帶，更是不能鬆懈。震前，西藏才發生一場動亂，素來被稱為「阿壩藏族羌族自治州南大門」的汶川縣政府，發動了幾場教育活動，向當地族群宣揚「與黨同心、與社會主義同向，感恩報國」的思想，整個縣城盡是這類標語。但地震發生後，這些海報迅速被「汶川加油」、「祖國萬歲」取代，原本的「民族嫌隙」竟因地震縫合，「團結一心共同抗震」成了這座城的主旋律。劉陽來到汶川時，這些標語還在，但光是標語是無法搶救一個民族的衰亡，他得做些什麼才行。

「很多人說，地震讓羌族險些滅亡，但我認為羌族被削弱的原因並非地震，而是政治。因為政治，那個寨子有十四年沒辦慶典了。」劉陽指的是有「西羌第一寨」之稱的羌峰寨。他沒向我解釋所謂的「政治」是什麼意思，只說那兒的巫師始終「低著頭做人」，讓他很是同情。

因為支援重建而踏入羌寨的劉陽，直覺羌文化深邃又神祕，而深受吸引。他計畫辦個活動讓寨子熱鬧些，卻發現這個只有一千人口的村寨，已經十餘年沒有辦過文化儀式與活動。「這不是族群文化即將死亡的意思嗎？」他嘆了口氣。

「可是網路上可以查到很多羌族研究。」我立刻插話質疑，他則不置可否：「關於羌族的研究是很多，但很多研究者都沒有真正到現場，在現場才知道羌族的文化與需求，而不是乾巴巴的資料堆砌。」

對劉陽來說，現場很重要，他因此向援建汶川的珠海市政府請求慶典支援，上頭也同意了，條件是：「給錢買祭品，其他不干涉也不參與，只提供資源跟機遇。」劉陽立刻把十四年前參與過慶典的族人都找來，交給他們自己籌辦——這不是為了「恢復文化」，而是「重複」他們的文化，務求一切原汁原味，如同過往。

「你的意思是，到了重建第三年，才曉得要從文化面下手？」我又忍不住打岔。

「當初的宣稱，重建是三年計畫、兩年完成，但就只是拼命蓋硬體，忽略軟體。」劉陽解釋，援建團隊並非刻意忽略文化重建，只是菁英組成的政府部門難免不自覺帶著優勢視角，出現盲點，而他是廣告設計人，向來不受學科、規則限制。所以才能想到做些不同的事。

草草解釋完，他又把話題導到慶典現場，直說那場慶典舉辦後，整個寨子都捨不得結束。深夜十二點了，援建的工作組也不想離開。慶典祭儀畢竟是一種綜合性的文化展示，能夠讓原本對少數民族文化不感興趣的工作組，明白這些民族絕非矇昧的，也能看見這個文化的豐富性。「他們說自己在這兒待了兩年，這個時候才認識了這個族群。」

而這場慶典，同樣震撼了劉陽，他開始廣讀背景資料，沒事就去聽老釋比[35]唱經，像跟時間競賽一樣，積極將看到聽到的一切都記下來。他給自己設定的時間很短，在一年內要收集完資料，完成就回家。慶典結束後半年，老釋比找上他，對他說，之前不知道他是誰，有什麼目的，以為他和別人都一樣……。劉陽向我描述這個七十多歲的老釋比的動作，說他如何抽了口菸、如何停頓，讓他感覺到千年歲月彷彿凍結在這個時空一般。木頭房子的縫細間灑進一些陽光，恰恰落在他們兩人之間。

「他決定將過去從未對人說過的話語，傳遞給我，但也警告我這些知識有禁忌，不可向外傳播。他說完，我驚得立刻坐直了……。」劉陽轉述老釋比的話：如果因為如此，遇上麻煩，會降臨在他身上，也不用擔心。他年紀大了，身體也不好……。他感覺到老釋比有些著急，似乎感覺到生命將盡，再不做不行。

但該怎麼做？羌族既無文字又無歷史紀錄，面對這神祕又難以探底的族群文化，劉陽有些不知所措：將口述記錄下來嗎？抄經就行了嗎？難道需要保存的僅僅是這些被印寫下來的資料嗎？他隱隱感到些許不對：「記錄只是搶救，活態才是傳承。」但對他這個外人來說，實在沒其他辦法了，只能一邊記錄一邊著急，最後還是從最簡單的口述歷史做起。

「一般人對歷史的理解是透過文學途徑，口耳相傳很難當成史料，幾乎被當成神話。那是因為他們無法以過去的知識來看待。」劉陽說，幸運的是，羌人很會「擺故事」，他們對口述歷史也相當謹慎，例如一九四九中共建政前，羌寨裡會有幾百個上千個釋比，要當釋比就得口試，得朗朗地將羌族的歷史文化背誦出來；儘管現在南羌只剩一個釋比，恐怕會出現遺漏跟錯誤，但口述歷史從未中斷。

然而，口述要說簡單雖簡單，要說難也的確非常難。因為羌語太古老，也沒有文字，過了一個溝，語言就不同，根本無從著落。「更大的危機是，因為生活形態轉變，羌民寧可將孩子送離寨子、送進城學英語，羌語根本無法傳承。」身為滿人的劉陽繼續嘆氣：「這是世界性難題。」

「現代化是什麼？」劉陽自問自答：就是丟掉祖祖輩輩的智慧。他話語變輕，彷彿自我拷問：「他們會不會變成失去精神家園的喪家之犬呢？」

每天他都會在頂樓抽著菸，看著雜谷腦河滔滔流過災後的汶川，想著下一步該怎麼走，明天又該怎麼辦？

—

從映秀到汶川這條路上，景色單調，只有黃棕土石；往北邊的汶川縣城走，山更是大片大片裸露著，

35 釋比：羌族社會裡一種集社會祭司、巫師、占卜求事、民間說唱、歌舞乃至戲劇表演為一體的民間巫師。

有時還可以看到綠色網子掛在岩壁，而防範土石流的橫幅標語，便掛在其上。

即使已事隔六年，曾經折磨我的這條二一三號國道至今仍支離破碎，映秀—汶川路段尤其多泥濘坑洞。這條路是川西高原居民往成都運送農貨的必經之途，也是觀光客上九寨溝的重要通道，又因為是災難發生後唯一的對外連結道路，而有「地震生命線」的稱號；但這條生命線，這些年來，逢雨必斷，只要搭車行過這個路段，人車都像跳起恰恰一般，前後上下不斷躍動。我真沒想到，在二〇一四年與這條國道再次相逢，它還是讓我的屁股一路顛簸。

我跟著劉陽爬上頂樓抽菸時，忍不住指著二一三號國道方向，對他抱怨路況。劉陽卻說，這還算好，哪像寨子裡的路從重建完後，就沒有平過，因為來個大雨，路就都毀了，怎麼修都沒辦法。泥石流太嚴重了。

泥石流，在台灣稱為「土石流」，地質上的說法是「岩屑流」，地震造成的土石鬆動是成因之一。劉陽來到汶川這年，剛好遇上幾次大雨誘發的山體滑坡，河水暴漲，輪番將整條國道砸斷。災後連著幾年豪大雨引發山洪土石流災害，重創這條主要幹道。媒體一邊報導災情路況，一邊感嘆：「生命線簡直成了生病線。」[36]

汶川本就多震，根據汶川縣誌記載，汶川境內有茂汶、映秀和二王廟三個斷層帶，若以中共建政為界，建政前被記錄下來的地震有三十次，規模四以上地震有六十次，其餘多到無法計算。因此，汶川人不畏地震，卻怕土石流。一九六〇年以來，每隔幾年就有一次土石流、山體滑坡與山崩，或路斷田毀，或林損畜傷。

二〇一〇年八月一場豪大雨讓都江堰到汶川這一帶都是災情，就連剛完工的映秀新鎮也遭六十萬立方公尺的土石流襲擊。狂洩而下的泥石，吞噬二一三號國道後，直奔岷江，江水越過河堤，衝垮岸邊援建單位的工棚，奪走了許多工程人員的生命。淤泥和垃圾積在這災後新生之地，惡臭幾天不去。整個新生的城鎮都泡在兩公尺深的江水裡，自來水廠與近百樓房皆報廢。唯一值得慶幸的是，災民還沒入住。

這還不是最慘的，整整一周前，一場四十分鐘的暴雨，讓甘肅舟曲縣遭五千公尺長、平均寬度三百公尺、厚度五公尺，總體積七百五十立方公尺的土石流橫掃而過，流經區域皆夷為平地；一個三百戶村落覆滅，縣城五萬人受災，將近一千五百人死亡，近三百人失蹤，就醫人次為兩千五百人。媒體批判：甘肅開發過甚，砍伐過多，才釀成此次災禍。而汶川土黃的山貌，也指向同一個事實：過度開發是災後土石流頻繁的原因。

學者費孝通曾提出「藏彝走廊」的概念——遊牧民族以岷江為主要通道，進出成都平原的歷史——汶川便是位於這條走廊之間，是遊牧與農耕文化的交錯處，生態也最脆弱。當地耆老總說，當年祖先選擇在這裡定居時，山坡上都是杉樹林，還有大片大片的櫻桃、石榴和各種果樹。富饒的土地，自然吸引很多人遷居到此，在林木的支撐下，就算有滑坡發生，頻率也不高。但隨著聚居的人越來越多，資源遭嚴重掠奪，滿山的杉木不斷往山下送，供應給成都平原建房，讓沿海漁民做船，蔥鬱林木日漸稀疏。

由於平原地區人口膨脹，移民壓力日增，大量漢人便沿著岷江峽谷等通道上溯；至民國時期，汶川

36〈「生命線」成「生病線」〉，《南方周末》，2011.07.28。

已有大量漢人聚居。根據汶川縣誌記載，在一九四九年前，單是縣城威州鎮就有二十七家木材行，卻都只是零星採伐；然而，從一九五二年前後起，因為成都到阿壩州的成阿公路修築，數千工人在岷江東岸搭建工棚、燒柴、架橋……，約有數十萬棵林木遭到砍伐，山上的大雜木林接近全滅；計畫性大規模採伐，則是從國營森林工業與汶川當地森林工業企業相繼成立後開始。但即使如此，四川森林覆蓋率還有四成；一九五八年大躍進期間，整個四川都在濫墾，直到文革結束，森林覆蓋率僅剩百分之九。

「八〇、九〇年代，還有所謂的木頭經濟。」從頂樓遠望，視線盡頭正是從城市高樓背後凸起的光禿山稜，劉陽將菸尾巴往花圃裡按捻後，雙手成圈：「那些三、五個人才能抱住的樹，就這樣一個一個被砍伐，砍了幾十年，根本災難就是自己招來的。以前樹的地基深，但現在，樹都砍光了。」

他轉身指了指汶川大橋另一方的山，那山頂只有幾把稀稀落落的綠，「因為伐木好賣錢，農民不停砍樹，砍得山都禿了，這樣砍，當然會發生土石流。」

砍伐林木，是生態之災，隨後沒有節制的開發，是環境之劫。台灣也有類似的問題——早從二十世紀初日本殖民時代伐木事業開始，到國民政府時期大量砍伐，都讓「福爾摩沙」走向不可逆的山林耗損。儘管風災、水災過後會引起社會議論，濫砍與開發的腳步卻未曾停止。土石流滅村的悲劇，總讓整個社會陷入半調子式的反省，沒多久又遺忘，山繼續挖，土繼續採。世人只會哭嚎天地無情，不追究人類作虐。

中國當然也一樣。我曾在媒體上讀到這樣一篇文章[37]：「上世紀九〇年代以來，採礦與水電開發成為川西北最火的行業。勇敢的士兵忍不住抱怨腳下這條爛路拖慢了他們的救援速度，礦老板的卡車把唯一條通向外界的公路壓得坑坑窪窪，國有電力公司不惜在地質斷裂帶上攔壩蓄水，當然，科學仍無法嚴謹地證明瘋狂的水電開發與地震之間的因果關係。在當地早已瀕臨極限的環境承載天平上，人們隨意添加砝碼，誰也不擔心自己會成為最後的倒霉蛋……。」

於是，岷江流域從山體到植被，無一倖存。從屋頂下樓時，劉陽談起初進羌寨時的觀察：「這裡喜好水力發電。河川截流後，河道枯，魚兒走，水土完全被破壞。只要到了夏天，雨季一來，泥石就在水裡滾，寨子就停水停電，地震久久一次，但土石流年年都來。」他雙手一攤：「把樹都砍了，再弄個水力發電，發生泥石流，怪誰呢？！」當初他們援建的十三個工程，也都被破壞了。

他語氣高昂，批判水壩工程，說政府投入幾個億建壩，好讓泥石分流，但有用嗎？「以前水草和自然凝在一起，但現在，土地都沒了，人和土地的關係不牢固，光顧著用水泥滾出河道，樹、水草、魚，都沒了。」

一九九八年，中國洪澇災害四起，政府開始反思過度消耗天然林導致生態惡化的結果，終於嚴令禁止伐木。阿壩州同步實施禁伐政策，同時大規模植樹造林。然而，下地獄容易，從地獄爬回天堂實難，想要在碎石滾滾的荒山上種樹，成功率極低，年年周而復始的暴雨和土石流衝垮幼苗，這些還沒來得及長大的樹苗幾乎無法活過冬天。情勢無力回天，如今岷江河谷仍然寸草不生。媒體一致批判：「等到地方政府醒悟，要大力植樹造林鞏固水土時，才發現山高坡陡，土地貧瘠，想種也種不活了。」

37 劉陽，〈天災扣問縣級化生存〉，《南風窗》，2008.06.06。

但諷刺的是，根據四川民間團體在川震災後的口述調查[38]結果可知，災民們的日常收入，多從退耕還林得來。

「現在還有人敢砍嗎？」我問。

劉陽比了比地板：「樓下這戶人家就是靠砍樹賺錢的。」

——

二〇〇八年汶川的這場地震，一下子就讓當地老人想起了一九三三年的疊溪地震，這場發生在汶川北邊幾十公里處，規模七點五的地震，竟讓一個漢代就設縣的邊防重鎮從地球上消失。

疊溪位在茂縣，二一三號國道旁，距離茂縣縣城有六十公里遠，是川西平原往甘肅、青海的要道。八十多年前災難發生時，這個地區仍是由國民黨川軍所控制著。那天，疊溪的人們才準備敲鑼打鼓替城隍爺穿衣，打算十天後在廟會上向老天爺祈雨，不料突然天地搖晃，不過一分多鐘，整個古鎮就陷落數百公尺，城鎮後頭的山石也崩落，將整個城鎮都埋了起來。

地震威力引發岷江兩岸山崩，堵塞河道，每秒上千立方公尺流量的岷江因此斷流，遭截的江水於是倒流，掃蕩田園農舍、牛馬牲畜；疊溪地勢高，注入疊溪壩的江水，又倒淹到其他河壩，大水隨群山迴旋彎繞，在各山崩處造成大大小小的「海子」（堰塞湖），疊溪與周遭數十羌寨覆滅，死亡人數將近七千。

這場劫難還沒結束。震後第四十五天，岷江上游的大雨讓這些地震湖再次崩潰，高約一百六十公尺的疊溪壩潰堤，大水傾湖而出，攜著泥沙巨石沿江滾滾而下，江水浪頭高達二十丈，怒吼震天，十里外皆聞。沿江村鎮田地皆遭毀，數萬畝農田莊稼全無，人畜都被捲入水中，又有兩千五百多人喪命。川軍不停派人向中央的蔣介石政府求援，卻始終遭到漠視。茂縣宛如孤島。

有時遇到老人，我們會問起這段歷史，而他們卻只是笑笑：「比起小時候，現在人命比較珍貴，很多人來幫助，而黨的政策也比較好。」茂縣納普村長龍明杰以前也曾聽老人說到這段往事，細節卻記不太清楚，就連二〇〇八那年地震，聽他說起來都很淡然。

疊溪往南五十九公里處，約一個小時車程，是納普村。從地圖上看，納普距離茂縣縣城很近，但真要往村裡走，卻得花上半天的時間。這些羌民們聚居的寨子，一般都在這樣的高山深壑裡，不是外人隨便就能找路進去的。

越往山裡走，雲霧越濃，林木也更顯茂密，村長龍明杰指著河谷處一塊工地說，那裡將蓋起成蘭鐵路，「以後四川到甘肅的交通會更方便。」

我點了點頭，卻也疑惑：從四川茂縣往九寨溝大馬路轉進來後，便再無柏油路，也無平路，眼前坑坑巴巴的泥土路，只要下過雨，車輪便會深陷泥濘中，山裡幾個村寨的物資農產都靠這條路運送，如此不便，誰能管得上鐵路興建是否給了人方便？那終究是農民可望而不可及的建設。

---

38 此為「五一二民間服務中心」（四川尚明公益發展研究中心前身）所做的調查。

「村裡的年輕人會出外打工啊。」龍明杰搖搖頭：務農種得少，農村年輕人都往城裡或外省跑，羌族青年更時常到新疆摘棉花，鐵路是南來北往載運民工的工具，很重要的。至於泥土路，「五一二後，負責援建茂縣的山西，替我們都造了柏油路，但之後泥石流，又把路打壞了。」他也很無奈。

順著山路往上，流水始終陪伴，潺潺聲響不斷，越望山裡走，綠意越盛，樹林越茂，玉米辣椒番茄處處，夏日甜櫻桃草莓滿布。「這是世外桃源吧？！」我忍不住開口，逗得龍明杰眉開眼笑，樂得說是，「我們村海拔二二〇〇公尺高，更美，我們羌族是雲朵上的民族。」

這山林美得有些讓人吃驚，白霧裡的蔥綠若隱若現，要是真有仙境也不過就是如此。但這山林裡的綠意，並非全是天然樹林，龍明杰說，過去的確有木頭經濟，農民們有時會砍樹賺錢，但後來國家禁止伐木，甚至補貼農民植樹，只不過，植的未必是保持水土的樹木，很多都是果樹這類的經濟作物。「但如果沒有這些水果，就不能賺錢，年輕人也不會留下來。」

路真的難行，途中常有小車翻車，或是車輪陷入土裡的情況，造成上下車行堵住。只要被卡住，我就會下車走走，呼吸新鮮空氣，大概就這樣走走停停兩個多小時後，終於進了村寨，村寨口的雜貨店坐了整排人，他們都是來參加龍明杰親戚的葬禮的。

我們往他屋子走去。龍明杰的家是典型的羌族傳統屋：兩層樓的木造建築，廁所底下養著豬，一樓作為倉庫之用，二樓正中央擺著柴火，吊著臘肉。「我們已經不燒柴。」他順手摘了個野果，往我手上放：「地震時，像這種木頭房子不容易毀傷，也不會壓死人；只是，重建的房子都不用木柴了。」

這個羌寨位在大熊貓保護區，早在二〇〇七年，世界自然基金會推動了一些計畫，讓農民有事做，不至於去砍柴，好保護這裡的生態環境；像是開辦羌繡班，就可以增加婦女的副業收入。龍明杰的妻子王德珍就是羌繡班班長。

「我以前不知道自己做的東西可以走出這個寨子，甚至走到外省去，還可以讓國外看。」王德珍笑說，過去以為繡花不過家務事，是村裡婦女打發時間用的，完全掙不了錢，也上不了檯面，「我們以前為了貼補家用，都會去砍柴，現在不讓砍了，種東西反而可以得到一些補貼。」

中國第一次進行全國森林資源清查，是在七〇年代時，第七次調查則於二〇〇八年川震之前結束。災後，中國國家林業局進行第八次調查，結果發現不論森林面積或質量都有增加，而天然林是「穩步增加」，人工林是快速發展，總體而論，森林面積二點〇八億公頃，森林覆蓋率已達到二一點六三%；二〇〇八年後，中國人工造林已達一千三百萬公頃。中國政府評估這個快速造林計劃每年有利蓄水五千八百一十億立方公尺，吸收二氧化碳八十四億噸。林業局長趙樹叢在記者會上表示，中國可造林面積、可造林地大多是在西北和西南地區，有三分之二的是質量比較差的林地，過半是年降雨量在四百毫米之下的乾旱和半乾旱地區，「我們將進一步加大科技攻關，進一步研究推出抗逆性的耐旱的品種，在這些地區要適地適樹地進行造林綠化，……就是我們的造林要適合這些地區的生態需求和自然生長規律。」[39]

但專家卻質疑中國政府幾乎都在發展人工造林，忽視天然林修復，而且，中國林業政策只看覆蓋面

39〈專家：中國造林計畫過於片面〉，德國之聲中文網，2014.02.25。

積，卻不管整體。「新造林的品質不好，在快速造林的同時，也有數據顯示天然林面積正在減少。」中國科學院昆明植物研究所研究員許建初在媒體上表示，地方政府常常會選擇種植果樹和橡樹等非本土植物，追求經濟效益最大化。如此一來，非但沒有解決乾旱與半乾旱地區的難題，讓糧食生產、土壤侵蝕與缺水狀況一起發生，「他們應該將農業視為一個整體，全面的解決生態系統問題。」

然而，對龍明杰這些農民來說，政策太過複雜，照政府規定做就是了。他自己種了很多可以換錢的果樹，卻不見得同意其他經濟作物。有一次，他指著對面山頭被鏟平的坡地說，「那兒種的是辣椒，要先砍了樹才能把地弄平。但因為這些辣椒太珍貴，就要用藍色塑膠布蓋住。」

嗯，在綠瑩瑩的美景中，非常突兀。

「種花椒多好。」龍明杰對花椒如數家珍，甚至說到茂縣是在一九三五年開始有花椒。

「怎麼記得這麼清楚？」我對龍明杰的記憶點一直感到好奇，他卻答得理所當然：「因為是民國時代啊，所以我記得。改革開放後，政府開始給我們苗子。這裡有水果卻是十年前才引進的，原本羌寨裡只種馬鈴薯和玉米，經濟作物只有花椒。」

他說，這裡的羌民家家戶戶、門前屋後、遍山遍野都種花椒，而他的花椒田就在路的另一邊。每年三月栽種花椒苗，八月就是採摘果實的季節，「以前，我們納普村村民跟其他地方的羌民一樣，都要背著七、八十斤一背簍的花椒，到茂縣縣城去賣。但近幾年來，公路修到了我們村子口，開始有一些花椒老板到我們家來收，我們就不用走六、七小時的山路到縣城賣花椒了。」

我想著剛剛走過的路，懷疑所謂的「村子口」是否是要捱過那些坑洞泥路，讓農車走個一小時才到的國道路口？但沒有機會問，因為龍明杰興奮地談著花椒的一切，例如政府的技術指導提高了花椒品質，花椒也獲得豐收。不過地震那年收取花椒的老闆變少了，花椒的人工採收價格也變高了，花椒也就賣不出去。那時，他跟村民都巴巴望著堆滿屋子的鮮紅花椒，發起愁來：為什麼賣不出去了呢？誰來收我們的花椒呢？家裡娃娃讀書的學費又從哪裡來呢？

後來，在何有信等人推動的花椒合作社的協助下，椒農只要將收成交給合作社就好，不需要煩心其他事。「以前沒有經濟來源的時候，我們的生計主要依靠花椒；現在產業結構調整後，可以發展的產業增加了，花椒還是我們的主要經濟來源。」龍明杰順手摘下門口的紅莓，遞給我：「假如有人不要我們種植花椒了，我們會很難過，因為那跟失去親人的感覺一樣。」

我想起要進納普村前，有個牌子寫著「花椒示範區」，肯定是他推動的結果。「花椒有這麼好？」我咬了一口紅梅，酸味溢了出來。

「花椒的根可以扎得很深，可以防風沙、防風土流失，並起到綠化的作用。花椒的果實很小，並不好看，卻是川菜之王，默默地奉獻著它的麻香味。我們羌族人不就有著花椒一樣的性格嗎？」

就在我放聲大笑時，龍明杰不知從哪裡變出一杯水給我，說是用自家的蜂蜜泡的。他連蜜蜂都自己養，屋前就是八十箱的蜂房。「以前養蜂都用圓木，一年只能取一次蜜。現在科學養蜂，想要取的時候就取囉。」龍明杰給自己也倒了一杯，雙手捧著熱水，用嘴巴吹涼些，繼續解釋蜂蜜都提供給成都的商人，每次只賣一些，是等著兒子大學畢業、閒來無事做的活兒。「這是野花蜜，寨子裡都是野花。蜜蜂對水果的花，看不上眼。」

這杯蜂蜜水喝完時，時針剛好指向四，他將杯子收拾好，說要帶我去吃午餐。「這麼晚？」我嚇一跳。

「中午親戚都在忙葬禮，所以午餐晚點吃。」原來他是要帶我去村口的那個喪家，「快，大家都在等我們呢。」

沿著坡道往下，不到十分鐘路程，就到了一棟兩層樓、沿著坡壁而蓋的水泥房。眾人都聚在一樓陽台聊天、泡茶、打麻將，而婦女們則繡著花。我與這家的男人們在二樓大廳吃飯，眾人不停倒酒，氣氛很好。

「地震，不嚴重吧？」不知道該說些什麼，我只好又問地震。

「那是中午，大夥兒都在外面工作吶，只覺得地怎麼搖了起來。」

王婆婆卻說，她當時在田裡幹活，看著石頭一直往下落，旁邊的房子倒了，「幸好是白天啊，晚上就慘了。」眾人也說，是啊是啊，幸好寨子無任何傷亡。

「那個時候，整個茂縣只有十四個傷亡，都是旅遊的或是找親人的。」

葬禮過後，大夥兒靠著聊天平撫心情，氣氛輕鬆。除了白布與悼念文字，沒有喪家的感覺。即使我問起地震，他們說起話來也輕輕淡淡的。

「羌人怎麼看待死亡的呢？」回程的路上，我向龍明杰問起這問題。

「老人去世是很自然的，像這戶人家的主人是高壽去世，這是值得慶祝的事。」他接著解釋說，如果年輕人死亡，大家都會感到悲傷，「不久前，村裡有個聽障、啞巴，因為腎臟病去世，我們都覺得很難過。雖然他是殘障，可是他是我們的一分子，他還很年輕，才二十多歲啊，會得病，是不是因為我們沒好好關心他呢？那個時候，村裡的年輕人都回來送他一程。」

這個問題，我也問過劉陽，當時他說，對於因地震死亡這件事，羌人有自己的解釋系統：「樹子會倒，果子會掉，花會老。生命總有結束的時候。」他們以平常心看待死亡。

雖然是六月，但到了傍晚、入了夜，高山上的羌寨卻有冬夜的寒意。我們一邊烤著火，一邊靠窗聊天。

「你們這支羌族來這裡多久了？」我問龍明杰。

他幽幽地說：「很久很久囉。」隨後指著家門前約三百公尺遠的大樹木說：「這恐怕有五百年以上的歷史了，我們族人來時它就在了。」

一棵不會說話的大樹，已說盡所有的故事。

不該重建的映秀

從地震中建起的映秀新城，由成排的三層樓式仿中洋房所構成。雖說是住家，但屋簷上頂著象徵羌族的羚羊角設計、窗邊懸掛著的五色風馬經幡，活像裝飾似的，散發出某種觀光樣板的味道。

「妳一定會很吃驚。」我第一次進映秀前，成都的朋友已給我打了個預防針：「這不過就是些帶著民族特色的樣品房。」或許受到他的暗示，走在映秀新鎮裡，只覺自己處在一個臨時搭建的戲棚裡，殺青後或許就會拆卸那般，沒有什麼真實感。

這次在近晚時分走進，這鎮更顯冷清，除了拖行著的行李在磚石路上滾得喀拉喀拉，再無聲響能與溪水較勁。只有舉著小旗子的導遊領著遊客數人走過，才能為這街道添點人的氣息。

一個婦人見我四處張望，走上前問：「要住宿嗎？」

在土石流打爛的國道上顛簸了數個小時，我已累到無法說話，點了點頭後，任她拉了我的行李往裡走。上樓後，婦人俐落地推開房間門、打開窗子、扭轉風扇，說明一下盥洗設備，便將關門離開。

這段行程已走完一半，身心都像是捱過了漫長的重建道路，想要安定下來，卻還有許多不安與疑惑，不確定少了什麼或遺漏了什麼。每到這個時候，我就會翻書，讓頭腦冷靜一下。

《大地呻吟：中國基層政權運作現狀的觀察與思考》這本小書，是我的隨身讀物之一，我翻到讀到一半的段落，在旁邊劃上記號：「古代中國皇權不下縣，草民遇災年，縣衙頂多能做的是開倉放糧架鍋捨粥。但進入現代文明國家，基層政權卻是必須要管百姓的吃喝拉撒衣食住行的——甚至可以說，這是縣鄉兩級政府的主要職責所在，因為管理好這些，災民才不會變為飢民、刁民甚至暴民，天下也就不至於陷入亂局。」

中國作家野夫在二〇〇八年春季，前往四川紋江進行調查，地震發生時，剛好在地方政府裡採訪。他形容那短短幾分鐘裡，城鄉內外像被核武器擊中一樣，都是建築物折斷的恐怖聲音，聽不到人聲，要在金石迸鳴停息後，才聽到各種悽慘呼救。當時，正在磨刀的農夫老張飛快跑出，看著自己支離破碎搖搖欲墜的房屋，生氣罵道：「龜兒開發區，你蝦子放砲就放砲，何必裝那麼多炸藥，老子看你敢不賠我房子。」

老張確實找上了政府討公道，他拉住了紋江區書記老吳：「你們共產黨天天說為人民服務，發生這麼大的事，你咋也不打個招呼？你們負責賠我的房子嗎？」老吳只能苦笑說，賠償不是這個小地方能承擔的，只能等著中央傳下的賑災政策。當時，地方幹部們已經開始救災行動，有些人搶救傷患、火化死者，再去為每個垮房與危房拍照登記，同時檢查轄內各種公共設施，救助那些所有一切都埋在屋瓦裡的災戶。更重要的是安撫災民。

「在中國，鄉鎮幹部是最底層的公務員，再之下的村組幹部是拿補貼的農民。」野夫寫道：「平時，負責三農問題的鄉鎮，是國家穩定的基石，看起來無所不管，實際上卻沒什麼權力。尤其國家規範了鄉鎮幹部的職能跟紀律後，更多時候是他們要向農民鞠躬作揖。」

我忍不住想起茂縣羌寨裡的龍明杰。雖然地震沒有在納普村製造嚴重災情，但道路中斷、物資缺乏，農務生計皆受到影響，他費了好大的勁兒才解決問題。我離開茂縣前，村委書記剛好到龍家拜訪，就著中央電視台的播報聲，他們語氣激昂地向我解釋災後的種種困難，但如果不是地方幹部同心協力，怎能解決這些問題？「黨真的很好。」王德珍不想只讓丈夫攬著功勞，趁著上菜的時候補上幾句：村黨部真心為人民服務，作為一個黨員，她很光榮。我這才知道，王德珍花了好多時間和努力，終於在不久前取得黨員資格。因為入了黨，他們夫婦覺得肩上的責任更重了。

那一刻，我才突然發現，關於災後的種種評論，不是對中央的讚揚，就是對中共政權的批判；然而，真正面對災民、處理繁瑣事務，並修補問題的，是地方基層或黨員。這個角度很值得探索，也應該繼續鑽研下去，但讀了十頁的「地方政治」，讓我更覺疲倦，便想趁著日頭還掛著的時候，出門走走。

「要出去啦？」民宿老闆娘正在一樓廚房洗菜。我的腳步聲驚動了她。

「嗯。」我點了點頭，剛好走下最後一個階梯，「這房子什麼時候蓋好的啊？」

「二〇一〇年夏天，」她擦了擦手，「我們二〇一一年父親節左右搬進來的，那時還舉辦了個爸爸宴。」

整整三年，我在心裡算了一下，旋即抬頭看了天花板和樑柱，還想多問些什麼，卻怕突兀，硬是吞下滾到喉嚨的好奇。不料，老闆娘卻順著這個問題，說起地震後她所經歷的驚嚇、折磨與失去——而她的丈夫在山林裡，親眼看著同儕被巨石壓死，獨剩他一人涉險回到家裡。

受災經歷攤開來其實都大同小異，人物細節雖不同，但內容背景可以替換，架構都不會有太大差異，但人們鮮少會對這樣的故事厭煩，總是仔細讀著那些劫後餘生、或是盯著螢幕觀看家屬哭嚎。

現在的我就是如此，即使已經聽過許多災難經歷，還是會被吸引。老闆娘尤其能說，語氣隨著情節起伏，半個小時氣都不喘一個。那些發生都被細節撐起，所有轉折都順著邏輯，我在心裡讚嘆她的敘事能力。

「我的娃娃死了！」

先前的精彩竟都不是故事的高潮，猛然這句，嚇得我都傻了。

這個時候，老闆娘聲音已沙啞，說地震發生後，她始終認為那正在學校上課的女兒肯定沒事。數天後，徒步走進映秀鎮的她，卻只見校園頹圮，不免又驚又痛，不斷在校門口哭求救援。

不久，女兒的班導看到她，在她面前又跪又哭拚命道歉，說孩子因為被絆倒而來不及逃離教室。「地震時，我以為學校是最安全的，真的沒想到最脆弱的地方就是那裡。」她說，那學校裡三百名孩子，就有娃娃兩百再無法回到父母懷抱裡。

聽完這段傷心事後，我對自己的自以為是感到羞愧：不管災難故事的架構如何類似，對當事人來說都是獨有的經驗、只能自己舔舐的傷口；而對像我這樣一個外人傾吐，就是一種讓傷口結痂的過程。看著她的表情，我突然瞭解咬牙切齒的痛是什麼模樣。

「就當是沒緣分吧。」像是面對一場漫長戰役，老闆娘在悲憤之前繳了械，「如果她還活著，今年已經十七歲了。我到現在都還記得那小學的樣子。」

一個七歲的男孩坐在我面前專注玩著遊戲機。地震發生時，他還是個一歲的嬰兒，若不是他在地震前嚎啕大哭，媽媽與外公只好帶他去河堤散步，或許這家子的故事會更哀傷。男孩的表情告訴我，這些故事他聽過很多遍了，知道自己有個姐姐已經不在了，知道自己怎麼長大的，所以安靜乖巧不吵不鬧待在店裡陪媽媽，絕對不生事。就像此刻，不發出一點聲響，就是看著遊戲機。我一時也不知說什麼，順手摸摸孩子的頭。

就像扯動線頭就會滾了一地毛線球那樣，老闆娘沒有辦法停止說話，主動接起了我的沉默，細訴災後種種：一開始，二一三號國道不通，解放軍只能空投帳篷給他們遮風避雨；半個月後，災民自己組裝簡易板房，初期的板房相當簡陋，有雨必漏；而他們連水都沒得喝，成天就靠消防水過活。

她往外比了比，說板房就建在地震遺址公園那兒，他們就在那裡住了一年。吃的還是有的，連續三個月都可得到一斤米、半斤油和三十元人民幣。

我想起野夫的書也有提到——震後初期，受災資料還沒完全被核實時，中央就已經透過電視廣播傳達救災政策，當時發布的消息是：每個災民每天十元錢、一斤糧，只給三個月。但誰是災民，誰有資格得到補給，卻留給地方政府把關審核。剛開始災民都沉默地在廢墟裡爬找殘物，自己在空地裡搭建窩棚，沒停過農事；可是，當問題接連而來，他們也只能跟政府討公道，所謂的「政府」，也就是那些鄉鎮幹部。幹部一邊走訪萬戶人家，一邊搞清楚各種問題，情況已經很窘迫了，中央還不斷催促地方上繳資料，好解決財政交通水利教育電力等問題。

「這是一個用各種表格和數位管理的國家，不及時上報和釐清資料，就會影響救災的大計。在這種十萬火急的時刻，是動輒得咎的。」野夫忍不住評論：但許多賑災政策還是在統計資料未上達前就發布了，因此，像十元錢、一斤米這種政策就很粗糙，不知道標準在哪裡。即使地方想要公正，也是沒有辦法的，因為災民們想盡辦法要爭取各種身分和補助，地方也只好睜一隻眼閉一隻眼，最後真正困難的人沒有被照顧到。

除此之外，「撫卹」也是政府的救災補助項目，但這筆錢的處理更是曖昧，野夫於是提出自己的觀察：「對鄉村社會來說，六百元也好，四十五元也好，很多時候他不是會計項目，是代表政府對災民身分的某種確認和重視，是一種無處可洩、無仇可報的怨氣塊壘。」如果因為這種細節失誤，導致喪家不火化，甚至抬屍哭喪，那最後基層政權付出的代價會更高。

老闆娘自然不會明白這些政策細節，只說自己安安順順地靠著政府的少許補貼，撐住了整個家，而父母因為社保，災後至少有些保障，也讓她能安點心。畢竟，需要操心的事太多了：一年不到，為了重建映秀，政府強制要求她們遷離，宣稱不論在外租房或借住親戚家都好，每人每個月都能得到五百五十元津貼。

「就算我不想走，也還是得離開。」

「真的不想離開嗎？」

「家破人亡，這裡已經是傷心地了，走了也好，不想再住了。」她說，可是政府後來不讓他們走，因為，災民走了的話，錢就不會再進映秀了；如果捐款不來，中央的錢也不會進來。對他們來說，這是一個兩難的抉擇，「可是，走了也沒拿到那五百五十，回來也沒那五百五十。聽說很多人捐錢給我們……，我都沒看到那些捐的錢在哪裡。」

她突然生起氣，指著地板說：這房子是廣東援建的，當初說免費給，一戶可以住一到三人，但後來又說，每平米要繳七百七十元。

「這房子多大？」我連忙打斷。

「一百平米啊。妳算算我得花多少錢？我有這錢嗎？」老闆娘擺了擺手：「沒錢，他們說沒錢可以貸款。我們貸了兩萬元。因為，要先繳兩萬元才能住進來。沒繳錢，就讓我們沒水沒電。」

七萬七，我心想，像她這樣失去土地、失去財產的農民來說，再便宜都是沉重的負擔。

「我每天醒來就為錢發愁。」她整日惶惶不安，因為沒拿到房產證，不確定房子是否屬於他們。政策的模糊與變化，造成災民的不確定感，像是說免費給的房，竟要貸款購買；以為貸款無息，卻在住了三年後，有人上門討債，這才知道原來貸款要三年內還清，否則得繳交利息。「前幾天來的那個人說，一天得繳七元利息！」

但問題還沒結束，老闆娘繼續算著那些該得而沒得的，像是女兒死亡應得的賠償金，也與最初政府承諾的有出入——原本中央應允給每個受難者家庭五千元撫卹金，學校則宣稱給家屬六萬人民幣，如果孩子有保險，受難者家庭便可再多領這些錢。她說自己並不是在乎這些錢，她要的是解釋，可是政府只拿錢來應付他們，他們卻沒拿到這些數目的錢；不只如此，一個北京記者還告訴他們，政府給的錢有二十萬人民幣。「可是我們都沒拿到啊，這些錢往哪兒去了呢？」她喃喃地說，怎麼會這樣？他們的孩子怎麼死的不清楚，能拿到多少錢也不知道。

事實上，災後一個月，中國審計署便公布汶川地震抗震救災資金物資審計情況[40]，批評救災過程中「管理不夠規範、政策不夠完善、執行不完全到位」。其中包含：部分鄉鎮尚未完全落實「每天一斤糧、十元錢」的救助政策，個別地方在國家統一規定的地震遇難者撫慰金之外，又發放了地方撫慰金，且各地標準不統一，易引起相互攀比、產生矛盾……。但報告中的這句「向災區捐款過程中涉嫌以權謀私等違法違規問題」卻被輕輕帶過。災後一年，更多貪汙、挪用的情事被揭露，但這時候，人們還不知道這個問題日後竟能越滾越大——災區陸續掀起上訪潮，四川近十位地方官員因涉嫌貪汙重建資金相繼落馬。

面對這種賠償不清的狀況，映秀家屬們決定一家出一百塊，派幾個人到北京上訪。老闆娘本來以為到了北京就可以討個公道或解釋，但人一到北京，就又被送了回來——在這國家搭火車需要身分證，住宿也要身分證，政府可以掌握人民的行蹤，當這些映秀母親到了北京準備投宿，身分證一刷，就有人警戒，認為是來鬧事。於是，她們全被送回「成都」，因為，政府不准他們回到映秀。

這個傷心的母親雖抱怨不斷，卻也不忘強調生活被「黨」照顧了，在政府的好與不好之間反反覆覆，或許這心結太難，竟引得淚珠奪眶。我又無語了。

喀拉喀拉的下樓聲，打破此刻的沉默。一位帶著兩個孩子旅行的父親走下樓，詢問前往都江堰的交

40〈北京：管理不夠規範，尚無重大違規——審計署公布汶川地震抗震救災資金物資審計情況〉，新華社，2008.06.24。

通後，順勢拉著一張板凳坐下，熱切分享他在映秀鎮參觀的見聞。

這位年過六十的老父親家住山東，未曾體驗地震滋味，但二〇〇八那年從電視螢幕上接收到的視覺刺激，便以為自己也經歷了同樣的災難。這次親訪現場，是兒子要求的：他的大兒子在成都讀大學，老父親趁著假期帶么兒探望大兒子，父子三人順道走訪川地，他們想看看這歷經劫難的祖國土地如何重生。事實上，不需到訪地震博物館，也不用什麼精心導覽，他們光是踏進映秀鎮，便很是讚嘆：這個城鎮徹底脫離農村的土氣。老父親激動極了，直說當初看電視看得心都疼了，真的是太慘了，「但是，在黨的英明領導之下，現在不一樣了啊不一樣了！」在旁邊努力辨識山東腔的我聽懂了這句話。

「我知道黨很好，如果沒有黨，還能活嗎？我們連一口飯都吃不了。」老闆娘附和：「但是……」。

她有許多「但是」，每個「但是」都承載著濃濃委屈，想了想，頓了頓，欲言又止，還是控制不了情緒，痛罵映秀地方政府官員和四川省政府官員，說這個後來因為貪腐被抓，那個因為汙了錢被捕，「廣大人民的愛心捐款，我一個子兒都沒看見，原來進了他們的口袋。我們災民的錢，也要被催討。」

山東大叔聽了這些話，忍不住搖頭，直言不信：「怎麼可能呢？總理那時不是宣示清廉嗎？要有清楚的帳戶。」我對這位大叔能背出政府政策，心裡稱奇。

「是啊，但好的是中央，貪的是地方，人都被抓了，還不信嗎？」老闆娘說，當時只要有媒體來採訪，災民就得說國家好黨好，因為地方政府的人在鏡頭外監視，還恐嚇他們，沒人敢說真話。她也知道國家好黨好，但地方官就是不好啊。

「村長那些人震前連一根好菸都抽不起，現在卻開著好車，有了幾間房子，那還不擺明著嗎？」談到災難她不掉淚，說起女兒她也沒哭，等待重建乃至分配問題疑惑委屈滿溢，也只是語氣上揚，溼了眼眶，但罵完這些狗官幹部後，她舉起手擦起眼淚。

這眼淚一擦，彷彿牽動了所有被壓制的情緒，老闆娘再也忍不住，哭嚎了起來：「我的娃娃死了，我都死了一個娃娃了，他們不讓我們上訪……他們不讓我們上訪啊……。」

山東大叔慌張了，「啊，妳有一個娃娃啊。妳的娃娃死了啊？」

「我是農民，但我的地都沒了，我有個房子，但我沒有錢……。」她不停說著，「但是」，但是，但是，還有好多但是……。

映秀鎮民大多做些小生意，不是開餐館、就是經營民宿，要不就是賣衣服或手工藝品。他們原本是農民，有自己的田地，有些人甚至養魚兼營農家樂，雖不算富庶，日子也還過得去，努力一點攢個百萬資產沒有問題。災後，他們被迫搬離破碎的土地、住進這個新城鎮裡，政府絲毫沒有分給他們農地的計畫，僅建議他們利用新房經營民宿和餐館。

畢竟這裡是震央，能吸引遊客。

但我所遇到的鎮民對此不以為然，像是民宿老闆娘就直刺刺地說：「來幹嘛呢？你來過一次還會再來嗎？有什麼好看的？這裡什麼都沒有。什麼都沒有！」她扯著嗓子大談生計困難，後來又說自己其實不想抱怨：「本來地圖上還找不到映秀這個地方，現在它世界知名。我還能說什麼呢。」

確實，每個往川西高原而去的旅客都會在映秀停一下，繞一圈，感嘆幾聲，再上車離開；有些人會吃頓飯、過個夜，在周遭晃一晃。重建完成的頭兩年，每逢過年或黃金周，遊客跟滾落岷江的土石一樣塞爆這個小鎮，但熱潮很快就退了，居民開始覺得生活困難，不如離開。

一個在地震中死裡逃生的藏族婦女就忍不住向我抱怨，說自己雖然分到房子，路也建得好，但還不如過去那種簡單的房子與日子，種種玉米、養養魚就能生活，如今日子過得很辛苦，醒來就得操心，都犯胃病了。「現在過一天是一天。」她坦言留在這裡，只為了孩子，「等孩子大了，我一定要離開這裡。」

不論外界如何盛讚映秀重建成果，談論居民重新站起的生命力，對於居住其中的人來說，這一切都不踏實。類似的質疑聲音，在重建後一年就已出現，二〇一二年，就有媒體評論道：失去耕地的映秀災民只能依賴觀光，但觀光業根本無法解決這城鎮的生計問題。就算在外人眼裡看來，這些村民的生活「躍進二十年」，但事實上，對居民來說，少了經濟生態就是一種倒退，而這種倒退，不是外人願意關心、能夠體會的。[41]

但映秀新鎮的問題，不只這裡的居民獨有，鄰近的張家坪也有類似問題。災後，張家坪有九八%的房屋倒塌無法居住，九五%的土地被掩蓋和徵用而無法耕種，就連山上剩下的那五%的土地也因汙染而無法種出農產品。幸運的是，他們沒有遭到迫遷，倖存的九十八戶村民都被集中安置在一個雙排樓房新區裡，然而村民關係卻變得冷漠。根據當地社工與民間組織釋出的資料顯示，這些樓房有七成門戶緊閉，但這並不意味著「足不出戶」，許多家庭只是因為擔心被土石流活埋或「生計歸零」而長期外出，根本就不住在這裡。

「主流價值觀的衝擊強化了人們對物質的過度追求，再加上生計歸零的生活壓力，經濟收入滿足不了人們對金錢的慾望，一些村民便選擇到更熱鬧的地方做生意或外出打工，社區裡面只剩下一些老人……。」協助重建的廣東團隊在一個公開場合[42]中坦言這是個不容易解決的難題。

這些外來團隊採取和政府一樣的方法：鼓勵住民把住家改造成民宿，以觀光活絡經濟。當然，他們清楚「災難觀光化」的問題——觀光之所以變得如此淺薄，就是因為地方政府在爭取國家級旅遊景區過程中，只懂得規劃、組織上千人的旅遊節慶活動，讓大眾旅遊主導市場，因此，絕大多數旅客到災區也只是「到此一遊」，不知道怎麼跟地方產生真誠的互動。這樣的「觀光經濟」自然不是他們所企圖的，但他們得面對並改善這種處境。

但最根本的問題，或許不在重建本身，而在最初的決定：走或不走。城鄉制度研究者童大煥在〈不該重建的汶川〉這篇文章中，以「表面富饒內心空洞和貧窮的災後重建場景」開頭來表達立場：災區不但不該被重建，甚至要強迫災民完全撤離。

每一場大範圍、大規模且破壞性強的災難發生後，原地重建或遷村都會成為重建規劃方向與議題。

41 閻丘露薇，〈重回汶川〉，2012.05.07。

42 二〇一四年，新故鄉文教基金會舉辦了九二一地震十五周年國際災後社區重建交流會，會中，由廣東綠耕社會工作發展中心報告其在汶川災區協助重建的歷程。

汶川也不例外，有異地重建的主張，就會有原地重建的堅持，有一派專家認為災區地質經過治理，就能恢復原來的樣子，甚至諷刺異地重建是一種「逃跑行為」：「汶川縣城有兩千多年的歷史，是我們的祖先用生命和鮮血找到的這個安全島，不應輕言放棄。」

但汶川人不同意這個意見。災後一個月，《新京報》的調查顯示[43]，有高達九七點六%的居民支持異地重建，因為他們擔心土石流毀滅家園。這家媒體評論[44]：「你可以說他們被嚇破了膽，但這就是他們的真實感受。」

因為找不到其他理想的異地，汶川縣城最後仍然原地重建。童大煥因此抨擊這種急速且加倍奢侈的重建：「汶川重建，只不過是我們的城市化誤入歧途的一個典型標本。迫在眼前的災難面前仍然無知無畏，面對人口過度留在生態脆弱地區從事農業生產的慢性病似的生態災難，就更是幾十年都不當回事。」

原地重建不代表事情底定。映秀附近的草坡鄉雖然原地重建，但一次嚴重的土石流讓那個地區的水電通訊道路等基礎設施毀損，農地與住屋都遭破壞，專家評估這個鄉鎮已經不適宜人居，要求遷村。協助重建的團隊因此憂慮，擔心草坡鄉變成第二個映秀鎮，同樣會面對缺少自然資源、失去生計來源的困難。

這些困惑跟討論對台灣來說並不陌生，有好幾次，整個社會都陷入在類似的爭論裡，不論哪一方都會堅持自己的道理，聚落、親人因此爭吵，甚至失和。我時常在採訪現場窺見這樣的裂痕：拒絕遷村的災民堅持土地與文化根源的重要性，暗諷另一方背叛；願意遷村或選擇搬進永久屋的災民則感到受傷委屈，他們只是想趕快安頓生活，睡個安穩的覺，不願驚惶過日，為什麼要被譴責？

我們這些媒體工作者，也是這種決裂的幫凶——二〇〇九年的莫拉克風災過後，遷村和原地重建的爭執，撕裂了每個受災的部落與社區，經由媒體放大，無關的人也都捲入戰局中，但不論怎麼爭論，民間負責的永久屋很快就蓋起，遷村的事宜也沒有什麼妥協的餘地，那些被迫遷移的原住民部落面臨跟映秀一樣的問題：失去土地、依賴觀光、人口流失……。

政策之所以如此專斷、決策如此快速，源於九二一重建的「緩慢」，而那段重建過程，則被全景工作室細膩地記錄下來——如果觀眾在觀看過程中感覺到的是各種繁瑣、挫折與感受，那麼放大百倍或許就能貼近災民所處的現實。

例如陳亮丰所拍攝的《三叉坑》紀錄片，就深刻描述九二一災民的困境：位在大安溪上游的泰雅部落，因為地基崩毀而被專家判定危險，要求遷移。即使遷移的幅度不算大，只是避開危險區，往旁邊的土地移動，卻因涉及徵收、變更地目等等繁雜程序，讓難度大大提高——因為貧窮，族人的土地已經轉賣給平地漢人，整個部落幾乎打零工維生，若要取得重建用地，得向這些地主徵收，崩壞的土地則收回國有。

災難與重建，不過是揭開歷史結構問題的引子而已。震後，鄉公所調查災民遷村意願，但從頭到尾

43〈危城汶川遷留之爭：逾九成民眾希望異地重建〉，《新京報》，2008.07.14。
44〈以科學和民意化解汶川重建爭論〉，《新京報》，2008.07.15。

聽鄉長說明、確知遷村事宜的，只有一位長老而已，其他人都在懵懵懂懂中表示同意。畢竟蓋房子要貸款，而原住民沒有土地權狀——山地保留地均被強制編為國有財產——貸款無門。族人沉默地接受這個命運，然土地徵收啟動後，仍擁有土地的少數人情緒反彈，因為他們的利益就在這重新分配的狀態下被犧牲，但最後，還是妥協了。

這些原住民還算是幸運的，他們在社工黃盈豪的協助下，根據泰雅文化中共食共作的「gaga」精神，靠著他們既有的社會支持系統，捱過生計困難、沒有產業的階段。更重要的是，他們因為保有土地，才能繼續耕作，從而發展自己的社區產業。

出身南投的黃盈豪，自己就是災民，地震後卻選擇跟著師長帶領的社工隊伍到三叉坑等部落駐點、協助重建，這些部落也成為九二一最成功的重建據點之一。

「九二一是現代台灣首次面臨的大災難，這個災難也撐出很大的空間，讓我們這些年輕人有機會回到故鄉，找到空間與土壤發揮創意與專長。」儘管這段路有些波折，但日後回顧這段歷程，黃盈豪感到樂觀與驕傲，直稱那是困難且珍貴的經歷，「當然，也是因為過去台灣沒有經驗，也沒有規格限制，才玩出許多有特色的成果。」

大安溪上游是雪霸國家公園，這些部落也沾了點它的光，獲得些觀光收益；不過，黃盈豪很清楚，重建的基礎還是在於土地，不論是友善土地農業或是農產加工，都是以土地為基礎，畢竟，農業耕種的門檻低，是大家能夠一起做的事，如果當初選擇的是旅遊業，就得要有足夠的資本與經驗，如此也可以想見——最後會是外面的人進來做，而原住民只是被抬出來當門面而已。

黃盈豪也曾在川震災區待上三年，對於川地重建的問題也算是瞭解：「川震跟莫拉克風災重建的狀況很像，都是政府主導重建，川震尤為獨斷。對我們這些台灣社會工作者來說，到四川服務的意義，無非就是學些經驗。」

重・生

我對倪孝蘭的記憶，停留在二〇〇八年那個灰暗羞澀，怎麼也打不起精神的樣態，以至於隔了六年，眼前這個戴墨鏡、穿著桃紅色短衣、黑色短褲的矮小女子邊揮手邊朝我們這兒走來時，我毫無反應，直到王睿那聲「倪阿姨」響起，我還四處張望，不知道人在哪裡。

「倪大姐，妳氣色真好。」我坦言自己認不出來：「變年輕了。」

「我兩年前面癱了，養病養好久。」倪孝蘭拍了拍臉頰說，有一天醒來，突然發現左半邊臉動不了，眼睛也閉不起來，醫生認為是她長期「嘔氣」所致。我後來才知道，災後頭幾年，倪孝蘭經常做噩夢，常常會陷入夢魘，呼吸困難，無法動彈，但只有這個時候，她才能感覺到女兒在她身邊。有一次，她忍受不住了，哭叫著：「媽好想妳們，可是媽媽好難受。」嚎啕大哭後，這才感到舒服了些。

王睿連忙接話補充：因為顏面神經失調，倪孝蘭有陣子不能哭也無法笑，日子過得辛苦，針灸師傅告訴她這病很難治，畢竟她心裡積了太多事了。從茂縣下山的這些年，就算出國念書、在外地工作，王睿都不會忘記跟倪孝蘭聯絡，時不時就打電話問候、傾吐心事。從我的角度看，與其說她試著填補倪孝蘭內心空虛，不如說自己也依賴著這位傷心母親的關懷。

知道我要到四川，王睿主動問起要不要跟倪孝蘭見面，她說因為土石流太危險，倪阿姨已經不開車，都在幫親戚帶小孩，「妳到的時候，她剛好放假。」她仍然是我當年認識的那個熱心的女孩，貼心地幫我聯絡故人，卻也不忘留給我一條但書：「千萬不可以問倪阿姨地震的事。」王睿宣稱自己從來沒有跟倪孝蘭談過地震的事，就算意外聊到，也會立刻閃避話題。在這個年輕女孩的認知裡，只要不碰觸這些事，她的倪阿姨就不會傷心。

因此，當我聽完這段面癱的經歷，除了點點頭，就只能沉默。這已足夠讓我明白倪孝蘭是怎麼熬過災後這些年。

都江堰也撐過了一段重建期。六年前，我們與倪孝蘭在這城市見面那天，細雨陰沉，路邊那些龜裂傾斜的建築融在天幕裡，只有紅色的「危」字帶點生氣。如今這以水利聞名的觀光景點已經重生，天光明亮，我們的車在豔日下行過寬闊大道，直直往前行。

「去哪兒？」我問。

「玉堂。」

玉堂是都江堰轄下的一個鎮，如果要從都江堰上行映秀、汶川或九寨溝，多半行經此地。外地巴士會將旅客送到此地，而他們會自行招攬麵包車上山，因此麵包車師傅便都在此聚集，等著載客。倪孝蘭還在開車的那些日子，也多半在這裡跟姐妹淘一起招客，也習慣在這裡買菜。

或許明白我的疑惑，她轉頭補充說要燒菜給我吃，還丟給我一串問題：喜歡或不喜歡什麼？能不能吃辣？想吃什麼？

時間過午，市場已打烊，攤販大多收攤，空蕩蕩地，只剩一個肉販和幾個菜販，我們是唯一一組客人。即使倪孝蘭想大展身手，都沒太多選擇，只能在剩餘的菜肉裡東挑西揀。丈夫老鄧則隨侍在旁，幫忙拎菜。

我追上個頭嬌小的倪孝蘭，好奇地東張西望，她便對我解釋攤上的菜種：「這是萵筍。四川農家種這種菜，地震之後，很多人靠這個才能活下來吶。」

她跟王睿嘗試對我介紹更多蔬果，轉頭卻見我對著雜貨店門口一麻袋的花椒猛按快門，不禁大笑出聲：「台灣是沒有花椒啊？」

「沒有這麼奢侈啊，都是大麻袋裝的。」這些年，我時常惦念那整桌花椒調味的家常菜，只要看到花椒，就會想起曾在這裡相遇的人，但這麼肉麻的話我說不出口，只是叨念著：要吃這味，還是得到四川。

倪孝蘭順手遞給我一小片西瓜，說這叫「口口脆」：「台灣有嗎？」

因為我，這市場的每個物事的分類規則，便成了「台灣有」、「台灣沒有」兩種。倪孝蘭對台灣很好奇，希望有天可以到台灣，地震雖讓她失去女兒，卻多了台灣朋友。

離開玉堂，我們上了成汶高速公路。這是地震後一年新開的道路，因為都汶高速公路在前一年夏天的土石流中毀了，只剩這條路能往重建區走，途中還得經過一個四公里長的隧道，過了這條隧道，就是漩口，接著才是映秀。

「這就是紫坪鋪水庫。」過了隧道後，王睿連忙指向窗外，提醒我往外看。

王睿告訴我，倪孝蘭二十歲嫁給老鄧後，就定居漩口鎮，二〇〇六年，因為漩口被指定為紫坪鋪水庫興建地，居民遭政府強制遷移，他們一家只好搬到映秀，借居在老鄧妹妹的家中，小女兒鄧妮就讀的漩口中學更早在前一年就已遷到映秀鎮。

世界上少有一個國家如這個神州大陸一般，千萬年來總想著利用水、控制水、操縱水，四川自古以來的英雄傳說，更是與水有關：像是李冰與都江堰，更遠還有大禹治水。紫坪鋪水庫則是近代的例子：千禧年間，中國政府提出「西部大開發」政策，具體執行方向有四：西電東送、南水北調、西氣東輸和青藏鐵路，耗資七十二億人民幣的紫坪鋪水庫興建計畫便是西電東送的一個環節——因四川有八大水系，水利豐沛達全國之冠，廣設水電站成首要戰略目標，而這些水電站就是成都、都江堰地區的主要電力來源。

紫坪鋪水庫規劃之初，就有許多反對意見：有人認為，都江堰的水利樞紐工程的功能會因此作廢，千年文化便也跟著喪失；也有專家提出，這個壩就像在都江堰和成都平原的千萬百姓頭頂上懸著一盆水、一把劍那樣，風險很高。但在當時省委書記周永康主持下，這個僅次於三峽大壩的大工程還是進行了。動工一年後，四川地震局高級工程師甚至判斷水壩區位在活動層，不斷提出示警，卻遭到忽略。

最終，川震發生了，震央離水庫僅只十公里。中外科學家懷疑[45]，這場地震肇因於紫坪鋪水庫——

45 二〇〇九年一月美國《科學》雜誌發表了《四川大地震的人為誘因》的文章，指出「距汶川地震震央很近的紫坪鋪水庫可能從某種程度上引發了這次特大級地震」。持「不排除紫坪鋪水庫是誘因」的有德國工程事務所水利專家王維洛、四川省地質局區域地質調查隊總工程師范曉，以及中國地震局地球物理學家雷興林等人。但中國大部分科學期刊都否定這推測，像是中國工程院院士陳厚群等科學家就對這推論不以為然：「紫坪鋪所處地質構造相對穩定，所以，紫坪鋪水庫蓄水後，北川－映秀斷裂帶的原有水文地質條件不會受到影響。」而且，從四川省地震局水庫地震研究所統計的紫坪鋪庫區多年地震活動性可以看到，在紫坪鋪水庫蓄水後並沒有監測到發生水庫地震的現象。

這個鄰近震央壩體所承載的水量，遠超過其負荷而釀災；而公民記者翟明磊則發布調查報導[46]，指證多名科學家與工程師的預警，及其對紫坪鋪水庫的質疑。但中共官方以「地震無法預測，沒有收過地震預報」阻絕許多臆測，讓一位地震局退休工程師氣得大罵：「麻木不仁。」

當時的我還不知道這個爭論，只是看著駕駛座上的倪孝蘭，懷疑她是否跟我此時有過一樣的假設：「如果沒有興建水庫，就不會移居映秀，那麼女兒或許現在還活著。」

——

車子進入藏族五色旗飄揚的城鎮不久，便在一個四層樓住家停下。這是一家民宿，也是倪孝蘭的妹妹——倪孝芬的家。我們踏進門口時，倪孝芬才剛送走一組客人，忙著換床單，聽到開門聲，連忙往下走，白色床單擋住了她大半邊臉，卻掩不住笑意。姐妹倆見面，話說不完，聽不懂四川話的我，只聽得「娃娃」兩個字不停出現，只好在旁邊逗狗。

「妳看這個女孩。」倪孝蘭見我無聊，打開手機讓我看一張照片，那是一個火車上盤起頭髮女孩的側影，「這好像我大女兒。聲音姿態都像。我很想拍一張她的照片，但她不肯，只願意讓我拍側影。」

我感覺她似乎跌落某種深層的情緒裡，試著緩和氣氛：「這火車，妳上哪兒去？」

「嗯，從北京到青島的火車。」

「去北京？」我有些訝異，立刻追問：「去玩嗎？」

「我們一群遇難者家屬，一起上北京，後來被打發離開。因為撫卹金沒拿到啊。」

「那是……，」「上訪」兩個字還沒說出口，王睿朝我使個眼神，阻止我繼續問下去。在她心裡，我恐怕是個趁亂打劫之人，我只好硬生生把問題吞下去。

倪孝蘭沒有意識到我們兩人眉來眼去，關掉照片後，又讓我看她的手機桌布：「這是我的女兒，以前我開車開累了，就會看看這張照片。」這支紅色手機已經鏽蝕，銀白刮痕處處，但她捨不得換手機，因為這已停產的舊式手機裡存放她的記憶。

她將手機裡的照片播完一輪後，又拿出一個掌心般大的數位相機，讓我看她拍的照片。這相機是地震那年年底，王睿帶著倪孝蘭上街買的。

我猜王睿當時的想法或許和我相同，認為這意味著新的開始，倪孝蘭應該重新累積回憶。而倪孝蘭確實不斷向我們播放著新的回憶、展示著新的生命，像是她當保母時替娃娃拍下的照片，或是某一年上九寨溝的風景。有一張她與妹妹倪孝芬在旋轉木馬上的合照，在我看來就是不折不扣的「新回憶」，倪孝蘭特別解釋這是前年拍的，「是一個廣東記者幫我們拍的。」我訝異且疑惑地看著倪孝蘭，什麼都沒有說，就只是由著她自己把話接下去：前一年（二〇一三年），雅安地震發生，距離川震五周年紀念，恰恰只隔一個月，一組來自廣東的記者搭上倪孝蘭的車前進災區，順口問起她的經歷，後

46 翟明磊，〈汶川大地震預測真相：科學上訪戶的悲歌〉，2009.05。

來也寫成了報導[47]。

「我每天都在發生過地震的路上跑車，有時候遊客問我，是不是映秀人，家裡沒事吧，我知道別人在關心我，但就是忍不住流淚。」低頭把玩相機的倪孝蘭將雅安地震的照片翻出來：「這些記者怕勾起我的傷心事，還不讓我進災區。」

「對啊，妳開車到雅安，不害怕嗎？」

「〇八年之前，我沒有任何地震印象，之後，很容易就感覺到地震，而且也有很多機會到災區。」汶川地震後，倪孝蘭除了送我們上茂縣、送廣東記者到雅安外，也曾在二〇一〇年玉樹地震發生後，從四川載送大批營造工人到青海現場，路程有一百二十八公里，花了她整整五天的時間。長途跋涉並不算苦，但進入災難現場，很像灑了把鹽在傷口上，心裡隱隱作痛。

「我看到那些遮雨布和木頭架起的簡陋避難所的時候，還是很害怕。」更讓倪孝蘭提心吊膽的，是往返的路途。川震災後初期是中國近代最開放、最透明的時刻，之後中共又走向現場封鎖與管控的老路，加上玉樹是藏區，格外敏感，攔檢更嚴格，即使像倪孝蘭這種普通老百姓，也得小心翼翼。「在中國，營利用車輛本來就無法跨過省界，我的車牌寫著川U，很容易被注意到，警察常來盤問，甚至要沒收我的駕照。」她說，後來即使沿途有農民工攔車，她都不敢載。

像是想到了什麼似的，倪孝蘭突然說了聲：「走吧。」

「去哪兒呢？」我緊跟著她的腳步出門，想起她還沒解釋廣東記者跟旋轉木馬的照片吶，但此時恐怕顧不上這個問題。

「漩口中學。」

我大吃一驚，轉頭看了王睿一眼，因為這女孩對我下的禁令還包含：「不可以去讓倪阿姨傷心的地方。」

六年前，經過映秀時，倪孝蘭就跟我們提到自己不願意、也不敢到女兒喪命的地方，光是接近就讓她發抖。但現在她準備領著我往女兒葬命地走去。王睿一直拉住她，倪孝蘭只是說著沒關係。

這所學校是個大墳場，數百個青春萌芽的生命埋在瓦礫堆裡。但除了校門口那寫著「紀念四川汶川特大地震五周年」的菊花白底黃邊橫牌外，從外觀看來跟個普通學校沒有差別。就在我拿出相機拍攝大門那刻，王睿終於把倪孝蘭勸住了，說讓我自己進去就可以了。我聳聳肩，跟在其他遊客後頭走進校門，才發現這些看似完整的水泥建築，就像個半殘老人一樣，耳朵嘴巴乃至肩膀歪斜著不說，皺褶裂痕還爬滿身軀。主建築前除了大片大片的黃白色菊花外，就是一個顯示兩點二十八分的鐘形圓盤，指著這個學校的「死亡時間」。

不遠處有個「五一二汶川特大地震記事石雕牆」，佐著解放軍與醫護人員救援的浮雕。牌面沒有署名，沒有落款，甚至沒有日期，據說這是中國最高級別的碑，整個中國，只有兩面碑有這樣的地位，一面是人民英雄紀念碑，另一面就是這個記事牆。

羌族樣式的教學大樓矗立在前，樓面爬滿裂痕，唯三大紅直幅完整無缺，鮮明宣示：「以人為本，

47〈失子母親渴望點燃重新生活的希望〉，《南方日報》，2013.07.23。

尊重科學」、「不畏艱險，百折不撓」、「萬眾一心，眾志成城」。

繼續往裡走時，前方滿滿都是人。導遊的解說迴盪在這空間裡，遊客的嘈嚷破壞了此處的哀靜。太擠太吵，我在這些嗓門間穿梭，想要停下來細看壓毀的大樓內裡，都不得一絲空隙。如果我有耐心，或許會有足夠的想像力，想像那些孩子的最後一刻，那些嘶吼哭嚎痛楚或不得動彈的四肢，無法撐起的身體，無法吸吐空氣的胸肺。但現在我只想趕快走完這一圈。

即使如此，我還是忍不住注意到校園後面的山頭，立滿了高壓電塔，這種經濟發展的象徵與我腳下的這般災難情景毫不相稱。想到這些電塔站在高處俯視崩毀的大地，就讓我不舒服。

手機突然震動起來，我停下腳步。看了看簡訊，王睿發給我的：

> 倪阿姨說，一直以來她都不敢進來，因為鄧妮死在這裡。但是去年廣東記者來到四川，鼓勵她要進去，並且陪她一起走。他們兩個還拉鉤，說要堅持下去。

後來我才知道，這個廣東記者不只鼓勵倪孝蘭走進去，向女兒們道出心中的哀思，還帶她去女兒最喜歡的遊樂場過生日。我稍早看到的那張遊樂場照片，就是她五年來第一次過生日的紀念。那天，她坐上旋轉木馬，在心裡告訴天上的女兒：「媽媽一定堅強活下去。」

倪秀芬個性內向，那張跟姐姐一起在遊樂場的合照中，顯得有些放不開。這五、六年來，她只想著要把孩子「生回來」，卻總是徒勞；眼見同齡的朋友災後一年都生下女兒了，她還像個孵不出蛋的雞，情緒越是低落。根據醫生的說法，倪孝芬身體沒有什麼問題，但或許太過「悲傷」，才無法懷孕。

但那些成功懷孕的婦女，心裡也不見得舒坦。像倪孝芬的那位同齡朋友，在懷孕之初，只覺得死去的女兒捨不得自己，所以重新回到她身邊，待腹中孩子落地，她總會拿那張從頹倒屋子裡扒出來的照片讓小女兒看——這照片是女兒在這世上唯一的證明。二〇一三年雅安地震發生，緊抱著這新生娃兒逃難的她，感覺到逝去的女兒就在自己身邊。

「這些災民不相信一個鮮活的生命就這麼消失，因為心理上難以接受，所以一直期待這些生命再回來。」中國導演范儉在地震後前往都江堰拍片時，注意到一群因失去孩子而尋求心理協助的傷心母親，而她們對生育的心理也有別於一般母親，「畢竟，在中國計畫生育政策限制下，幾乎每對父母只擁有一個小孩，失去一個孩子，等於失去所有，那些母親自然格外難受。」

在這場災難中，有超過五千名兒童喪生，亦即有五千個破碎家庭出現。地震發生後，中國國家計畫生育委員會立刻提出「再生育工程」計畫，讓這些失去孩子的家庭，能夠得到醫療與生育技術上的幫助，包含提供兩次全額免費的生育補助——不論生產還是做試管嬰兒，可有兩次免費的機會。

但懷孕並不是件容易的事，而且提供服務的醫療院所僅限定在成都和都江堰的幾家醫院，加上高齡產婦不容易受孕也容易流產，兩次免費的生育補助，其實不算幫得上忙。即使如此，這些母親還是一試再試。有個婦人懷孕後，忍不住坦露心情：「現在如果不生一個，看著人家抱孩子，心裡就難受，就會想起以前那個孩子。」

對這些母親來說，失去孩子的空虛，得讓另一個孩子來填補。但奇特的是，她們並不真正認為那是「另一個孩子」，卻是想著要努力把死去的孩子「生回來」。

「中國人一向有輪迴的觀念，當他們懷孕生育後，多半認為是過去那個孩子回來了。因為是同個孩子，所以給他們用一樣的東西，甚至取一樣的名字。」范儉對我談起他的觀察。

「如果性別不同呢？」我問。

「如果性別跟死去的孩子不一樣，他們會有嚴重失落感，也怕現在的孩子沒之前的好。」

范儉拍攝的紀錄片[48]裡就有這一段：一個失去女兒的母親費盡千辛萬苦，經過許多次生殖科技治療後，終於懷孕，得知肚裡的小孩是男孩後，與丈夫一起哭了出來。因為他們唯一想要的，是死去的那個孩子。

這種「替代品」的想法讓人感到驚悚，但當時還在拍攝中的范儉卻說一個不想生的四十多歲婦人才最讓他印象深刻。這個婦人經濟能力不佳、家務纏身，自覺無法生養小孩，負擔太大了。「孩子通常是維繫家庭關係的紐帶，發生變故後，家庭關係便變得很脆弱。很多夫妻因為失去小孩，關係破裂，就沒有生育的念頭。這個婦女卻是對女性的家庭角色感到厭倦，不想承擔家務和生育的義務。我覺得，她的疲憊，讓她對於女性角色產生反抗。」

戲劇性的是，這位婦女卻懷孕了。她曾猶豫掙扎地想要拿掉，但面對身邊許多無法成功懷孕的母親，加上丈夫反對，讓她不得不留下這個孩子。范儉不免嘆了口氣：「這幾個月來，我看她都不怎麼快樂，沒有一般母親懷孕的喜悅。」

跟在倪孝蘭身後，看著她嬌小的背影，我有很多問題，卻無法問出口，只能默默跟隨。

離開漩口中學後，她跟老鄧領著我們往一陡長、沿著山坡而上的石階走去。石階右下鑲著愛心鎖或關於希望的設計，左邊則掛著藏族五色旗和六字箴言，每到一個歇腿處，就有兜售太陽蘭（向日葵）或羌繡的婦人在我們面前爭搶。石階最頂端，是一大片被推平的坡地，中間置放著一個大理石圍成的平台，台前擺滿了許多鮮花，上頭有著一串字：五一二汶川大地震遇難同胞紀念台。

不知從何時起，倪孝蘭手上出現了幾枝太陽蘭，卻無視這個鮮花平台，直直朝旁邊的小徑走。這些小徑伴著花圃如「之」字型那樣蜿蜒而上。等我快步追上，才發現這些花圃前方都是刻著罹難者名字的大理石碑，赫然理解倪孝蘭往前走的原因。一層一層往上，幾乎快到了盡頭，她終於停下腳步，將花放在一個碑石前，低頭默禱，念念有詞。我刻意往前多走一點，不打擾這家人團聚。

「這裡有八千多人呢。」倪孝蘭突然出聲，手比劃了這一大片地，向我解釋，「不只是死在地震的，還有死在土石流的。」

48 范儉導演的紀錄片《活著》，又名《都江堰母親》，於二〇一一年上映。

「這是我們一家子。」她回頭凝視了石碑一眼，上頭除了兩個女兒的名字，還有老鄧妹妹一家人。彷彿收拾好心情，她手朝上指了指：「走吧。地震博物館就在那兒。」

耗資上億建成的映秀地震博物館，在二〇一二年落成後就成為映秀的觀光景區。但對得上山掃墓哀悼親人的災民來說，這紀念館並不為他們帶來什麼好處。我問倪孝蘭進去過嗎？「去年五一二，我上來祭拜女兒，根本走不動。人太多了。」即使如此，倪孝蘭當時還是走進去看了看，看這讓她家破人亡的地震如何被展示，如何被封存，如何被紀念。她看不懂龍門山脈地震是怎麼回事，也不太瞭解這裡面很多展示，但還是拿出簡易手機拍下懸掛牆上的照片，作為紀念。

我對這地震博物館頗感失望，或該說是意料之中——即使有地震體驗與介紹，但展示更多的還是解放軍救災、英勇救人事蹟，乃至於重建成果和黨的功勞。隨意看看後，我趕緊走到倪孝蘭身邊。她正在一張照片前面等著我。

「這是我家。」矮小的她得踮起腳，才能勉強指到牆上那張照片——一個立在邊坡上的頹倒屋子模糊地印在顯影紙上頭，很像什麼老照片。「因為坡體滑落，房子就掉下去了。」倪孝蘭又拿出他的小手機：「我把它拍了下來。」

明明是自己的房子，卻要以這種方式記憶與紀念，我心裡有說不出的酸楚，但還是點頭回應。面對倪孝蘭，我唯一的話語，只有點頭。倪孝蘭與老鄧夫妻倆又轉頭看那張照片，沉默許久。我只好轉頭閱讀另一側的地震解說。

「十一、十二度啊。」[49]倪孝蘭的聲音在我後頭響起，她說：「好大，好可怕！」

倪孝蘭與老鄧下山後，突然轉進一家餐館，在門口坐了下來。此時約莫四點，午餐結束許久，晚餐還沒開始，整個餐館空蕩蕩的。年輕的老闆與老闆娘拎了個茶壺走出來，在我們面前擺了杯子，一邊倒茶一邊說：「留下來吃飯吧。」

倪孝蘭擺擺手說：「不了。」

這位夫妻沒說什麼，跟著坐了下來，跟倪孝蘭聊起天來。聽不懂任何一個字的我，只能看看屋頂，看看眼前的老闆從口袋掏出一包菸，點了火，抽了起來。

「這是我大女兒的男朋友小盧。」倪孝蘭突然想起還沒向我介紹面前的主人，「他結婚後，開了這個餐館。」

聽到這話，小盧坐姿稍微調正些，他的妻子倒是輕鬆隨意，不斷與倪孝蘭嘟噥著各種話題，身體什麼的、生意什麼的，就像親戚家人那樣。

「我們就跟家人一樣。」彷彿聽到我心裡的聲音，離開餐館後，倪孝蘭向我解釋：小盧原本稱她阿姨，地震後卻改叫她「媽」。倪孝蘭擔心他介意自己的心情，不敢另交女友，一直鼓勵小盧談戀愛，而這青年交了女友的第一步，就是帶去給倪孝蘭看，向女友介紹這是他死去女友的母親，也是自己的媽。

49 災難分級以能量來看是「規模」，但以震級強度來看，在台灣以「級」計算，在中國則是「度」。

兩人結婚後，也將倪孝蘭當母親一樣看待。

「我少了兩個女兒，但多了個兒子跟媳婦。」

不只如此，逢年過節，小女兒的同學朋友都會捎來簡訊問候拜年，聽聞她遭遇的新朋友也會登門拜訪。加上我們這些台灣和廣東來的朋友，「我知道自己得到很多。」她總這麼說。

離開映秀後，車子得經過許多殘破的工廠，滾過了滿是泥濘坑洞的道路，才到倪孝蘭的居處。災後，他們分到一個在百花鎮的房子，這晚我們就住在這裡。

她與老鄧一邊在廚房料理中午買的菜，一邊跟我聊天。客廳裡的電視播放著李克強出訪歐洲的消息，宣揚著中國外交的勝利，倪孝蘭的聲音就夾在祖國的偉大與炒菜轟轟聲中，碎成片片的字花。我其實聽不懂倪孝蘭的話，只好看著老鄧忙裡忙外地端著碗，拿出水果跟茶杯，好奇他怎麼整天都說不到一句話？

忠厚老實的老鄧，地震後改變性情，他無法接受女兒離去，開始酗酒，每次喝醉都要提女兒的事情，不停罵人，罵自己，罵妻子。夫妻感情一落千丈，有時幾天都不曾說上一句話。倪孝蘭只好躲著他，有時去朋友那裡借住，有時在外跑車至深夜。這段夫婦險些走不下去。這些年來，透過朋友調解，關係才和緩，只是雙方之間更沉默了。老鄧幾乎不說話。

當萵筍、酸菜魚、排骨玉米湯、芹菜炒豬肉等菜餚堆滿桌上時，整個屋子除了電視的聲音，及倪孝蘭「多吃一點」的勸進，沒人說話，各懷心情。

飯後，老鄧將水果端出來，倪孝蘭卻拿出一本相簿放我面前。她一邊翻著相簿，一邊對我說照片的故事。「我以前很怕看到這些。」她指著大女兒童年的一張照片：「我特別怕看到這張，她這時候看起來很成熟了，好像很快就要離開我了。」

「五一二前的那個過年，我們為了幫她爸爸慶生，全家出遊。我跟鄧妮一起合照。」她說：「我之前也很怕看到這張，這是我們最後一次合照。」

老鄧沉默地抽著菸，看著窗外。這些照片都是地震後，他們在屋瓦之間徒手挖掘出來的，在大雨過後，照片都潮了、溼了、變色了，於是他們一張一張護貝，細細收藏著。這是女兒活在人間的證明。

說起女兒去世的過往，她便開始從地震經歷談起，老鄧又拿起一根菸，又抽完一根菸，心神似乎不在這個時空裡。

「妳看這些照片，都是什麼樣的心情？」這是我第一次對倪孝蘭發問。

對著我笑了一整天，平靜談著自己的倪孝蘭，這一刻再也抑制不住眼淚，哭了起來：

「有人一起過，就很好。」

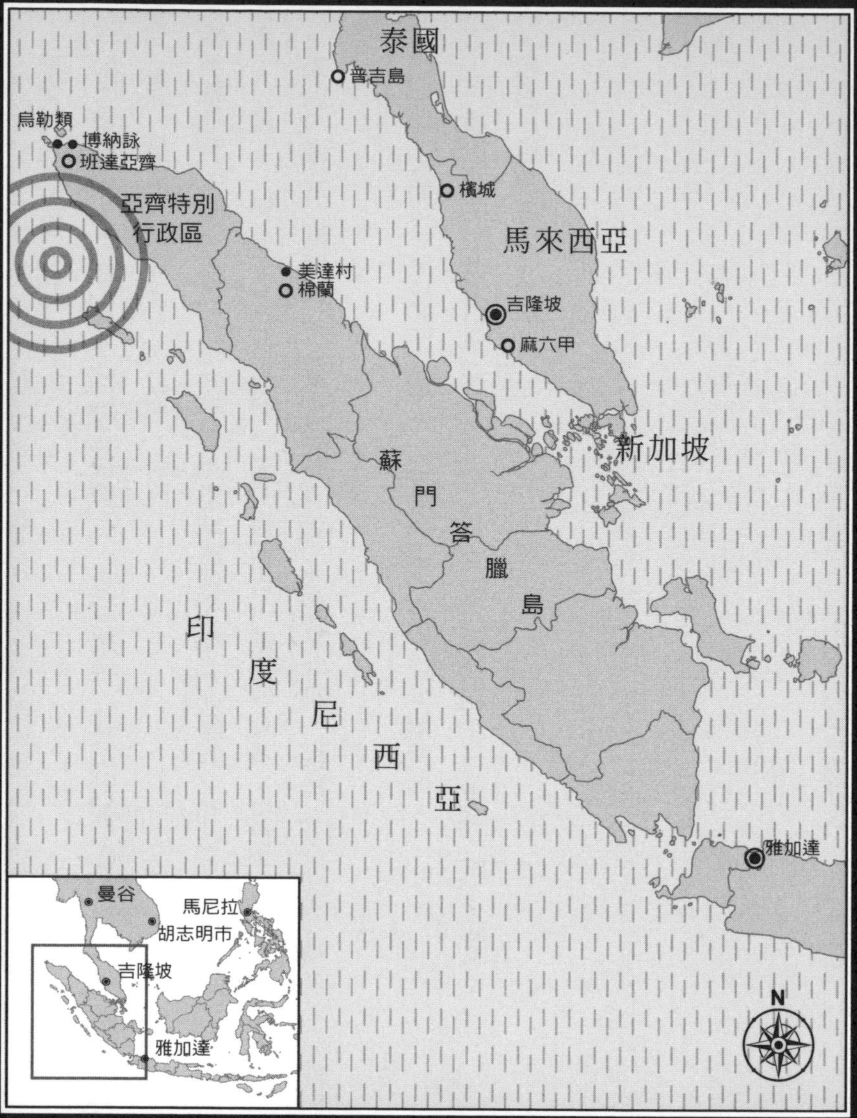

「南亞大海嘯」（印度洋大地震）

時間：2004年12月26日07時58分55秒

震央位於印尼蘇門答臘島西160公里，震源深度30公里，地震規模9.1

地震及震後海嘯對東南亞及南亞地區造成巨大傷亡

第三部

海嘯過後

水來了

海水是在地震後半小時，從蘇門答臘（Sumatra）西北角一個名叫亞齊（Aceh）的地方灌進來的。被山環繞的亞齊，獨有一面朝向印度洋，形狀就像個鏟子，這一刻，倒像是水主動入了鏟口。岸口邊的人，並沒有感覺到異樣，直到海平面上升，浪水湧入，「水漲了，水來了！」的叫嚷聲此起彼落時，除了逃命，什麼都來不及了。

在亞齊省會班達亞齊（Banda Aceh）開了家補習班的梁炳順，此刻就被塞在馬路上動彈不得，聽到「水來了！」，他有些傻住，這是什麼意思？禁不住好奇心，下車察看，只見烏勒類（Ulee Lheule）方向有道高聳的水牆，乍看就像在天上跑的烏雲一樣。那裡是他們習慣度過假日的海灘，也是梁炳順原本的目的地。竄擠的人群往車行方向反向湧來，越來越多的駕駛與乘客棄車，加入逃命的隊伍。梁炳順雖不知發生什麼事，也只能呼喚家人下車跟著跑。

大水像一條大蛇那樣尾隨在後，順帶托起汽車、漁船，還掃過黃土、綠地、平房、田野、橋墩、道路與各種生靈。城裡的人如果這時往海的方向看，都以為那是烏雲，水很黑，大概有兩、三層樓高。在他們還沒來得警覺的時候，亞齊海岸三公里內的房屋、樹木皆被連根拔起。

「水來了」的尖叫聲如波浪般地從岸邊傳到城裡，一下子就傳到內陸三公里處的吳仙珍家。吳仙珍是梁炳順的弟媳，地震發生時就已經帶著家人到馬路對面的校園躲避，聽到叫喊聲時，她雖感到困惑，仍催喊家人趕快進屋躲。但來不及了，眼見大水從屋後灌進、再往前門衝刺。吳仙珍和丈夫只能一人抓著一邊的鐵門，各自摟著母親和孩子。瞬間，丈夫和孩子跟著水流一起，消失在她眼前……。

被驚天駭人水勢所困的梁炳順，自然不知弟弟一家發生什麼事，只能顧著逃，見到壞掉的路就轉彎，遇上人群就跟隨，最後到了一個地勢較高的住屋前，拍門求援。他們這個時候才有餘裕環顧街景。不過十幾分鐘，原來的路都已不成路。

二〇〇四年十二月二十六日格林威治時間下午七點，《衛報》在網路上發出一則標題為「海嘯」的訊息[01]，內容卻寫著：「潮汐（tidal waves）或是海嘯由海底地震引發，常對沿海地區造成重大災害。」相關說明中，以「大量海水從震央急衝擴散」來借代「海嘯」一詞；無獨有偶，《紐約時報》也以「潮

---

01 'Thousands killed in Asian tsunami Sunday 26 December 2004 19.43 GMT'

汐」入標[02]：「發生在亞洲的災難：地震引起的潮汐致使上千人死亡」，同日另一則新聞標題是：「因地震而生的大浪衝擊南亞海岸，致使上千人死亡」[03]。

這些媒體訊息清楚表明，這個時候，別說亞齊人不知道「水來了」是什麼意思，這個世界也沒多少人清楚什麼是海嘯。媒體報導地震引起的海水作用時，還會使用「潮波」（tidal wave）這個讓地震學家惱怒的詞彙——地震和潮汐一點關係都沒有。

然而，並非所有人都對海嘯無所警覺。地震後，班達亞齊副市長卡迪爾（Muhammad Kadir）立刻跑到海邊察看情況，當他看見兩邊水位下降，中間卻迅速上升，像被分開一樣，直覺不對，連忙到處奔走警告大家。但光是海邊就有四萬居民需要撤離，再怎麼樣都來不及，很快被高達一百呎的海嘯捲入，整座城市被一片黑水淹沒。

這片黑水，被當代科技記錄下來。幾年後，有個簡單燒製的光碟在亞齊地區流通販售，光碟先被粗糙油墨印刷的紙張包裹著，再裝進脆弱的塑膠套裡，內容集結許多人拍下的「水來了」：夾帶泥沙垃圾的大水奔湧到街道上，人們倉皇而逃的同時，樹木也應聲而斷。這是當地人利用家庭攝影機或數位相機拍下的影片剪輯而成，即使受限於當時影像設備的品質，影片畫素低、粒子粗、模糊且晃動。這恐怕是世人第一次有機會拍下海嘯的樣貌。

記錄下來的不只亞齊人。這場因蘇門答臘外海地震所引發的海嘯，撞擊波在沒有阻力的深海，以每小時八百公里、相當於一架噴射飛機的行進速度，沿著斷層帶一路往北；七個小時內，巨浪撞擊了印度洋周邊國家陸地，舉凡泰國、印度、斯里蘭卡，甚至非洲海岸都受海嘯侵襲。此時恰好是東南亞的旅遊旺季，歐美各國旅客多趁著聖誕佳節，在熱帶海岸度假，他們不但是目擊者，也是傳播者，消息與錄下的畫面很快就擴散出去。

例如滿是觀光客的泰國普吉島，就留下許多證言：旅客布萊登（Mark Brandon）一早剛從地震頻繁的台灣抵達泰國，當他發現不在地震帶上的泰國竟也有地震傳來，只覺得並不尋常，因此想著：不管這震從哪兒來，一定非常大。

布萊登的預感成真。就在班達亞齊完全被淹沒的一個多小時後，海水衝上了泰國的觀光區。「一開始，海浪往後退，就像是離開大海一般。想像老天爺拉起澡盆的塞子，水一直被吸進去那樣。水不見了，只留下一片泥濘、坑洞的地，很多魚散落在那裡……。」

另一個見證者、美國商業顧問馮費德（Rick Von Feldt）比布萊登晚一個小時抵達泰國普吉島，搭車沿著海岸而行時感到有些不尋常。「我注意到海邊沒有水，這很奇怪。我的司機也同樣困惑，口中叨念些泰語，但我不知道他說什麼。」當他到了旅館，走進開著空調的酒吧，卻見服務人員們都擠在窗戶邊，望著海的方向。他不免好奇，詢問其中一人：「你們在看什麼？」

「水！水！」他們也注意到水往後退了，岸邊的船都翻倒在旁，岸邊的人則困惑地望著大海。

「他們並不知道，這個現象是海嘯的第一個警訊。當地震以暴力方式干擾了海底板塊，海洋便會從

---

02 'Catastrophe in Asia: Earthquake's tidal wave kills thousands' 2004.12.27.

03 'Thousands Die as Quake-Spawned Waves Crash Onto Coastlines Across Southern Asia' 2004.12.27.

海岸邊吸引百萬加崙的水並堆疊巨浪來做回應，這是它為了回到岸邊殺人報復的準備。」馮費德在網路上記下海嘯的殘暴。

但接下來的事，讓馮費德更疑惑，無法理解所見事物的規模、力量與速度。「一個藍黑色的牆跳了出來，你可以看到水已經回來了，而且很快，你會發現人們玩樂的區域像往常那樣充滿了水。當然，這很奇怪，你會懷疑到底發生了什麼事，但腦中無法浮現任何有邏輯的原因，是滿月帶來的潮汐嗎？我對海不熟悉，毫無頭緒。」

從他的角度看過去，只覺當地人都在這道牆之前保持不動，帶著敬畏的神情。「我們看到了那道牆，也看到它如何快速移動，不過短短數秒，每個人都被吸引。那時有個聲音，就跟手指斷裂一樣，使上百人從催眠中醒來，奔跑，每個人都在尖叫：『離開那道牆！』」日後打造了「海嘯倖存者故事（TSUNAMI SURVIVOR STORIES）」平台的馮費德回憶：就跟被堵住出口的澡盆一樣，海岸很快就填滿了水，並向人們逼近，吞沒了他們。

斯里蘭卡也有類似的故事，約莫在蘇門答臘地震發生兩個半小時後，當地時間早上九點，有人發現海水突然倒退到離原來海岸線兩、三百公尺之外，幾公尺深的海底露出水面，海邊的烏鴉不見蹤影，原本亂竄的動物也消聲匿跡……，沒人知道發生什麼事，一邊討論一邊嘖嘖稱奇。幾分鐘後，三十多公尺的大浪湧入，以平均五百公里時速襲捲全島。巨大波浪在短短數分鐘五次來回沖刷，短短一小時奪走三萬一千條人命。蒼生如入地獄。

但也有人從這命運的扼口逃脫。四十八歲的卡路納提勒克（Wanigaratne Karunatilleke）在這場災難中存活了下來。[04]他是「海洋皇后快車」（Ocean Queen Express）的列車長，這天早晨，他如同過往勤奮地在個車廂間巡視著，但火車剛經過首都可倫坡（Colombo）以南約九十公里的卡哈瓦（Kahawa）車站時，突因一個大浪而驟然停駛。

約莫有十五分鐘的停頓時間，卡路納提勒克與車上工作人員什麼都沒做。他們不知道發生了什麼事，他們並不認識海嘯。第一個大浪打過來時，他連忙下令乘客迅速移動，並更改號誌系統，但已太遲。卡路納提勒克自己困在淹水的車廂裡，只能設法從窗戶脫逃。在水中奮泳的他，救了一對孩童，連忙將他們安放在車廂內，不料僅僅數分鐘，又眼睜睜見他們被大水吞沒。

「要是我當時知道海嘯是什麼就好了。」事後他不停地說：十五分鐘可以讓乘客逃到安全的地方，而他也該這麼做。但他們有時間，卻沒有這個知識。

除了一個與父母一起在熱帶海灘度假的十歲英國女孩，幾乎沒有人意識到這個早晨的海水特別危險。這個名叫緹莉．史密斯（Tilly Smith）的孩子當時正與父母在普吉島度假，看見海灘上起了很多泡泡，而浪突然打了過來。緹莉曾在地理課上學到「海嘯」：這是具有破壞性的海浪，有時會伴隨地震出現，而且海嘯發生前，海會沒來由後退。她還記得老師提醒過，海水漸漸上漲到海嘯襲來有十分鐘左右的時間可以逃離，於是立刻對母親提出警告：「我們必須快點離開。」

在場的成年人對這女孩的話半信半疑，但緹莉非常堅持，警告於是快速散開，幾分鐘內幾百名遊客

04 'Sri Lanka train guard mourns tsunami dead 10 years' -"The Jakarta Post", 2014.12.26.

全部撤離沙灘。幾乎在當他們到達安全處的同時，巨大的海浪聲在身後響起。「喔，上帝，海嘯！真的是海嘯。」眾人在激動與驚恐中哭泣，爭相擁抱和親吻他們的救命恩人。根據媒體報導，這處海灘是普吉島海岸線上唯一沒有死傷的地點。

得知海嘯發生那刻，科學家也希望自己能跟這個小女孩一樣懂得發出警告，但他們卻沒有辦法。這是他們從來沒遇過的災難與難題。

災難發生前，印度洋沿岸地震觀測站的監測器警報系統似乎出了點問題，查看儀器的工作人員只能抓起電話向科學家確認數據是否正常，而英國地震家穆森（Roger Musson）就是其中一人。這時正是假日清晨，被電話驚擾的穆森立刻猜到某處發生災難，否則不會被急催，而電話線那頭的同事簡單表明蘇門答臘發生地震：根據美國地質調查所的情報，規模約是八，可能還更高。當穆森開車穿過幽暗無聲的街道時，腦子也不斷建構蘇門答臘的地質構造，想像各種狀況，但辦公室裡的電腦資料推翻了他的各種想像：錯動的斷層從蘇門答臘沿岸一路延伸到北邊，到了安達曼群島，這表示斷層破裂一定超過一千公里。穆森感嘆：工作這麼久，從未見過這種事。

自從一九七〇年代開始使用「地震矩」（Earthquake Glossary）[05]規模以來，從未出現過規模到達九的地震。換句話說，這是當代科學家都沒見過的大地震，在地底深處搖晃長達十分鐘的記錄，更是不曾有過。科學家能從這數字中，想像其影響，但卻無法確切分析它。

就在穆森看著報表時，大西洋另一岸的美國數學家堤托夫（Vasily Titov）正在嘗試模擬海嘯掃過印度洋的樣態。[06]這個時候的西雅圖，仍是聖誕節夜晚，但提脫夫在電腦剛開機、螢幕還是一片黑時，想著的不是節慶，而是希望：「我應該可以提醒全世界，這場地震的威力有多大。」但障礙同樣橫在眼前，他手上沒有印度洋的海嘯模型——世界上百分之九十的海嘯都發生在太平洋，大多數的研究資料也都以太平洋為基礎。印度洋的資料非常缺乏。

擁有數據資料的太平洋海嘯預警中心（PTWC）的科學家，對印度洋的災難也一籌莫展。[07]這個隸屬美國國家海洋和氣象局（NOAA）之下的單位，是美國政府鑑於一九四六年阿拉斯加海嘯的教訓，在夏威夷設置的監控研究單位——因為海底地形的關係，不論日本、智利還是阿拉斯加發生地震海嘯，都會往另外一邊傳，不論往哪裡傳，都會經過夏威夷——而這些科學家的職責，就是對太平洋沿岸國家與美國軍方發布海嘯預警訊號。

科學家們盯著數據，討論一陣後，在對外發布的地震訊息中註明：「沒有海嘯預警的必要。」太平洋二十六個成員國都收到了這訊息，包含印尼和泰國。雖然是聖誕節下午，但團隊成員沒有心情過節，仍然不斷針對手上的數據資料計算、修正，不管怎麼看，都不認為這地震能造成什麼重大影響——直到他們打開電視、上了網，看到了無法想像的崩毀狀態。

這時，距離地震發生已經超過兩個小時，蘇門答臘最北端已成汪洋，泰國部分地區遭受衝擊……，位在夏威夷的太平洋海嘯中心收到了斯里蘭卡的災難電報。所有人的精神都低迷到極點。他們能做什麼

---

05 地震矩是地震學家用來表示地震所釋放出之能量的數量，由加州理工學院的金森博雄教授所創。

06 'Indonesian tsunami-monitoring system lacked basic equipment,' "Nature", 2004.12.29.

07 'How Scientists and Victims Watched Helplessly,' "The New York Times", 2004.12.31.

呢？什麼都做不到。最終，他們理解這場災難的方式，並非憑藉自己的科學能力，而是媒體——像是CNN海嘯肆虐景況的報導，或是接到斯里蘭卡打來的電話。當他們終於對非洲東岸發出預警通知時，海嘯已在五千多公里外的非洲東岸停止，數十萬人性命被吞沒。

全世界的科學家、政府官員這個時候仍然手足無措。地震學家們情緒尤其低落。「我寧願這次災難發生在太平洋，因為我們能夠救很多人。」太平洋海嘯預警中心的一名科學家接受媒體採訪時說，「我們沒能把信息傳到最需要的地方，這太糟糕了。」

戰火與災難

如果說災難無法預期，旅行也是各種意外，二〇〇四年十二月底，正在關西旅行的我，初踏進神戶，就被人龍捲進「光之祭典」，我這才知道阪神大地震重建已邁向第十個年頭，而我正踏進一個巧妙的歷史時刻。

那一年的日本並不好過，天災人禍頻傳，島國人民以為人類妄為觸怒了神明或大自然，同時深感人類對災禍的束手無策，便決定將這一年註解為「災」。距離二〇〇四年結束還有大半個月，京都最古老寺廟清水寺住職在冬日清冷的院埕中揮毫題字，寫下約莫一個人高的「災」，形似人大步邁進，或朝前疾步，讓人有雖感天地無情但不至於悲觀之慨。自十二月底即展開的阪神地震復興十年紀念活動，或許是這個凶年最適恰的一個句點，它象徵了希望。

「這個城市的傷痕癒合了嗎？」我很是好奇，便嘗試摸找災難的傷痕。當時，海嘯正在印度洋沿岸釀災，而我尚未得知消息，不知情地蹲在神戶港邊拍攝平靜的日本海。這座美利堅公園裡，豎著的大理石碑，細細道出神戶港從廢墟重生的經歷。相機掠下的殘破已是過去，轉身我就面向這城市的未來。

「人與防災未來中心」（人と防災未来センター）是這天最後一個行程。當我來到這個位在灘區的新型建築時，襲捲印度洋沿岸的海嘯或已平靜，度假的熱帶海灘已被橫掃成地獄。媒體還沒把這悲劇帶到我們眼前，我已將自己推進日本的災難記憶裡。

大廳空闊白靜，與一般展館沒什麼兩樣，但懸吊其中的一個三、四層樓高的黑色長型掛幅卻吸引了我的目光，這個掛幅像是一個巨大的身高量表，但丈量的恐怕不是人而是物——科學家預測若南海、東南海地區發生大地震，其引發的「津波」最大高度可能落在高知縣，將高於三十四公尺。

「津波」是什麼？我記得幾個月前的日文課堂上才學過這個詞，但不放心，還是從包包裡掏出小翻譯機後，從水字旁的漢字開始查起：

つ-なみ【津波／津浪／海嘯】

津波，音tsunami，有「港邊的波浪」之意。我一邊做記號，一邊好奇：為什麼海嘯的英文單詞採用日文？為何一個因地震而建的教育場館，門面懸掛著的卻是海嘯紀錄？

還來不及細究，我就被工作人員引導到「阪神地震體驗廳」裡，聽著她溫柔叮嚀：「要抓緊護欄，不要害怕。」怎麼可能害怕？經歷過九二一，我還能被地震嚇倒嗎？這種輕漫的態度很快就被螢幕上的各種崩裂與黑暗密閉空間裡的劇烈晃動給擊潰——原來經歷過強震不意味著免疫，反而日後的每次強震遭遇都會再將你拖向曾經的黑暗恐懼。這就是創傷吧。

或許看見我的淚痕，一位名叫藤岡李華子的志工走了過來，細聲詢問我來自何方？

「台灣啊。」她輕輕地叫了出來，「台灣有很多地震，前幾年還有個大地震發生啊，我知道，我曾經幫忙募款。」

神戶還在重建的當口，台灣大震就接著發生，他們恐怕是當時全世界最清楚台灣震災之痛之難的人。「看到妳，讓我想起自己是否應該再去探望他們，看看他們過得好不好。」我們邊看著上個月發生在日本的另一場震災的檔案，邊聊著生命無常。能夠活下來就很好。

這是地震帶上居民的感嘆。面對自然變動和災難是人類永恆的考驗，它會指向死，也能創造生。神戶人很清楚，這場震央位在淡路島北端的地震，是千年前成形的野馬斷層錯動所致，而這個斷層是右移斷層，錯開處的最大位移有一點八公尺。但這個地區千年來，未曾發生過規模超過七的地震。這場災難後，神戶人說，正因為兩千年一次的地震，造成山脈隆起，才有淡路島的出現，「不料，我們遇上了這兩千年的那一次。」

大廳裡擺置的「南海地震預示圖」既是科學預測，也是命運的賭注：在日本的南方海域，一直頻繁發生地震，加上有個大海溝存在，科學家判斷一百到兩百年周期間，必會發生一次大地震與大海嘯，整個關西地區都在這個災難範圍之內。

災難，不單是過去，不只是現在，也是未來。人類往後看上兩千年，還得往前望向兩百年——地震，不過是板塊之間百萬年來互相摩擦結果所致，在漫長的地理時間中，陸地是持續移動的，造成人類驚慌的這類地殼變動，對整個地球來說，不過是小小的一個刺痛，但對根據年月日註記生命與歷史的人類而言，卻是一個會被哀悼且紀念的事件。

這個時候，我並不知道，三個小時後，回到民宿的我會在電視上看到那個忘了追究的漢字：「イント洋大津波」。NHK主播神情凝重播報印度洋海嘯新聞，我還來不及聽清楚，鏡頭就切換到衛星畫面——人們在一個擁有棕櫚樹的沙灘上驚慌奔跑尖叫，而狂猛大浪倏地闖進了畫面中，捲起岸地。

過去，我只有在好萊塢電影看過類似畫面，但這不是電影，是當日最重要的新聞，重要到占滿整個新聞時段。發生了什麼事，有多嚴重呢？除了那一聲聲尖叫傳達出的恐懼，沒有其他幫助我理解這些畫面的說明。愕然看著電視畫面時，我猜想全世界或許與我同樣吃驚。

新聞畫面都是南亞諸國，這個世界絕大多數人、包含在機場等候準備趕往現場的媒體，都跟我一樣，仍不清楚災情最嚴重的地方就在這個印度洋的邊角，一個名叫亞齊的地方。

——

地質學家後來從海底珊瑚紋路判斷環境變化，進一步推斷海嘯歷史。他們認為，十四、十五世紀發生的幾次大海嘯，讓亞齊人口離散、港口沒落，甚至出現歷史斷層，才由伊斯蘭文明填補而上。伊斯蘭教最初透過印度西部的穆斯林商人傳到亞齊，而原本信奉萬物有靈論的亞齊人吸取來客信仰，竟成為最虔誠的伊斯蘭信仰者。義大利探險家馬可波羅到訪時，便稱亞齊王國都是「乘船前來依穆罕默德律法使百姓歸依伊斯蘭之撒拉森商人」。

面朝西亞、背對東南亞的亞齊，就像是承接阿拉伯語言文化的漏斗，再任其點點滴滴流入印尼與馬來半島，形成伊斯蘭文化圈。亞齊因此得到「麥加前廊」的稱號，在它的權力所及之處的麻六甲港埠也隨之盛起。

二〇〇四年海嘯來臨前，從衛星空照圖上觀看亞齊，大多只有一片綠：墨綠、深綠、淺綠、黃綠密密交錯，彷彿掛在印度洋一角的華麗綠絨，些許的紅褐屋宅與如白點散落的清真寺，便很是明顯。然而，就在海嘯吞噬這片「綠色之地」後，從高空往下望，景致也就變了樣——蘇門答臘西北部數百公里長的海岸線被汪洋啃食了部分，西南窪口處深入內陸四公里陸地被藍色占據；沿海數個島嶼、十七個村莊與岸邊的那一大截土地一樣憑空消失。原本的青綠盎然被紅褐土黃取代，那色澤看起來就像考古學家挖掘出來的骸骨，沒有一點生氣。唯獨「白點」仍頑固地存在，那是阿拉的印記。

海嘯來臨時，伸出印度洋的班達亞齊，首當其衝成為祭品，整座城市宛如大型垃圾場，建築物幾乎都被連根拔起、樹木只剩下枯澀的樹根，背向海岸，像是伏拜大地一樣，往內陸斜傾。海岸邊如大火走過，視線所及，皆是枯黃。

這是個被奪去色彩的土地。泥漿鋪滿街道，在熱帶陽光強烈照射之中，裂成瓦狀，整片街區像是被人胡亂犁過的荒田，但大半區域還是個黑水泥濘糊成的廢墟。

黑，還可以更黑，失去電力的亞齊在日照消失時就會墮入暗黑裡，災民就像遊魂，絕望地飄盪。有時候，他們會在廢墟裡、垃圾旁，找到一些可用的東西，像是一個可以拿來避雨或鋪墊的木板，然後舉過頭頂從汙水中走過。那些水高及腰，也高及胸。就像媒體爭相登載的照片那樣。

這時正是雨季，日日午後陣雨狂瀉，城市裝滿黑稠積水，惡臭難當。浮腫死屍和垃圾碎木一起堆在積水裡。這些屍體或在瓦礫、枯樹下，或漂浮在死水之上，經過許多時日，泡在水裡的屍體已無法辨識，肉身不存，只剩下硬皮掛在骨頭上。而倖存者就像城市裡的拾荒者那樣，在這團混亂中，不停翻找親人屍體。有些幸運的屍體，被放在黃色和藍色的塑膠袋裡，曝曬在陽光下，也有一些被置放在坑洞裡。還有更多看不到的屍體被火化、被集體掩埋，或者永遠消失。

一個幾乎失去所有親人的漁民已經在瓦礫間尋找多天，怎麼也找不到親人遺體，暴露在外頭的這些屍體，更令他擔憂。這個漁民雖然住在軍方搭建的帳篷裡，卻不相信政府，總覺得政府忽視災民，什麼都沒有做，偶爾送水來，水也不乾淨。這麼敷衍了事的政府，該怎麼相信？他只能靠自己掩埋這些屍體。他說，根據伊斯蘭傳統，屍體必須被土葬，但時常有「幫派分子」來這裡火化屍體，「這是錯的。」但他無計可施。

這是一場大自然的屠殺。一個原本四十萬人的城市，就有超過三分之一人口喪命，屍橫遍野，誰都無法繞過去。沒有人知道拿這些屍體怎麼辦。

大自然證明他們力量比武器還強，也比人類還無情。過去亞齊的悲劇和天災無關，和人禍相繫，即使百年來挺過殖民勢力侵略，卻逃不開雅加達當局的攻擊與迫害——自從印尼獨立以來，失去資源和權利的亞齊和雅加達的關係就勢如水火，到蘇哈托（Suharto）時期更趨於決裂，「自由亞齊」（GAM）運動與武裝抗爭隨之展開，而蘇哈托則回以軍事鎮壓和屠殺；海嘯發生前一年，總統梅嘉瓦蒂（Megawati Sukarnoputri）甚至宣布亞齊戒嚴，並對亞齊展開軍事行動，進行空中打擊。烽火遍野。約有五千人在內戰與屠殺中喪命。

因此，即使這區域有著絢爛的歷史，也不會有旅遊書提到這裡，就連背包客聖經《寂寞星球．印尼》

也只是輕輕帶過、甚至建議旅人直接穿過班達亞齊。畢竟，這是受戒嚴令束縛的區域，將近三十年處於封閉而神祕的狀態，以至於災難發生的頭兩天，媒體上都無法見到亞齊的現場消息——就連總部位在雅加達的媒體，都無法讓自己的記者在第一時間內趕到這裡。

亞齊人對於內戰早習以為常，以至於誤把海嘯的爆破聲當成是雙方交火，渾然不覺天災來臨。海嘯，不過是為早已傷痕累累的亞齊，再添新傷——「和平」卻也在此時踩踏著災難的泥濘而來。

災難太慘了，亞齊獨立軍率先宣布停火，試著止戰，人權團體也不斷呼籲印尼軍隊收手、投入救援。這些求救信不斷透過電子郵件發送到世界各地，其中一封致美國國務卿鮑威爾（Colin Powell）的信[08]是這麼寫著的：

> 如您所知，將近三十年來，亞齊人民一直承受印尼軍事行動的痛苦後果，主要受害者都是平民，正如同美國國務院許多人權報告的描述。自從二〇〇三年五月在亞齊強行實施戒嚴令以來，有超過兩千人遭到殺害，而實施戒嚴令之前的一九八九到一九九八年這十年期間更有一萬人死亡。違反人權的情況非常猖獗，主要都是由軍方造成。

人權團體擔心雅加達政府刻意忽略亞齊災情，因為這個政府首先做的，竟然是「建議」人民替災區

---

08 'Text of Letter to Secretary of State Powell on Aceh Crisis,' ILRF（International Labour Rights Fund） - 2005.01.04。

祈禱與派出六架運輸機而已。他們只好寫信求援，並提出許多各項建議，包含取消進入亞齊的限制，排除麻煩的行政程序、請印尼政府終止國軍（TNI）的所有攻擊性軍事行動——亞齊獨立軍已宣布停火——讓國軍提供必要物資，加快人道援助速度，「TNI軍官不應直接參與救援物資的發放，這是為了防止軍方濫用人道援助，也避免許多亞齊人民對軍方和某些警方團體（例如印尼警察機動部隊）的恐懼感持續上升。」

民間人士的擔心並非沒有道理，因為擔心他國插手亞齊問題，雅加達政府對外來團體提出警告，稱亞齊獨立軍是強盜，是恐怖分子、勒索者、綁匪、謀殺犯，甚至種植大麻，肯定會威脅外國援助者的生命。然而，就像寄給鮑威爾的公開信裡說的，海嘯當天，獨立軍領導人便宣布停火，雅加達政府雖也正面回應，政府軍仍趁隙攻擊手無寸鐵的游擊隊員，事後辯稱是對方先挑起紛爭，他們不得不行動。災後一個月，印尼政府軍甚至宣稱「被迫」殺了一百二十個亞齊獨立軍。

——

二〇一三年，我計畫了一趟旅行，決定前往九年前在電視螢幕看見的那片黑水肆虐之地。這個決定並不算突兀，多年來因擔任志工或者採訪，無數次進出災難之地，多少親身碰觸災難的形貌，唯獨南亞海嘯與亞齊，仍是一個透過電視螢幕折射的記憶——那晚的新聞記憶太過清晰，總是揮之不去，以至於日後每每看到海嘯畫面，就讓我想起自己置身暖氣房裡，看著電視螢幕中傳來的熱帶景致被大水摧毀的殘破景象，而腦子一片空白。

當時，對「海嘯」發出的疑問，因為幾次災難發生與報導而得到些許解答；但我真正在意的，卻是畫面之外、災難過後的樣子。這個懸念無從著落，因為新聞熱潮後，除了西方媒體在一周年時還有些報導，就再無版面留給這場災難。我想為這份空白填補上自己的答案，想知道亞齊人如何熬過災難、回復日常，也想知道和平的模樣——這是一個天災如何消弭人禍的命題。

我弄到一本新版的《寂寞星球．印尼》，亞齊的篇章比舊版多了不少篇幅：

多年來，這個印尼群島的邊陲角落，因為許多壞事登上新聞頭條。地震、海嘯、內戰以及伊斯蘭律令，都是人們對這個蘇門答臘最北之地的關注點。將這個地區搬上了電視螢幕的那場海嘯，已經遠去，重建也接近完成。但因天災和內戰而生的社會創傷，卻不是這麼容易癒合，還需要更長的時間。後海嘯時代的亞齊，仍然有些脆弱，內戰衝突已經暫時平息，亞齊人也獲得某種程度的自主權，整個地區似乎瀰漫著一個全新的氣氛……。

這段英文敘述對我來說，有點難度，分辨不出究竟是鼓勵、或是提醒。還沒來得及細想，又看到下面的小方框：「訪問亞齊無須專門的批文或許可證。亞齊曾一度限制外國旅行者訪問，但自從二〇〇四年海嘯後，亞齊的入境限制就解除了，但你如果詢問印尼大使館或蘇門答臘以外的地區，因為印尼政府還沒有發布正式決議……。」短短幾句話，說明了亞齊的複雜性，套句台灣的流行語來形容，這地區就是「難搞」。

我仍替自己的旅行擬定行程：從台灣經由吉隆坡，飛抵棉蘭，然後再搭巴士往亞齊而去。但這個計畫被幾個熟悉亞齊的台灣朋友否決，他們不建議長程巴士，說服我搭飛機，甚至不約而同給了我黃幸娟的聯絡方式，請我聯絡她，讓她協助訂機票。

黃幸娟是台灣人，從職場退下後，就專心學佛。一九九八年，她與棉蘭商人陳淑華在蘇門答臘追隨師父釋學源的佛法實踐，進一步創辦了「菩提心曼荼羅基金會」，深耕當地的環境保護、慈善活動和貧童教育，棉蘭幾乎成了她的第二故鄉。黃幸娟一年中有過半時間都在棉蘭，因此，從二〇〇四年海嘯發生到現在，不論協助重建、執行環保計畫或是販賣公平貿易咖啡的台灣人，只要來到北蘇門答臘，都會找她。

我在出發前三天聯絡上黃幸娟，她在否定巴士這個選項的同時，就已幫我訂好機票，甚至連我需要兌換的外幣和手機通話卡，都一起幫我準備好。所謂的「東南亞時間」，沒有在這位台灣大姐身上起作用，她的效率甚至超越台灣標準。我唯一需要做的，就是飛到棉蘭而已。

但我還是不死心：「真的不能搭巴士嗎？」

「以前從棉蘭到亞齊的路上，都會遇到獨立軍盤檢。」黃幸娟沒有直接回答我的問題，反而說起獨立軍的故事：「盤檢的目的除了防範可疑人士進入亞齊外，也是為了揩點油水。」

曾有朋友警告我，不要問當地人獨立軍的問題，這有些敏感。但聽到黃幸娟主動提起獨立軍，我直覺不可放過機會（反正她是台灣人），便立刻追問她對自由亞齊運動的看法。

「亞齊內戰時，獨立軍的武器來源多半來自西方。因為，亞齊獨立軍領袖多半接受西方教育。」黃幸娟確實毫無顧忌，直言正是因為亞齊獨立軍或接受西方教育或流亡歐美，所以受到西方支持；也因為這層關係，海嘯發生後，不僅全世界伊斯蘭教國家的援助湧入亞齊，西方各國的穆斯林也積極出力，甚至在西方的斡旋下，出現和平契機。

「聽起來不是一個敏感又負面的議題。」我有些放心。

「現在亞齊省長跟民意代表，都是獨立軍出身的。」我的反應似乎讓她覺得好笑，「亞齊已經不一樣了。」

從棉蘭機場的入境門走出時，我暗自鬆了一口氣：海關沒有索賄，行李也沒被做記號。所有的聽說都沒有發生，聽說就只是聽說。

出發前，我在網路上隨意搜尋旅行資訊，讀到各種危險訊號：「蘇門答臘治安很差，要小心」、「海關會索賄，請準備好小額美金」、「行李會被做記號，這要注意，可能被海關盯上找麻煩索錢」、「行李一定要綁好」……。我時常到東南亞旅行，出發前，也都會讀到類似的警告，我有時險險逃脫，大多數時候都揣著不安入境，但最後什麼也沒發生。我常想這會不會是誤會或偏見，但看到這些經驗分享，內心不免還是有些動搖。

黃幸娟在新機場的出關處帶著微笑等我。她那一襲改良式華裝，很容易就認出。她接過我的行李，領我往停車場走的路程中向我解釋：舊機場在市中心，離火車站不遠，但城市難以承載日漸增加的交通運輸量，只好將機場往外移。昔日，黃幸娟在舊機場迎接台灣來的救災資源，如今，當世人都遺忘了這場災難時，她們還在新機場送往迎來。

這嶄新的機場有著全新的氣象，隱隱透露這個地區「改頭換面」的宣示。我看著眼前亮到反光的帷幕玻璃，不顧冒失，衝著黃幸娟說：「沒有人跟我索賄耶。」隨後轉述了網路上的傳聞。

「身上帶著什麼，就會看到什麼。遇到的也是。」黃幸娟笑了笑：「人家也是會進步的，台灣過去不也一樣？」

然而，對印尼官僚的懷疑，並非只是旅行者的經驗、謠言或偏見。海嘯過後，全世界對捐款給印尼這事，都有些憂心，畢竟印尼政府素來以貪汙腐敗聞名，許多人都懷疑，國際援助的經費是否能確實送到災民身上，會不會被拿來支付官方或財團的高級轎車？國際援助團體因此紛紛要求印尼政府務必監視海關，以防他們在重建過程中貪汙，也要政府確保程序透明，好讓捐款者信服。

當時的印尼負債達七千八百萬美元，這債可追溯到蘇哈托，他在任內瘋狂借貸，但錢都不是用在社福醫療與教育上，也沒解決貧窮問題，而是挪為己用。這個獨裁者甚至跟跨國企業簽訂貿易協定，這些交易也為官僚帶來貪汙賄絡機會。他們想要得到更多，而亞齊正是他們的寶庫；但對亞齊來說，卻是一次又一次的剝奪。二〇〇四年之前，只要看到雅加達的大規模建設，亞齊人心就痛：「那是從我們身上刮下來的。而亞齊，什麼都沒有，只有槍聲。」

海嘯將亞齊帶到世人面前，人們終於親眼看到它的悲劇，於是伸出援手。根據TEC（海嘯評估聯盟，Tsunami Evaluation Coalition）報告指出，這場災難具有多項指標意義，包含最多國家組織響應、最多個人捐款響應、最大筆捐款，個別災民獲得最大量的援助，以及最快被回應的災難等等。國際捐款總數甚至高達一百四十多億美金，其中絕對大多數來自個人。官方公告的統計損失，甚至不到一百億美元，遠低於援助總數。亞齊獲得最多，幾乎將近一半。

但即使有錢有資源，救災也未必能順利。初期，救災人員不能前進，物資自然也到不了災區。從棉蘭到災區的道路中斷，路也不成路，高溫之下，眼見囤積在棉蘭機場的物資無法送到兩百萬災民手上，食物漸漸變質腐爛，還是等不到直升機。印尼政府毫無救災經驗、也無能處理，面對突如其來的巨大人群與物資，只是慌亂無措，最後任其雜亂無章。

媒體引用一個監督印尼貪汙的民間組織說法：「印尼政府現在面對另外一波的援助海嘯，他們被如潮水般湧來的捐獻給吞沒了，不知道如何處理，也不知道如何適當地分發。」

經過無數次混亂的會議後，印尼政府終於上了軌道，與聯合國共同成立聯合災難管理中心，主導且協調所有問題，運輸壓力也解決了。災後兩周，美軍提供五十多架飛機，而澳洲、英國、德國等國家，則提供超過八十架運輸機與二十架直升機。但如何安排這些飛機，又成為印尼政府的新難題——起降能力只有二、三十架次的棉蘭機場，如今每天有十倍架次起降；僅容每日三個航班的班達亞齊機場，增加到每天兩百架次的數目。飛安問題時常登上新聞版面，像是一架波音七三七貨機撞上了一頭水牛，令機場關閉四小時，或是美軍海鷹多用途艦載直升機墜毀班達亞齊稻田裡……。

不論從那個角度看，「救災」都是另一場災難：印尼軍方粗暴、政府遲緩、災民抱怨，國際組織在不同尺規、制度之間茫然。西方媒體進行的災後周年調查報導大多負面，皆是批評，但也有些媒體表達寬容理解，例如《經濟學人》便評論：「（亂象）很合理，因為應當扛起責任的地方政府已被海嘯掃平，要再成立一個官僚組織也太耗費時間。好幾個月後，『BRR』才建立。」

為因應災後各項善後與重建事宜，「亞齊—尼亞斯恢復與重建管理局」（BRR，The Rehabilitation and Reconstruction Agency）於二〇〇五年四月成立，總統蘇西洛（Susilo Bambang Yudhoyono）授予其不受官僚控制、直接處理事情的權力。

「在重建的效能上，時常存在著質與量的交換。給一定數量的錢，對方往往只會制訂吸引媒體目光的救災計畫。」《經濟學人》替印尼政府受到的批評緩頰：「很多時候，重建遲緩的問題單純就是不適當，而不是太複雜。例如初期空運物資都是些不需要的慈善物資，像是塞滿整個飛機的冬衣；援助者給了漁民漁船，卻沒人想到要提供冰塊或是建立保存漁獲的工廠……，似乎沒人願意花時間思考過度協調的方式。直到BRR成立後，才真正推進臨時避難所的興建工作，好取代這段等候重建家園時居處的帳棚。」

對五十五萬無家可歸的亞齊人來說，政治或各種協商一點都不重要，他們在意的只有「家」。隨著時間不斷過去，援助團體不停到訪並給予諸多承諾，但災民看著會開了又開，調查接著調查，住房卻還是個幻影，而那些外國人除了再給新的承諾之外，什麼都沒有。最後他們消失了。當災難將滿一年，雨季即將到來時，帳棚出現破洞，組合屋零零散散，BRR宣稱要蓋一萬六千棟永久屋，卻還有近七萬人住在帳棚裡……。

印尼貪汙和效率不章的傳聞，依舊在BRR彰顯。當地媒體就曾刊登一個笑話：美國、日本和印尼商人在BRR開會，BRR的人宣稱大門需要改善，想從三人裡挑一個來發包工程：美國人說他需要三千萬印尼盾，好分配在材料、勞力跟利潤上；日本開價六千萬印尼盾，同樣用在材料、人力跟利潤上；印尼則獅子大開口要五億六千萬，這數目讓大家都嚇一跳，卻只見他不急不徐說，「兩億五千萬歸你（BRR），另外兩億五千萬給我，剩下的錢就交由日本人來做這件事。」

重建要遇到的困難太多，救援團體仍必須想方設法解決，這些問題包含土地問題：政府提供的土地太小，或者太靠海，而登記有案的土地被海嘯摧毀，許多個案甚至未曾有過契約，災民若想要回到原來的住處，就要跟鄰居一起拼湊記憶，確認住家範圍。這工作非常困難，因為很多地標都已不見，連土地都被沖走。問題還不只如此，農田已浸泡過海水，似乎難以耕種，道路港口被沖刷，重型機械與設備難以進入，即使道路暫時修復，又被季風帶來的大雨沖壞。更別說無止盡的人力缺口令重建進度遲緩，最終甚至得從澳洲、紐西蘭輸入勞工解決。援助者只好放棄原來的標準，或增加人手，或改變標準，一個一個挑戰之後，可能還有個新的挑戰，例如承包商不夠、木材短缺。這一團混亂常令他們感到快發瘋。

亞齊最終重建了，對印尼來說，是值得宣傳的成果。「我們修好了二百三十五里公路，三十座橋樑，有五個港口、三百多所學校跟三十八所醫院。」BRR代表在北京對中國援助表達感謝時，不忘引用印尼名言：「黑暗過後是光明。」[09]他致詞時，身後播放的照片是帳棚前玩耍的孩子，他強調孩子們都

09《黑暗過後是光明》（Out of Dark Comes Light）是印尼女權運動的先鋒 Kartini 的書信集之名，印尼文為：Habis Gelap Terbitlah Terang。

已重返校園。

「BRR跟世界銀行宣稱，重建已經很快速了。」災後一年，《經濟學人》轉述他們的意見：「阪神地震可是花了七年才復原呢。」

馳援

災難發生不久，不少台灣慈善團體也奔赴災區，協助救災重建事宜。幾個城鄉建築專業的民間人士在災後兩周直赴亞齊，原本希望能幫點什麼忙，但到了現場，卻覺得自己像捲入了一場援助漩渦，找不到自己的位子。

「來到亞齊，最震撼我的是，看到那麼多國際組織施展拳腳，但台灣團體在這樣的場域中，卻不知道能做什麼。」他們不由得感嘆：這或許是台灣長期在國際社會被忽略，乃至於缺席而生的結果。

這些台灣人看著房子已交給慈濟重建，馬路也被中國包下，決定轉而投入教育和心理重建。他們認為，既然亞齊即將對世界開放，網路必是他們與世界溝通的媒介，不如建置一個數位中心，讓人們能得到學習的機會。除此之外，他們還分批將數十個失去親人的孩子帶到台灣安頓、接受教育，再送他們回鄉擔任重建與教育的種子。

當時，在當地協調、協助這些教育計畫的，就是黃幸娟。在機場上車後，她向我解釋在災後援助的混亂：有些災民看到慈善團體捐助的大米，在運送過程中泡了海水腐壞，只好整包整包丟棄時，感到心痛不已。而她看著人們只知道捐贈物資，但物資卻不符合災民真正的需求，直覺得從精神和教育著手，才能扭轉結構問題。於是他們興學、設學堂、辦課程，還一家一家敲門邀請呼籲：「讓孩子上學去」。「很多人認為受災後，很難送孩子去上學，但我覺得正是因為災難發生，更不能不去上學。」在她眼裡，再多的物資都彌補不了心理的缺口。

機場到棉蘭市區約四十分鐘，走的雖是寬闊柏油路，沿路卻是熱帶鄉村景觀，就如同其他開發中的東南亞景致一樣。黃幸娟卻解釋這個有十二個台灣大的島，比台灣更有國際觀、更融入世界，「畢竟，印尼是聯合國一員」。說著說著，窗外景色突然轉成歐式大道，洋樓建築漸漸增多，城市輪廓越來越明顯，棉蘭到了。

海嘯發生時，棉蘭幾乎成了所有國際援助團體的後援基地。這座隔著麻六甲海峽與新加坡相望的城市，人口有兩百多萬，其中兩成是華人，但城內八成以上商店卻屬於華人，和中國大陸與港澳台都維持關係，棉蘭郊區甚至有個台商構築的小工業區。

棉蘭，在印尼語中意指「戰場」，只因十六、十七世紀曾經是德里（Deli）與伊斯蘭王國著名的古戰場，城內的蘇丹王宮和清真寺都訴說了它的輝煌，而美麗的荷據建築也道出它曾在強權下堅持的風華。荷蘭殖民時期，這個城市是殖民者與權力者的貿易中心，那些剝削農民的商人地主闢建了乾淨街道和露天咖啡座，讓他們得以享受文明的氣息。一八六五年，一個荷蘭人將煙草引進棉蘭，也帶入中國勞工和基礎建設投資，直到印尼獨立時，這座城市已頗具規模，華人也擁有相當的經濟實力，成為中產階級主幹。

因此，當我聽到海嘯前，黃幸娟與菩提心曼荼羅基金會就已在棉蘭協助華人教育、資助貧困家戶時，不免感到困惑：「印尼排華的原因，不就是華人獨占經濟權，且相對富有嗎？」

「許多華人的處境是我們無法想像的，幾代貧窮，連教育機會都沒有。美達村（Metal）就充滿這樣的人。」黃幸娟解釋，美達村正是因排華才生成的村落。

冷戰時期，蘇門答臘也是籠罩在反共肅清的氣氛裡，亞齊尤為嚴重。一九六六年八月，數十輛載滿乘客與行李的大卡車沿著狹窄的海岸公路顛簸南行，打算將亞齊華人送到棉蘭，再遣回中國。然而中國船隻始終沒有出現，他們只能在棉蘭的寺廟或街廓落腳，最後集中在菸寮。因為不忍，土生華人地主陳洪生慷慨提供一塊土地給亞齊難民使用，這些逃難的華人便在這塊沼澤地上建立起「美達村」，經過多年發展，這十五公頃的村落已有四百多戶、三千多位居民的規模。這些無根無產的華人，就在這裡落地生根，相依為命。

因為逃過難，美達村村民格外能同理顛沛流離的苦楚，於是大量收容失去家園的災民。根據當地華人團體印華總會估計，海嘯災難初期約有七千名亞齊人逃來棉蘭，其中以華人居多，美達村便成為收容所之一。災後一個月，仍有兩千災民在此暫居。

美達村裡的災民總是沉默，就算聊天也是輕輕淡淡的，不談災難與創傷；即使時日一久放鬆了，也掉了些淚，情緒仍然緊繃。失去至親的孩子們始終沉靜而缺乏信心，如果能讓他們上學——即使沒有書桌、只能趴在枕頭上寫作業——也比什麼都不做都來得好。上學代表他們回歸了常軌，上學是代表希望、上學也是療傷。而這就是黃幸娟災後一直協助的事。

她指著美達村的照片對我說：在這裡，可以感覺到台灣過去的影子，因此，她也能看到未來的希望。因為希望替災區帶來改變，所以她牽介台灣團隊援助，「這些災民需要的是精神和理念，而不是物資。教育才是力量，才是讓他們自己站起來的基底。」

她的聲音很是誠摯，即使災難已經遠去，他們還是沒放棄對教育的投資：有些孩子被她們送來台灣讀書，學習農業，回到棉蘭後，他們再給這些學生工作機會、實踐所學……她們還想做更多事。

那政府的角色呢？我忍不住注意到，機場到市區這整條路上，都是政治競選廣告，就連從馬路上晃過的摩托三輪車上，都是隔年國會選舉的候選人照片。海嘯發生前才剛接任總統的蘇西洛即將卸任，呼聲最高的是出身平民的候選人佐科威（Joko Widodo）。這個國家，彷彿正等著迎向新局。

——

海嘯發生後，藉著黃幸娟的介紹，台灣援助團隊找上梁炳順，因他的幫助與協調，工作才得以順利開展。藉著這層關係，梁炳順特別來為我和黃幸娟接機，而梁家更成為我在亞齊的落腳處。

當我們從棉蘭飛抵亞齊已是近晚，大雨直直落下，推行李車出門的旅客，立刻被盆倒的水擋住，狼狽不堪。機場這側到馬路那側，約莫只有四車併排的距離，擠滿了車、塞滿了人、喇叭聲不斷。聞著這空氣，感覺這溼氣，看著那擁擠，讓許久未踏進印尼的我立刻找回熟悉感。

但我可以稱這個擁有自己歷史與認同的地區是「印尼」嗎？

灰黑的雨雲壓低天空，眼前這個抹著粉黃的建築，顏色被大雨沖得灰淡，我想起旅遊書上提到這個一九四三年由日本興建的機場，是以亞齊最偉大的蘇丹依斯干達慕達（Sultan Iskandar Muda）為名，這個人就像中國的秦皇漢武一樣，開疆闢土，令蘇門答臘全島唯其是瞻，馬來半島的吉打、檳城也在他的麾下。他在位之時，正是大航海時代，從印度洋往來東南亞或南中國海的商船有兩條路徑可選，一是麻六甲海峽，二是巽他海峽，但不論走哪條路，都要經過亞齊。中古世紀的亞齊便是依此路徑與中國和東南亞諸島貿易，當十六世紀葡萄牙控制麻六甲海峽時，其餘諸國如果選擇走巽他海峽，仍得要位居扼口的亞齊同意。這個時期的亞齊經濟發展飛速，財富驚人，到了依斯干達慕達在位的十七世紀，亞齊更達顛峰。

曾經輝煌燦爛的王國，到了近代卻落入封閉邊陲無聲之境，機場始終寂寥，鎮日沒有幾架飛機起降。海嘯災難招來了世界各地的救援，也送走許多流離失所的災民，它從未見過如此多人力物資在此間運轉，從未感覺自己如此被需要。災難後，它被擴大、更新，長成一個自己都想不到的運輸基地，甚至和國際通航。如今，每天有數十航班在這裡起降，梁炳順不時得來這裡接送兒女和親友，甚至從此處飛到馬來西亞度假。他幾乎不經過棉蘭，「因為棉蘭治安不好。」

海嘯過後後，當許多亞齊人跑到棉蘭避難，梁炳順一家卻沒有離開，僅在郊區親友家暫居。當時的班達亞齊不是垃圾就是屍體，有些甚至高掛樹上，嘗試回家的梁炳順被這驚駭鎮住，「屍體很多，多到要靠從外海開進來航空母艦清理。堆積起來，有一層樓高。」

根據統計，亞齊罹難人數有二十三萬，其中四萬六千人集體埋葬在市區往機場路上的墓園中。「因為穆斯林習俗是土葬。」開車往市中心走的路上，梁炳順指了指路邊的一個白色大門：「喏，就在這裡。」白門綠地透過窗外雨珠的折射，模糊成影，在暗灰天色下，有些孤寂哀淒。

屍體掩埋時，蘇西洛也在現場。一九四九年出生於東爪哇的蘇西洛，在自己六十歲之時，擊敗蘇卡諾（Sukarno）之女梅嘉瓦蒂（Megawati Sukarnoputri），成為印尼首任民選總統，但就在宣布就職整整兩個月時，他遇到這場嚴重的天災，而災難正好發生在這個國家最敏感的區域——當他還是內閣官員時就希望能和平解決亞齊問題，而這也是他掙得亞齊選票支持的原因之一。地震發生時，恰好迎接英國首相卡麥隆（David Cameron）到訪，蘇西洛先是安撫國人，幾天後便抵達災難現場。

當他到達亞齊時，是二〇〇五年的新年頭一天。根據媒體報導，當他離開機場路過墓園、隔著車窗看到挖土機正將遺體推下去掩埋時，立刻下車了解情況。當時氣溫約有三十多度，幾百具露天擺放的屍體已經浮腫、腐爛，發出惡臭，旁人幾乎受不了，但蘇西洛和夫人不戴口罩，靜默祈禱。

沒有人知道蘇西洛祈禱什麼，但很明顯，蘇西洛的煩惱顯然不只災情。當時的亞齊政府幾乎癱瘓——四成公務員罹難，剩下六成公務員看著被海嘯踏遍、捲走的公文資料和機器，束手無策。數千名軍人在海邊訓練而不及逃生，雅加達政府不得不調派那些還在山上掃蕩獨立軍的軍隊前來救援；對政府軍來說，內亂才是真正的威脅，他們一邊救災，還要一邊壓制獨立軍的行動。這是內外掙扎的困境。

迫於情勢，蘇西洛不僅讓「敵人」參與救災，還開門讓外國軍隊進駐亞齊。

印尼政府對這情勢相當掙扎，災難發生不到一個月，副總統尤素夫・卡拉（Jusuf Kalla）就公開要求外國軍隊盡快撤離印尼，甚至指定離開的期限。他們尤其顧忌美國軍隊進駐，畢竟伊拉克戰爭正熱，有些激進的評論家擔心順著救援而滲透的美國勢力，將讓印尼成為第二個伊拉克——當時的美國被伊斯蘭世界視為敵人，而海嘯災情引美國軍艦、戰機進入麻六甲海峽，難免令馬來西亞和印尼這兩個穆斯林國家警覺且焦慮。[10]

但美國打的其實是另一個算盤，他們認為這是挽回伊斯蘭世界的機會，總統小布希甚至直言：「我們的努力，絕對會提高美國的海外形象。」

美國與印尼政府的關係一直都踩在人權問題上：一九六五年，美國支持、參與軍事政變，將權力交給右翼的蘇哈托，導致大屠殺發生；多年後，即使柯林頓政權在國際壓力下與印尼軍方翻臉，宣布切斷與印尼的連結，卻也同時坐視東帝汶遭印尼占領，棄種族滅絕不顧，任三分之一人口從地球上消失。然而，九一一後，恐怖主義喧囂之際，美國強烈希望與印尼重新建立關係，因為在反恐戰爭上，印尼絕對是重要的角色。而蘇西洛二〇〇三年在峇里島爆炸案中，明快的調查與反恐的宣示，博得西方國家的好感，他們認定蘇西洛是唯一認真執行反恐戰爭的印尼政治人物。

小布希一直希望能恢復兩國的軍事關係，因此，海嘯過後，不管人權團體如何對印尼軍方濫用武力的風險提出警告，美國仍然廢止對印尼武器販賣的禁令，甚至提供了一百萬美金價值的運輸機來救災。但即使美國伸出友誼之手，印尼政府也無法敞開心接受，他們擔心外國勢力藉機介入印尼內部問題，甚

---

10 'Indonesia issues ultimatum to foreign troops', "The Guardian," 2005.01.12 ．'Indonesia Sets Limits On Foreign Relief Role U.S. Moves Out Carrier'; Marines Adjust Plans," Washington Post", 2005.01.13

至讓衝突浮上檯面。

幸運的是，所有擔心都沒發生，亞齊終究因外人共同推進而「脫胎換骨」。在亞齊萬人塚祈禱的蘇西洛不會料想到，這個差點衝擊政治生命的災難，竟然為難解的亞齊問題解了套。該年八月十五日，雅加達中央政府和獨立軍在芬蘭赫爾辛基簽署了和平協定，三十年內戰，真正宣告結束。民眾忍不住流淚歡呼。

對這段過去，梁炳順並不多談。握著方向盤的他，只會說客語，除了偶爾搭話介紹，大多沉默，由著妻子莉莉與黃幸娟閒話家常。寬闊矮小的芭蕉在霧雨中若隱若現，我貼著車窗：「好像恆春啊。」恆春是台灣最南端的城鎮，時常被我拿來譬喻台灣南方的鄉間風景。

莉莉說：「我女婿說很像嘉義。」梁家子女海嘯後都去台灣讀書，女兒甚至嫁給出身嘉義的台灣郎。

車子經過墓園，沿著大馬路往西北方向的海邊走。豪雨擊打著車窗，這片海在雨霧中灰不成形，帶著恐怖的氣息。二〇〇四年那個周日，海水就是從這裡上岸，往東南方衝刺而去，梁炳順那天也在這條路上。

「根據目測，海嘯高度約有三十公尺（實際高達五十公尺）。」梁炳順仔細地說著災難發生前後的經歷，甚至以數據作為具體描述，他的憑據是一艘停在外海的發電船，海嘯來臨時，這龐然大物以兩百到三百公尺時速被托著往內陸衝，「這過程中沒有撞到任何一棵樹，可見浪有多高。」

「退下去的速度更快。這種速度的衝撞能將人體的衣物撞碎，屍體上滿是瘀青。」梁炳順具體形容海嘯的威力，而後嘆了口氣：「那些駐軍實在很無辜。」海嘯來臨前，他所看到的海岸風景，是一群青春健壯的軍人在陽光下運動。因此，不由得替他們難過。

——

用過早午餐後，梁炳順提議載我四處看看，但出門十分鐘不到，車子就在一座橋上停下，不久，一個穿著白色條紋襯衫的矮小男人突然從窗邊冒出，朝梁炳順打招呼。他們聊了幾句後，這個男人坐上了副駕駛座，轉頭朝著我笑了開來：「哈囉。」我發現他缺了牙。

「他是亞齊政府的人，負責經濟。」梁炳順對著後照鏡裡的我介紹來客，我點點頭，但沒把握完全懂他的客家話，我又該怎麼依賴他的翻譯呢？

「他會說英語。」不知道是否讀到我的心，梁炳順以彆扭的華語補充這句。

「太好了。」我鬆了口氣。

為了展現自己的英語能力，缺牙男子比著自己說：「我是亞齊公務員，我知道重建。」

「海嘯時，你在哪裡？」我猜這幾天所有的相遇，或許都得以這問題開始，尤其此時此刻，看著那缺了的牙，實在無法抑制好奇，腦中甚至開始編織故事了。

「在亞齊，我家。」

「你家還好嗎？」

「我家很好。沒有海嘯。安全。」

我竟然有點失望，所以，牙是怎麼缺的呢？我沒問，因為這已是我們之間最流暢的一次對話，之後，不論我問什麼，他都是偏了偏頭，尷尬地笑了笑，或者給我一串聽不懂的答案——因為，他說印尼文——梁炳順或許也發現，這個車子裡的三個人完全無法溝通，於是，打了個電話給伊斯蘭大學的拉里（Abdul Rani Usman）教授。

拉里留著小鬍子，膚色較一般印尼人黑，看起來比較像是南亞人。據說，亞齊這個地名正是阿拉伯（Arab）、中國（China）、歐洲（Europe）和印度（Hindu）的集合，而包含那個公務員在內，在場三個亞齊人恰恰湊足三個字母。打過招呼，坐了下來，我仍以同樣的問句開頭：「海嘯時，你在哪裡？」

「嗯，我在中國雲南。」拉里將手合在一起，往膝前放，人也略略前傾。「兩個星期後，回到亞齊，知道同事跟學生死了大半。開學後，這個學校沒有老師，也沒有學生。所有人都很傷心。」

拉里接著訴說亞齊與中國的關係，亞齊博物館裡的大鐘就是鄭和留下的，證明這兩個地方早有牽連。據說，中國自南北朝時代便與亞齊往來，宋元商船若往阿拉伯世界去，必會經過亞齊。明初，鄭和七下西洋——西洋即是今日的印度洋——會過麻六甲，並至亞齊。他的隨侍翻譯馬歡曾寫下行經亞齊的紀錄：「帽山以西皆為大海，正是西洋也，西來過洋船隻都以此山為準。」

鄭和出生雲南穆斯林家庭，屬色目族，從小被祖父抱在膝上，聽他講述到麥加朝聖的故事，小小的鄭和因此有了旅行的夢想、探險的慾望。就在大明取代蒙古帝國時，鄭和被擄去北方，因緣際會成為燕王最信任的手下。燕王登基後，指派他為外交使節，出海宣示威嚴，因此造就中國歷史上少見的海洋時代。作為一個伊斯蘭學者，拉里教授時常前往雲南研究調查伊斯蘭發展與中國、亞齊關係，確實是可理解的。

大航海時代，西方列強為了控制麻六甲海峽，在亞齊修築道路，為亞齊帶來發展機遇。當時許多伊斯蘭商人從麻六甲到亞齊做生意，而蘇門答臘物產也跨過麻六甲海峽進入世界市場、尤其是南中國。這個馬來文化圈在十七世紀時就是個強大的商業網絡，靠著檳城華商，亞齊的胡椒得以十九世紀往東擴展。換句話說，近代亞齊和世界的交流，很大程度依賴與中國的連結及華商的影響力，拉里的中國研究，對亞齊來說，也是顯學。

「那近代中國與亞齊的關係如何呢？」這似乎不是教授的專長，他簡單地說，海嘯後，有許多硬體設備都是中國協助興建的，「中國很積極幫助我們。」

確實，在這個世界馳援的災難中，中國的表現令西方評論家大吃一驚，甚至跌破眼鏡。過去，總以「不干涉內政」為由，遊走國際事務邊緣的中國，竟大力援助南亞海嘯災區，光是對印尼，就投以一百六十三萬人民幣現匯、五億人民幣與兩千多萬美元的多邊援助，創下中國對外援助史上最高金額與最大規模的紀錄。救援隊與志工的發動，也是未曾有過的。美國洛杉磯時報以「中國強化區域領導的角色」為題發表評論[11]：「面對大災難，中國一改過去東南亞國家不信任的競爭對手的形象，而逐漸變成本地區經濟增長的火車頭。分析家說，中國此次的大力援助是提升其地區影響力的一部分。」

中國的勢力的確隨著海嘯踏入印度洋。災後不到一年，北京當局就與印尼簽署戰略夥伴協議，二○○七年又進行國防事務合作協議。雖然兩國媒體都抱怨，美軍艦隊與戰機趁災難在亞齊出沒，宣示權

11 Don Lee 'China Steps Up to Role of Rising Regional Leader,' "Los Angels Times", 2005.01.06.

力，但顯然中國的手伸得更深——中國海洋石油總公司是印尼最大離岸石油生產商，印尼的電網也依賴著中國……。從東協夥伴到金融危機後的種種危機處理，都讓昔日籠罩東南亞的「中國威脅論」已被「中國熱」代替。

「就穆斯林來說，全世界都是一家人，本來就該互相幫助。」拉里教授說，最重要的外國援助除了經濟，就是教育，「恢復教育，比什麼都重要。」

在我們告別教授後，開車返回市區途中，缺牙的男人不斷東指西指說，「這是澳洲蓋的醫院，那是德國幫忙的設施。」他手一指，就是一個國家。他手指不到的，還有更多，例如「成龍的房子」（Jacky Chen's houses），他說那離市區太遠了，還要一段車程才到。

「『成龍的房子』？」我很困惑。

見我疑惑，開車的梁炳順連忙補充：「其實是中國捐贈給災民居住的房子。海嘯後，成龍說要捐錢救災，大家就以為這房子便是成龍出錢蓋的。」

「喔喔，原來如此。」我想起在許多發展中國家，成龍與李小龍都是華人的代稱，不料這個房子卻是另一個烏龍。

「但他們根本不知道，成龍的錢，早就被政府官員貪汙走了。言詞始終謹慎，從不任意批評的梁炳順，在這位公務員面前，以不流利的華語向我解釋時，我才明白原來「現代孔夫子」也會有情緒。

這個時候，缺牙的男人仍興奮地將食指放在窗戶上，解釋眼前的建築橋樑道路來自哪個國家。他說，全世界都來幫忙亞齊，「亞齊變了，變得更好了。」

成龍的房子

三千多個日子後，班達亞齊這座城市以成蔭的綠樹、寬闊的馬路、世界連鎖咖啡店和種種全新的姿態，訴說自己的重生，除非當地人帶領觀看，否則難見傷痕。我以為當地人的心理也是如此——如果我不去掀開的話。

不論有多少採訪經驗，遇到災難倖存者我都會遲疑且怯懦，但安撫這膽怯的，往往就是得刨開傷疤的當事人——吳仙珍就是如此。才見面、點完咖啡，連一點暖身的空間都沒，她便率直地說：「想問什麼，儘管問。」

她顯然接受過很多次採訪，很熟悉這一切，說的時候還輕輕拍了拍桌子，掃去塵埃。這是一家在路邊的咖啡店，裝潢簡單，白色屋子白色桌椅，除了門口的幾棵綠樹，盡是白，四散的咖啡香氣在白色襯托下格外濃烈。「要不要再來幾盤點心？」吳仙珍個頭高大，頭髮又長又捲，聲如洪鐘，笑起來眼睛會瞇成一條線，這時她揮手張羅、主動操控氣氛節奏，明明白白的主人姿態。我突然意識到，她是故事的訴說者，也是故事的主人，這傷痕將不是我挖開，而是她主動展示出來的。

桌上迅速被糕點擠滿，店員還在櫃檯後面忙著煮咖啡，他們右手拉高裝架絲襪的大杓子，左手抓著杯子，任由褐色液體滾滾流下。這是亞齊咖啡的標準煮法，香味四溢。我忍不住轉頭探看，嘖嘖稱奇。待咖啡來到我們面前，爽朗的聲音又響起：「先喝吧，我們慢慢聊。」雖同屬客家籍，吳仙珍的華語明顯比梁炳順好上許多，她說，這歸功於到台灣受訓時的辛勤，那時，她天天帶著字典出門，一個字一個字認真學起。

「妳幾歲了？」我先從基本資料問起。

「猜猜看。」她朝我眨了眨眼睛。

「四十？」我隨便扯了個數字。

「四十五。」她笑開了，眼角的紋路於是分明：「看得出來我已經當阿嬤了嗎？」

「啊？！」我發出了台灣腔的驚嘆詞，「怎麼可能？」

她邊笑邊拍自己的大腿，彷彿很滿意自己的惡作劇。「我改嫁了，丈夫年紀比我大很多，所以，我現在就當上阿嬤了。」我點點頭，表示自己不清楚她的經歷，她這才娓娓道出自己的人生經歷。

吳仙珍自述著人生沒有野心，只想嫁人生子，平凡度日；誰知這簡單的心願沒能實現，一場海嘯引得家毀人亡，連孩子都來不及長大。吳仙珍回憶這段經歷時顯得相當平靜，我甚至還可以打斷她，請她畫下她和丈夫遇險時抓著鐵門的位置，以及水流的方向。

她說，那天，她和母親在二樓躲了一晚，只能緊緊相摟，等待天明。天一亮，吳仙珍立刻出門找家人，最後，才在清真寺前找到女兒的遺體，而丈夫和兒子遍尋不著。最後，她花錢請人幫忙找，自己則在家裡翻找錢財，收拾行李，帶著母親徒步走到機場。這時距離海嘯發生不到三十個小時。

儘管吳仙珍省略了屍骸遍野、無水無電、惡臭瀰漫的描述，也沒有解釋當日倉促離開的原因，但我能夠想像當時她唯一能做的選擇：不是留下來找尋下落不明的親人，而是必須將老母親送離險境——吳仙珍得先幫活下來的人考慮。

逃難的人潮一路綿延到機場。倖存者身上掛著殘破衣裳，頂著烈日和豪雨，有時飢渴有時昏迷，幾乎一無所有地顛簸到目的地。到了機場不見得能上得了飛機，但吳仙珍決意離開，便將身上所有錢財交出去，才換得機位飛到棉蘭，將母親送到弟弟家後，自己在難民收容所與親戚家輾轉了三個月，才又回到亞齊。

與初見時的熱情爽朗不同，她聊起這段過程，聲音壓得低低的，語氣也沒有太多變化，如複述他人經歷那般，快速交代過去，恐怕不想在這段回憶之中停留太久。

「後來呢？」我在一段沉默後追問。

「後來啊……。」半個小時下來，吳仙珍都是直線式的經歷敘事，沒有岔出去的枝節，也不給多餘的情緒，句子和句子間有著簡明的時序因果關係，我已經習慣她像堆疊積木那樣的回憶方式，便準備接住她後來做的事情，她卻又回到「地震」：「海嘯之後，地震還是很多，每天都震很多次，每次地震，我都會很害怕。真的很害怕，快要不能呼吸。」

這是她第一次表達恐懼。情緒的盒子打開，便跌了進去，吳仙珍喃喃地說自己信佛，知道凡事都不能執著，但卻怎麼也無法忘記痛苦，回憶不斷糾纏著她。災難把日常生活帶走，留給她大片時間，無事可做，只能胡思亂想填補空白，整日都像遊魂一樣飄來盪去，明明活下來了卻沒有活著的感覺。

「我決心不要再這樣下去。我想找個工作。」在一大段深陷迷宮打轉的絮語後，她終於走出來了，「可是，我以前沒有在外面工作過，也沒有和別人一起工作過，不知道該怎麼找工作。剛好，村長需要找人發放物資，我就去幫忙。」那時台灣紅十字會來到亞齊，想透過梁炳順的人脈協助援建，她便也順勢加入紅十字會的調查計畫。

人生被海嘯覆沒的吳仙珍，沒有因為找到浮木而翻面，還是煎熬著。她說，事情做完，就又沒事了；一旦沒事做，她又像要發瘋一樣，只能不斷找事來占滿時間，讓忙碌填平破洞的心。於是，白天工作結束，她就埋頭做麵包到半夜，早上起床後先到市場賣麵包，再去紅十字會工作。只有讓自己無一分休息、無一刻停止勞動，她的魂魄才不會回到災難那天去。

「那個時候我一直告訴自己，要往前走，不要回頭。我可以吃苦，可以沒有收入，可是，我不要陷入明天不知道要做什麼的困境裡。絕對不要。」

我有些喘不過氣，只好埋頭寫筆記，設法舒緩一下凝重感，並將節奏拉慢些。吳仙珍或許也在整理心情，便將一塊糕餅推到我面前，叫我嚐嚐。我用叉子撥了撥盤子裡的食物，頭抬起來看著她：「妳跟老公怎麼認識的呢？」我指的是老楊，那個讓她跟著當上阿嬤的男人。

吳仙珍露出甜甜的微笑：「他因為政商關係好，也參加了援建工作。我就認識了他。」

之後，我便見到了來接吳仙珍的老楊。身形普通的他，細小眼睛上掛著單眼皮，鼻若懸膽，唇細嘴闊，配上前額飽滿的圓寬臉型，在命理中是帶財的面相。老楊確實有財，班達亞齊市內放眼所及的廣告看板、招牌旗幟……，皆出自他的圖片輸出廠。

在客家族群為主的亞齊華人中，老楊屬少數的福建裔，也是極少數受到印尼人和華人雙方認可的人——既為華人代表，同時也與官方親近；他是地方重要廟宇的董事，在伊斯蘭教新年也能入境隨俗，和穆斯林一起慶賀。下個年度，他將代表執政黨出來參選國會議員，是甲子之齡後的人生里程碑。

平時大剌剌的吳仙珍在丈夫身邊時，會輕輕靠在左邊——海嘯時，老楊親眼見到妻子和大兒子被水沖走，右耳聽力也從此消失——這個重組家庭有著類似的命運，各自的心事便也無需多言，吳仙珍沒辦法消除丈夫的痛，但至少讓他明白自己一直在身邊，讓他聽得到她說的話。這個城市，因此少了一點傷心。

——

我對班達亞齊這座城市的地理認知，約莫是從博納詠（Peunayong）這個華人聚集的地區開展的。這個地區早期不過是個疫癘患疫病、無人敢靠近的森林。亞齊依著後來遭受海嘯踏虐的烏勒類港岸而擴張，然隨時間推移，城市重心慢慢往博納詠移動。這裡初期幾乎不見華人，二十世紀初，荷蘭人終於攻下亞齊後，便將此地指定為唐人街，博納詠也成了華人聚集的地區。

博納詠依傍在貫穿全城的西北東南向的亞齊河旁，主要幹道杜固亞克阿瑞夫大道（Jl.Teuku Nyak Arief）則橫過城市，這個以亞齊民族英雄、獨立後首位亞齊行政區首領命名的大馬路，彷若海嘯衝刺的終點線：以南的部位受海嘯侵襲程度較少，往東有幾所大學、當地人喜歡的夜市，往西則過河可達海嘯博物館、大清真寺與發電船聚集的觀光地區。而這大道與亞齊河的交會處不遠，是個紓緩交通的圓環。

這個圓環錨定了我的方向日程。每天早上出門，我會透過車窗，看著車子是繞著圓環繞半圈或四分之一圈，感覺往西或往北，而圓環上的各色旗幟成為我對這城市最鮮明的記憶——印尼有十二個政黨，亞齊則多了個由獨立軍組成的亞齊黨，紅色旗幟分屬印尼運動黨（Gerindra）和亞齊黨，黃色則是親蘇哈托的從業集團黨（Golkar）。在這座城市的每一天，天天都是紅的黃的旗幟飄揚，綠色三輪車貼著的候選人競選標誌也晃盪晃盪。湊合起來的熱鬧模樣，讓我想起選舉期間的台灣。

太陽下山，那些旗幟便在夜裡黯淡，政治色彩也不再鮮明；反倒是國外來的咖啡與速食連鎖店招牌亮晃晃地，宣告著亞齊的開放和改變。每天晚上，我都會跟著梁炳順與莉莉出門，出去時在這圓環繞一圈，回來時，也在這圓環繞一圈。

或許因為為人師表，日子是一節一節地過，梁炳順的作息也像是課表一般嚴謹，固定時間起床，固定時間吃飯，除了特別的節日，每日三餐也大同小異。稍嫌單調又規律的生活，反映梁炳順一絲不苟的性格。像是早上七點之前，一定會獨自散步到住家附近的傳統市場吃頓早餐，喝杯黑咖啡；傍晚下課後梳洗一番，同樣也是七點，他會開車帶著家人朝數公里外的咖啡店而去，途中先下車買個以荷葉、油紙包裹好的椰漿飯，再到咖啡店坐下，邊享用晚餐，邊喝一杯黑咖啡。亞齊有句俗諺：「咖啡之後才是生活。」梁炳順的一天也是要由咖啡啟動，結束也要一杯咖啡。

在班達亞齊整整一個禮拜，我天天跟著梁家的作息，早上是椰漿飯與咖啡，晚上也是椰漿飯與咖啡。有時莉莉會帶我在其他店門口下車，試著換換口味。她明白，沒有人能和自己的先生那般一成不變。

這天晚上，梁炳順邀人稱阿強叔的張強生一起喝咖啡。笑起來額頭像是刻上許多線條的阿強叔在華人社群裡很受信賴，在地方人緣也好。我發現他能說得一口流利的華語，不由得好奇。

「因為我小時候學過華語。」阿強叔愣了一下，大概從來沒人問過他這問題。「排華之前，我就上學了。而且，我是生意人，常跟不同人打交道，多少會說一點。」

「他的亞齊語也很流利。」莉莉補充。阿強叔嘴角揚起，沒多說什麼。

見氣氛正對，我立刻拎槍上陣，「獨立軍究竟是好還是不好？」

沒什麼表情的他，不知我為何突然丟了這麼個問題，竟笑出來：「獨立軍對華人來說，不成問題。他們只對有錢人要錢。」

梁炳順也接著話題說道：大多數亞齊人即使不公開支持亞齊獨立軍，也厭惡內戰，但他們對於獨立軍的好感還是超過政府軍的。「獨立軍最多只是要錢。」當地人說，雅加達政府顯得貪婪與暴力。

梁炳順從來不公開談論這些問題，他言行謹慎且小心。作為一個有人望的教育者，他始終與權貴保持距離，就像活在被尺規圈成的世界裡，總是穿著合身的素色襯衫，面容嚴肅，態度拘謹，如果認識久一點，接觸多一點，便能理解他那樣的潔癖，不過是為了阻隔外在的紛擾與衝突，以及對官僚貪腐的厭惡。而後者，恐怕是他最深惡痛絕的一點，只要朋友間聊到政治話題，他便靜默，但聊到在官僚行事作為時，會挑挑眉毛，嘆口氣，從旁插幾句簡短評語：「貪啊。」

我想起某位參與援建的朋友提過，亞齊華人稱印尼軍為「綠豆」，警察是「黃豆」，而獨立軍則是「山軍」。山軍主要偷襲軍警、綁架有錢人要求贖金，博納詠華人基本上認為事不關己，於是轉移話題，聊到自己曾讀過一篇報導說，亞齊鄉下對獨立軍跟政府軍都很厭惡，稱他們是暴徒。

「獨立軍比較常騷擾鄉村，班達亞齊這座大城反而沒什麼事。」阿強叔繼續說，鄉下人或許常投票給獨立軍，但班達亞齊知識分子比較多，比較有主見，會批評當政者也會批評獨立軍，咖啡店常常是議論時政的人。

「嗯，我以為你們都不敢討論這話題。」我又想起朋友的警告。

「怎麼會不敢。」阿強叔又笑了出來。

三十二歲的店長貝斯（Bess）這個時候站在阿強叔身後，向大家打了聲招呼後，便摟住他的肩膀，開心地東聊西聊起來。熱情愛笑的貝斯出身內陸鄉間，因為結婚，在二〇〇八年來到班達亞齊。「亞齊是父系、母系並行的族群，家裡的財產多由女兒繼承，再招男人入贅。」阿強叔拍拍貝斯的肩膀，說他很認真，進這家咖啡店工作沒多久就擔負開分店的責任。

「海嘯後的班達亞齊，有什麼改變呢？」我對貝斯這個「新住民」的意見感到好奇。

貝斯偏偏頭，想了一會兒：「亞齊的人變得太多了。」災難後，亞齊人能獲得免費醫療和其他福利，吸引了許多外地人來這裡定居，人口從兩百五十萬增加到四百萬，本來安靜純樸的城鎮，現在都塞起車來。

「人多了，人心也變了。」阿強叔嘆了一口氣說，過去亞齊雖然比不上爪哇或雅加達那樣有錢，可是人心純樸、不分你我，海嘯後，大批外國人來救災，提供災民工作機會……「這很好，這對災民很好，讓他們有錢賺、可以過活，可是以前亞齊有互助的習慣，你幫我，我幫你，本來可以相互幫忙的事，現在都變成用錢解決。」

在印尼、馬來西亞等伊斯蘭世界，有個叫 Gotong Royong 的詞語，即是「互相幫助」的意思，在 Gotong Royong 的精神下，共同清掃清真寺、互相清理房子或蓋屋，都是應該的，但外援團體將以工代賑列為計畫，付錢讓居民清掃家園和蓋屋，讓他們轉而「為錢做事」，人們因此唯利是圖。

「以前找人工作只需給三萬，現在給六萬、還包飯錢，都請不到人。」阿強叔又搖了搖頭：「在棉蘭四萬就請得起一個工人啊。」

災後回到亞齊的阿強叔不但發現故鄉大改其貌，還察覺物價變化劇烈。「外國人買東西很慷慨，只要他要的東西，都不怕價格。一瓶水，賣兩倍價錢也不怕。價格也就因此一直漲。」他瞇著眼睛，淡淡地說。

「以前我們在這邊吃飯，一餐飯三千印尼盾就解決，現在都變成七、八千了。」梁炳順補充：物價漲，當然工資也漲一些。

災難後，班達亞齊產生建築高潮，這座接近三十萬人口的小城出現了一大片無用的房屋店面，產生了通貨膨脹，二〇〇八年通貨膨脹率達到四二％。非政府組織雖提供災難經濟，為人們修建房屋，但基礎建設做得不夠，雖有緊急援助，當地經濟的基本構造還是缺乏，但至少在表面上，亞齊遠比過去「發展」。我提到圓環邊的連鎖咖啡店與速食店，說這些商店進駐代表亞齊也算是國際城市，「很進步，不是嗎？」

「不過，除了學生以外，亞齊人很少去那些咖啡店。」阿強叔說，北蘇門答臘有絕佳的雨林咖啡，這裡的每個人都有自己的地方咖啡店。

「我們會去的是超市跟百貨公司。」莉莉插話：「以前都沒有這樣的大商場，現在亞齊人放假沒事，就會到商場吃飯看電影買東西。」

亞齊的夜不再安靜，商店與攤販直到九點十點都還亮著燈，這個大馬路邊的咖啡店自然也熱鬧喧騰，亞齊男人聚集在此高談闊論，或專注看著足球賽——據說，這裡是他們的賭場，有些人的咖啡裡甚至摻著大麻。而開敞的咖啡煮食區不斷冒出熱騰騰的煙，店員忙碌得不得了。這樣的風景，在海嘯之前就有，重建後依然。

前面一桌對著電視螢幕興奮大叫，振臂高呼，不知道他們支持的紅色球衣隊伍是哪個球隊，顯然比咖啡因更能振奮精神。我看了他們一眼，轉頭再次確認：「亞齊變化很大吧。」

「嗯。可是也沒有大家想像得那麼發展。」阿強叔似乎不太喜歡災後的這些變化，除了偶爾到雅加達探視妻兒，他幾乎都不會離開亞齊，就連海嘯發生，災民陸續逃離，他卻反向而行，立刻飛回亞齊。我忍不住問他為何不乾脆就離開，他只是看著遠方喝了口咖啡。

「災難結束，人就走了；重建結束，誰還留下來？」

我在亞齊時常跌入語言的迷宮裡，既不懂印尼文，對客家話也一籌莫展，因此，每個晚上的咖啡聚會，我多半都在發呆。有一晚，阿強叔和梁炳順不知道討論什麼，語氣激昂，讓我好奇得不得了：「你們到底在說什麼？」

「對中國來說，台灣是同胞，馬來西亞是僑胞，印尼是華僑。」阿強叔扯了扯嘴角，似笑非笑：「中國不把印尼華人當自己人。」

梁炳順趕緊解釋，剛剛其實談的是美金和物價波動的事。我點點頭，在蘇門答臘這段期間，這似乎是人人茶餘飯後的話題，但怎麼會扯到中國？

「因為談到中國在這裡的投資。」阿強叔似乎不打算放棄「中國人」的討論，繼續說：「我們印尼華人都覺得，印尼以前反共清共政策，讓華人疏遠中國，中國也就不把華人當成自己人了。」

所謂的「印尼華人」難以追溯，於是也難以指認。《元史》即有出征爪哇而迷失的記載，明代鄭和也在印尼留下數目不詳的華人；大清建國沒多久，英國航海家威廉．丹皮爾（William Dampier）在亞齊記述中留下這段文字：「所有來該城貿易的商人中，最引人注意的是中國人。他們有些人終年住在這裡，有些每年自中國航行來此……。」此時是一六八九年。

華人最大移民潮興於十八、十九世紀，以華工的形式流動到西方殖民地。然而，亞齊華人移民數量激增，卻是廣東大埔客家人張弼士的商務貿易使然。

一八五七年，孑然一身的張弼士遠赴南洋謀生，以酒行起家，不久即從荷蘭殖民者手上得到包酒稅、鴉片菸稅等稅收的許可；一八六六年，在荷蘭殖民政府首肯與資助下，他又在巴達維亞附近郊區進行開墾工程，而後投資椰子、稻米等農業；直至一八七〇年代，生意擴展到蘇門答臘，以橡膠、咖啡和中國茶為業；一八九〇年代，又建立橫跨麻六甲海峽的貿易和航運。阿強叔的祖父正是於一八九〇年代從廣東來到亞齊的。

「我不知道祖父為什麼來到亞齊，可能是家鄉太窮，活不下去。」阿強叔說，這個地方聚集了許多同鄉，或許互相勸說拉攏，一個接一個依循前人的腳步到達異地。「祖父想著反正有人照顧，就來到亞齊，跟著鄉親一起做買賣。」

當時正是荷蘭殖民勢力擴張時期。荷蘭初期的殖民地治理，不以政治統治為重，索求的是經濟貿易權，於是成立荷屬東印度公司，以商業股權的方式在東南亞各地運行。但它不直接統治蘇門答臘，島上仍靠原有的統治勢力管理，奴隸買賣甚是風行，海盜掠奪事件頻傳，亞齊王國更是頻遭海盜聚集侵擾，而得到「海盜國」的稱號。中國海盜也會到亞齊，明朝鄭和下西洋時，便有逮抓中國海盜陳祖義等五千人回朝的案例。

當阿強叔的祖父來到亞齊時，亞齊王國國力已在英國與荷蘭爭奪支配權中衰退。一八二四年，英國與荷蘭簽署《倫敦條約》，承認荷蘭對蘇門答臘的占有權，荷蘭必須監督亞齊王國，並保持亞齊通商沿海航路安全，同時遏止海盜與奴隸買賣；相對的，荷蘭得承認亞齊獨立地位，好換得對亞齊的監督權。一八六八年，蘇伊士運河開通，亞齊通商航路更顯重要，但當時的亞齊趁伊斯蘭教復興運動開展，有反歐的趨勢，對歐洲貿易進行諸多阻礙。英國便協助荷蘭發動戰爭、統一亞齊，荷蘭因此給予英國平等貿易權力。然而，即使印尼群島與大半蘇門答臘都受荷蘭控制、承認它的權力，亞齊仍然不願臣服、堅持獨立地位並持續反抗，戰火因此連延三十年。

在這烽火連天中，阿強叔的祖父得想辦法生存下去。「他很勇敢，追在軍隊後面賣水跟食物。雖然可以賺很多錢，但也很危險，隨時都會被抓走。可是為了養家，他就只能賭上性命。」他說自己的父親就是這樣被養大的。

基於對荷蘭的抵抗意念，亞齊支持印尼獨立運動者，一起對抗共同的敵人。荷蘭為了填平英荷大戰的缺口，強迫殖民地農民耕種咖啡、菸草等經濟作物，收穫作物以納稅形式上繳，剩餘作物則以固定價格收購；長久下來，荷屬殖民地知識分子與農民漸感不滿，起身反抗以脫離殖民。獨立運動領袖蘇卡諾不斷逃避荷蘭殖民政府追捕，也多次入獄，亞齊人向他發出召喚：「當你逃無可逃，可以來這裡，我們保護你。」蘇卡諾則以此回應：「亞齊是我的第二故鄉。」

阿強叔說著亞齊與印尼獨立的關係時，梁炳順忍不住插話：「我們這邊還有一架總統飛機呢，現在還在展覽。」亞齊對蘇卡諾和獨立運動的支持如此赤誠，不僅號招人民贈送黃金，還送了兩架飛機給共和國政府，這飛機也是印尼國家航空最早的兩部飛機，用以突破荷蘭封鎖、有效運送物資。但印尼獨立後，蘇卡諾政府卻將亞齊從原本獨立地位降級，成為北蘇門答臘的一省。信仰伊斯蘭的亞齊與信仰基督教且族群龐大的巴塔克（Batak）素來互不相容，更別提共享一行政區，亞齊人因此認定遭到蘇卡諾背叛，成為「棄民」，便向中央抗議。阿強叔的父親正是和蘇卡諾政府談判的代表之一，終讓雅加達當局將亞齊改成「特區」的地位。

「因為我父親在中國生活過，有著民族主義意識。」看著我疑惑的表情，阿強叔點了點頭解釋：當時中華民國成立，祖父認為兒孫都應該認識這個全新的中國，便將兒子送回廣東讀書。「但我父親在亞齊長大，對這塊土地有感情，對中國感到陌生且隔閡，讀完書以後，還是回到亞齊，而印尼也在這個時候獨立了。既然是個接受過中國民族主義洗禮的知識分子，就扛起跟蘇卡諾政府談判的責任。」

這結果雖安撫了部分的亞齊人，卻無法讓另一部分人信服，他們認為這些承諾毫無意義。蘇哈托發動政變上台後，片面銷毀與亞齊的談判協定，這個軍事強人不僅把軍隊送進亞齊，還允許外國公司開採亞齊的油氣田，而且將亞齊的權益排除在外。不僅如此，印尼當局將大量移民送到亞齊，任爪哇人占據港口和富饒土地，在封閉亞齊自由港之餘，連鐵路建設都廢棄，還縱容政府軍縱火燒民房，虐打、殘殺、強暴的指控未曾止息。忍無可忍的亞齊人，宣布反擊，戰火再起。

一九九九年，瓦希德（Abdurrahman Wahid）執政時，一度想解決這個難題。生於東爪哇宗班（Jombang）穆斯林家庭的瓦希德，曾公開宣稱擁有阿拉伯、爪哇與華人血統。其父系先祖陳金漢（Tan Kiem Han）是福建泉州的伊斯蘭長老，十五世紀隨鄭和下西洋後定居爪哇。或許因為如此，年輕時的瓦希德廣讀西方民主思潮、同情少數族群處境，屢屢發表善待華人、減少歧視的文章，也反對任何違反多元社會的主張。即使惹怒蘇哈托，在所不惜。

待蘇哈托下台後，他組織了「民主覺醒黨」，並在贏得總統之位後，撤除華人相關禁令，華文教育與文化在印尼終能見光。上任之初，他就實踐了民族和解的主張，同意讓亞齊享有自治權，地方政府可管理七五%的財政來源，也同意讓亞齊人以公投決定未來。但不久，他竟反悔，表示「堅決反對亞齊獨立」。即使當時自由亞齊組織和印尼政府已簽訂停火協議，也無法終止衝突，因為，連瓦西德原本承諾的七五％地方財政運用也跳票，削減到二五％。二〇〇一年，瓦希德甚至直斥自由亞齊是分離組織，轉而採取攻擊行動。

梅嘉瓦蒂接任後，將衝突推上高峰。作為獲得亞齊支持的蘇卡諾後代，這位女總統給予的報答是「戒嚴令」，將亞齊推入絕境。直到海嘯過後，蘇西諾政府和獨立軍簽訂和平協議，也允諾亞齊自治的條件，戰火才告平息。

「現在問題都解決了嗎？」我問：「你們覺得被公平對待了嗎？」

阿強叔牽了牽嘴角，不置可否。

「亞齊是印尼物產最豐盛的地方，除了石油、森林，還有咖跟橡膠……」他說，海嘯隔年，印尼國會通過《亞齊自治法》，賦予亞齊地方政府更大自治權，地方選舉也能據此展開。根據這個法律，亞齊開發的石油和天然氣收入的七〇％由亞齊自己支配，亞齊獨立運動者也能組成政黨。「蘇門答臘產石油，是很重要的獲利來源，協議中說好收入要三七分帳，但雅加達政府還是沒做到。」

「更何況，印尼政府跟官員貪汙嚴重，怎麼相信他們？」他頭抬起來，眼睛瞇了一下，嘴角再無笑意，「雅加達政府在處理和亞齊之間的協議時，也讓人感到懷疑。如果你和人合股做生意，對方帳目不清，瞞著你盈利狀況，你難道不會想退股嗎？」

亞齊天然資源豐富，但分配到的財政資源卻少得可憐，人民平均收入也低於爪哇，讓亞齊人的不公平感甚深。

「可是你們自治了耶，」我想了想，「二〇〇七年，亞齊獨立軍代表就贏了選舉，不是嗎？」

「唉，沒有改變啦。」梁炳順又忍不住搭話。

「前任亞齊省長對這些不公平妥協了，現任省長雖然比較積極要求，可是雅加達政府還是賴皮拖延。」阿強叔嘆了一口氣，不想再批評些什麼了。

——

災後重建耗時費力，海嘯過後好一陣子，很多人還是無家可回，沒有住所，也沒錢重建。與現任丈夫老楊初識前，吳仙珍原本和其他人一樣，家產盡失、無處可去，結果是老楊因參與中國援建的永久屋計畫，為了同情之故，便替她提出申請，給她留個棲身之地。

吳仙珍甜甜地說，老楊這時候已經在追她，而我卻被「中國」兩個字吸引過去，連忙問那是什麼？

「中國－印尼友誼村。」吳仙珍說，「就是中國政府幫災民蓋的房子。」

「就是成龍的房子嗎？」我想起那個缺牙的亞齊公務員提到的援建成果。

「對，對！」吳仙珍忍不住哈哈大笑，「妳也知道這個稱呼啊？我嫁老楊前就住在那裡。要不要去看看？」

「中國－印尼友誼村」離班達亞齊市區約十五分鐘車程。車開出市區不久，便見著了海，人們必須隨著海嘯行過之路往高地走，才能到達新生之地。岸邊的水筆子像是揮別海嘯陰影一般，輕輕擺動。吳仙珍指著那片紅樹林：「這些水筆仔是海嘯後種的。」

亞齊的水筆仔曾經非常茂密，品質也優良，適合製作備長炭，因此遭日本企業大量收購，數量隨之銳減。當具有擋風避浪的水筆仔大量消失，海浪推進便無阻力，直往陸地前進。災後，民間人士鼓吹把水筆仔種回去，才有了如今這道天然又環保的屏障。

走過水筆仔、走過鄉村小徑，車子在山路上轉了幾個彎，將悠悠前行的牧牛、孩童拋在身後，就能見到澄牆紅屋頂建築在不遠的高處點綴著。一個中式牌樓不久後擋住去路，以此態勢明白宣示：這占地近二十三公頃山地上倚勢建造的建築群，來自中國。

友誼村由中國慈善總會與中國紅十字會滙集中國捐款所打造的，共耗一點一億人民幣（亦即一千四百四十萬美元），是中國在南亞海嘯中最大一筆重建經費。我原本以為這是中國蓋給華人族群居住，便以為能見到許多華人；不料，先迎上的還是黝黑的當地族群，他們悠閒地在牌樓後頭的簡單小涼亭翹腳喝茶玩牌。看我們這群陌生人前來，他們僅是輕輕微笑，沒有太好奇、也沒有太防備，又低頭玩著自己的牌、聊自己的天。後來才知，這裡的六百零六套屋舍，只有一百戶給華人，其他則分配給受災嚴重的居民。

車又繼續往上開，經過一個大綠地和幾處房子，在一個綠樹成蔭、紅花遍開的屋前停下。吳仙珍一邊介紹自己的植栽，一邊邀請大家先在庭院坐坐。趁著吳仙珍整理家裡的空檔，我把握機會到處逛逛，才沿著坡道往下走，就看到清真寺、學校和診所等公共建築。其中一個類似毛澤東時代的屋舍牆外掛了個牌子：「無情的印度洋海嘯給印尼人民造成巨大災難，牽動了億萬中國人的心」。這標語在這環境裡非常突兀，除此之外，倒是沒有其他中國或華人的鑿痕。信步走走，能見到的無非是幾隻羊與膚色略黑的當地人，他們或抱著小孩聊天，或修剪房舍前的花木，見到我都微笑點頭，不覺打擾，甚至樂於讓我替孩子拍照。揮一揮手，他們繼續往家門走，我也回頭朝吳仙珍的家前進。

「我每個周末都會來這裡待上一會兒，整理一下。」吳仙珍一邊修剪著花木，一邊摘下她種植的水果。這樣的奢侈是過去的她不敢想的，災後得到這棟房子時，不免用心打點它；即使嫁人後不住在這裡了，這個花果天堂還是專屬於她。

她將蓮霧和番石榴拿進廚房清洗，我便跟著她的腳步進門。餐廳貼著中國式春聯和書畫，主臥室內是她和老楊的婚紗照，而她在台灣紅十字會總部工作的照片，就掛在客廳最顯眼的地方，旁邊還有當時紅十字會會長陳長文的獎勵信。她看不懂華文，但這些字語讓她由衷懷念。

協助台灣紅十字會完成救災重建工作後，她受邀到台灣接受技職訓練，計畫將所學帶回亞齊，好幫助當地婦女就業發展。「亞齊沒有工廠，需要更多工作機會。像我本來就會拼布，拼布很受歡迎。我想，如果可以到台灣學習手工藝技術，回來後，可以開班教當地人，幫助沒有工作的人跟他們的家庭。」吳仙珍說，這計畫是為婦女打造的，因為災區婦女過往多靠先生在外工作生活，一旦失去經濟支柱就有生存壓力，而紅十字會提出的輔導計畫和職業訓練，能讓這些婦女得到實際幫助。

「我在台灣上課時常想，怎麼做出適合亞齊的東西。」她發現台灣的原物料相當高級，但對當地人來說成本都太高，必須要轉化成當地原物料搭配，不見得學了就可以馬上在當地使用。這是她時常思考的問題，而她不只有這個煩惱——獨自在異鄉，她很是寂寞，想著必須積極打入人群，才不會東想西想、再陷入無法抽離的痛楚中。於是，她每個晚上都和同事聚餐。但生活補助僅能應付簡單日常所需，加上

「台灣的錢好大」，怎能容許過度開銷？她只能勤儉度日，僅以一個小麵包打發早餐和午餐。職訓局的一個清潔人員看了，於心不忍，便每天都作兩個便當，將其中一個分給吳仙珍。吳仙珍先是百般拒絕，認為造成他人的負擔，但那位大姐也是十分堅持：「反正我每天都要作便當，多作一份，不差什麼工。」吳仙珍只能接受。

「我總想著，當我辛苦時，別人對我這麼好，我也要對別人好才行。」順手擦了擦那幀裱起來的紅十字會證書，她對這恩惠充滿感激。

黃幸娟曾對我說過，吳仙珍的俏麗吸引許多參與援建的青年才俊，而她也陷入選擇難題。於是我指著房裡的婚紗照發問：「聽說很多人追妳，那些人條件都很好，為什麼選擇老楊？」

「我知道很多人覺得我們不配。」吳仙珍順手擦了擦手上的果子，輕輕說道很多人認為他們年紀相差太大，而且，他站在她身邊顯得過於矮小。「他們都不知道，我在台灣受訓時，每個晚上，他都會打越洋電話給我，怕我一個人在外面很寂寞……。」

吳仙珍在二〇〇七年住進這個小屋，也在同年結了婚。小屋在她用心的照料下花團錦簇、生意盎然。家園重建了，她的家庭也重組了。吳仙珍在花園裡，不停對著笑鬧撒嬌的小孫女拍照，只要家人在身邊，她都會記錄每個片刻，絲毫不願錯過。彷彿不留下這些，下一秒，就會遺憾那般。

「我失去了原本的家人，現在，把這孩子視如己出。」她一口一口餵著懷裡的孩子，邊說自己「看過很多」，知道日子能過就且過。但時不時也會想起當年才穿上高中制服的女兒、活潑好動的兒子，如果他們還活著，現在會是怎麼樣呢？

——阿強叔對政治沒有太多愛恨，談起問題來平平淡淡，像是說他人的事一般，只有談到佛法，眼裡才有光彩——他是虔誠的佛教徒，掛在嘴上的大多是佛教義理。白天他在大清真寺旁的市集賣布，晚上則博納詠的佛堂念佛修行。

這個佛堂是亞齊華人的信仰和社交中心，包含吳仙珍和梁炳順一家，都在這裡參加各種慶典活動、婚禮，甚至開辦各樣學習課程。阿強叔在佛堂裡深受信賴和尊敬，是重要的意見領袖，但也常冷眼看著華人族群在其間爭吵、碎嘴，總搖搖頭說：「還是印尼人順良、講義氣。」

自荷蘭殖民開始，主政者便以操弄族群的手法分裂人民，好鞏固政權。印尼長期以來族群衝突肇因於此，華人與當地土著互相看不順眼，特別受到漢文明影響的華人，總將他者視作「番」，內心不無歧視鄙夷。梁炳順夫婦的補習班雖開在博納詠，但前來學習的多是黑棕膚色的當地孩童，鮮少看到黃面孔。

「華人不太喜歡和當地人一起學習，他們覺得當地人不聰明、沒文化，不願與之為伍。」因為偏見歧視和莫名的優越感，華人自我放棄了學習的機會和前進的可能；而當地人卻寬容大方，積極學起華文，看在梁炳順等人眼裡，實在感慨。

曾受教於梁炳順一家的亞齊學生，只要看到這家人，都會趨前問候。我每天在咖啡店都會看到膚色黝黑的青少年來到我們面前，向梁炳順夫婦點頭問好。有次，我忍不住稱讚他們的禮貌。

「對啊，如果是華人學生，就會趕緊躲開。」梁炳順說，華人總是敬畏師長。

阿強叔微微點頭，再次強調：「印尼人還是比較有品德，有佛性的。」

他對亞齊人的好感，部分來自父親的影響。阿強叔的父親在「祖國」留學時，並未被同儕師長當成「自己人」，因而吃盡苦頭，飽受歧視，但因為這段經驗，才深刻體認到亞齊人的寬厚包容：「他們本來可以把我們這些華人趕走，但他們沒有。」一時常聽父親說這話的阿強叔，看待當地人的眼光自然與其他華人不同，在地認同也強烈。

「人活著是為了什麼？」阿強叔突然發問。

莉莉想都不想，回話：「為佛堂。」閒暇之餘，她總愛往佛堂跑，教孩子們華文，也開辦華文講經班。一九六六年出生的她雖是客家人，卻難說得口流利的華語。這在客家華人聚集的亞齊，十分少見。

冷戰時期，印尼政府認定華人學校都有共產黨有關，強制關閉華文學校。在蘇哈托掌權時期，只要從事與華人相關的活動，就會被視為對印尼沒有國家認同的叛徒。雖說如此，華人寺廟還是偷偷開華語課，傳承中華文化，以便講解佛經。從小就在佛堂浸淫的莉莉，自然學會華語。

一聊及此，她吐吐舌頭：「雖然我喜歡學佛，但很排斥上華語課，因為老師很凶。」她現在卻十分感謝當年的嚴師，讓她能說得上華語，而且，和華語的因緣也在步入中年後加深——因為海嘯，大批說華語的外國人進入，孩子遠赴台灣讀書，女兒因而成為大學的華語教師，女婿也因熱中華語教育，將來會在亞齊開辦華語補習班。

孩子們的訂婚儀式，就是在這個佛堂舉行的。那時，佛堂還重建不久，全新但空蕩蕩的。我到亞齊時，這個掛著「大亞齊佛學社」牌匾的佛堂才剛開光，莉莉帶著我去看大廳內偌大的金光佛祖時，表情興奮又驕傲。

這是台灣紅十字會花了十八萬美元援建的佛堂。紅十字會雖不援助宗教建築，但幾個台灣人連同當地人仍極力爭取這項計畫經費，因為佛堂不只是當地華人信仰中心，也是教育、文化和心理支援中心。但莉莉還是忍不住感嘆：「過去的佛堂是大家一磚一瓦蓋起來的，你幫我，我幫你，現在的佛堂卻是花大錢請外面的人蓋起的。」

亞齊華人團體、社群都依附在宗教之下——除了客家人信仰的大伯公寺廟外，還有拜菩薩和媽祖的廟宇，大亞齊佛學社則是以佛祖為重之地。這些宗教場所都擔負著華人文化傳承的工作。畢竟，在這個曾經排華、也排除華文教育的國家，維持文化就跟維持一支香火一般，必須小心翼翼。

「亞齊都是穆斯林學校，只有幾家基督教學校，就沒有其他選擇了。」莉莉解釋，華人孩子只能在基督教學校上學，因此華語補習班和佛堂華文課便顯得相當重要。

對由客家人組成的亞齊華人社群來說，客家文化組織同樣重要。客家基金會在一個學校對面，外表看起來毫不起眼。假日無人上班，金屬鑲框的大門鎖上，但梁炳順夫婦不放棄，打了幾通電話後，喚我上車，往不遠處一所學校前進——只見基金會工作人員正忙著在那裡準備新年活動，團練舞龍舞獅——標準的華人節慶文化元素。

一位穿白衣、戴著帽子的大叔站在一旁悠閒觀看，梁炳順直直往前朝他打招呼，「他『也』叫阿良叔。」客家話裡，阿強與阿良有著類似發音，故梁炳順開玩笑地加了「也」。聽說我從台灣來，這位被稱為「阿良叔」的吳國良竟說起標準口音的華語，讓我吃了一驚。

七十歲的阿良叔笑著解釋：「我當然會說華語啊，我這麼老。蘇哈托禁止華語教育前，我就上好多年學校，學校都有教華語。」

「可是，禁止華語這麼多年，你難道不會忘記怎麼說嗎？」

「不會，因為我嚮往中華文化。」阿良叔說年輕時，他每晚都窩在房間裡，扭開收音機，聽著台灣的廣播節目，從音箱裡流瀉出來的，就是字正腔圓的標準華語。「那時候，人們被分成紅屁股和藍屁股。紅屁股是親共產黨，藍屁股是親國民黨，我到了很久以後，才瞭解這是什麼意思。原來我是藍屁股。」

一九四九年，蔣介石政府遷至台灣，中國一分為二，海外華人也跟著選邊站，有人信仰紅色中國，有人相信藍色國民黨。冷戰的暴力同樣切割了印尼社會，也切分了華人社群，亞齊華人社群分裂成紅藍兩派，一方親中華人民共和國，一方親中華民國，兩者都有自己的華文學校，壁壘分明。然當時與印尼政府有邦交關係的是中華人民共和國，於是藍派漸漸式微、紅派在亞齊獨大。但也因為紅派的政治色彩，讓蘇哈托政府直認這些華人與中國有勾結，於是強行壓制，在排共時期，手段更是凶狠。最後，不論紅色或藍色都消失在這塊土地上。

但對阿良叔來說，沒有差別。他天天偷聽「自由中國之聲」，為了點歌，每日寫信到台灣。「我很喜歡鄧麗君，每天寫信都點小鄧的歌，後來跟台灣中廣的節目製作人都認識了。」

「那是反攻大陸年代，中廣還有客語節目。」這些書信往返是他的青春寫照，但海嘯將他收集的書信郵票全都被沖走，命雖保住了，珍貴回憶卻已不在。除了遺憾，再無能表達他的傷心。

眼前的年輕小夥子認真演練舞龍舞獅，阿良叔往前指了指：「這些孩子多只會說印尼話和客家話，更小的孩子連媽媽的話都不會說了。因為，帶他們長大的是印尼人，上學也都只能說印尼話。」他反問我：「什麼國什麼族，在這個時候，有什麼分別呢？」

阿良叔離去後，舞龍舞獅的練習還在繼續。中國式的鑼鼓喧囂，竟還配上亞齊特色舞蹈動作，仔細一看——敲鑼的、領舞的，都不是華人臉孔，而是當地人。

「海嘯後，華人能參與練習的人數太少，就和亞齊軍隊合作，讓軍人和華人青年一同演練這傳統文化。」梁炳順解釋，所以舞龍舞獅的舞步也加入了當地特色。

中國傳統節慶曾跟著華文教育一起被禁，就算印尼解禁了，亞齊依然沒有開放。這裡的伊斯蘭教擁有絕對勢力，更別說舞龍舞獅的異族信仰文化太過強烈，與地方格格不入、落差過大。但近年來因華人團體的努力，彼此之間的隔閡漸漸消弭，族群文化且能彼此尊重且開放融合。

海嘯不僅撫過戰爭裂痕，也沖走了族群界線，儘管眼前的道路上還留下各種坑坑巴巴，但至少和平曙光已在黑色浪湧退下後，從天際展露。

真主的安排

那一天，被海嘯捲入黑不見底的水裡的阿寇（Koi Tiba）抬頭看到了光，朝光一伸手，竟抓住了根樹枝，也就活了下來。日後，他總說，這場災難是真主的安排。

剛滿二十四歲的阿寇，平日吊兒郎當，和其他人比起來沒規沒矩，也不認真上清真寺。在班達亞齊這個信仰虔誠的城市，阿寇並不算個乖孩子。像是海嘯來臨的那個周日早晨，亞齊的穆斯林早已起身朝拜並用完早餐，他還窩在床上呼呼大睡，若非一陣足以晃醒他的天搖地動，恐怕會睡到近午才起。

地牛這身翻得太大，阿寇連站都站不穩，才想往外逃生，就看見一旁浴室裡驚人的景象——浴缸的水像海浪般翻湧，驚得他內心也跟著翻動起來。跌跌撞撞逃出家門後，聽說鄰近高達十三公尺的建築物已經倒塌。「真的很嚴重呢，這恐怕不是一般的地震。」鄰居們七嘴八舌討論起來，此時，一陣更長、更大的地震襲來，尖叫聲取代了原本的閒聊聲，此起彼落，直到平緩下來，眾人才鬆了一口氣：「這地震好大啊，比一九八二年那場還大呢！」

阿寇在這個時候接到父親的電話。他的父親是亞齊獨立軍的一員，和夥伴在一起的他也感受到了強震的威力，掛心之餘趕忙打電話關切，並囑咐阿寇去探視附近的親人。阿寇想了想，決定先去阿姨家瞧瞧，順手拿起櫃子上的車鑰匙，往門外走出去。

才準備發動機車引擎而已，便聽到許多人大喊：「水來了！」

「水來了是什麼意思？」阿寇家離海邊三、四公里，完全看不到海，無法理解海水怎麼會來？但看著其他人驚慌失措奔跑，還是不安。「快跑！」站在門口的姐姐當機立斷，阿寇為了讓全家老小都能逃，丟下摩托車、轉而鑽進轎車駕駛座發動引擎。母親、姐姐和他的孩子們，全都擠了進來，準備逃難。但車子太久沒開，怎麼也發動不了，他急得汗流浹背，用力拍打車子，才終於發出了嚕轟聲。

但是，該往哪個方向去？他們從來沒有遇過海嘯，不知那是什麼情況，更別說有任何準備，茫然無措的阿寇只能開車直直往前，卻陷在逃命的人群車陣中，動也不能動。卯足了勁，花費許多時間，卻只離家一百公尺。

一個女人敲了敲窗：「請停車，請帶著我的母親一起逃。」仔細一看，女人身後是位年邁的婦人，看來行動不便，如何逃難呢？他們雖不知能否逃得了，也還是讓老婦人上了車，繼續努力往前。

二十分鐘後，水來了。一公尺高的水，衝垮了木屋，木材屋瓦碎得到處都是，車子引擎再次停止轉動。車門被水壓頂著，開不了，車上的人困在車內無法動彈，慌得不知怎麼辦，只好開了車窗，叫大夥兒掙脫逃出。

但來不及了。在哭聲吼聲尖叫聲和各種衝撞聲中，水淹過車頂，淹過了阿寇的頭。這水是黑的，還夾雜很多東西。「這是海水嗎？這不是海水吧？」他忍不住自問自答，一手抱著三歲外甥的他，只覺漸漸失去力氣，再也游不動了，正在猶豫是否放手時，突然有道光穿透黑水，在阿寇頂上開了個洞，他直直往那道光伸手，一抓，抓到了樹，他鬆了一口氣，順著樹枝攀上了樹。只見母親在相差約十公尺的屋頂上，姐姐在更遠的高處，他們接上車的老婦人也在同個樹上，喃喃地說：「我的孩子呢？」

海水漸漸退去，水位仍高，但人們已能踩著水面下的垃圾往前行走。阿寇一家仍不敢走動，就這樣在屋上、樹上度過了一夜。隔天，寄住在親戚的房子。三天後，外地親人來找尋他們，將他們帶離班達亞齊。一周後，才又回來這個滿目瘡痍的故鄉。

只是，從那天那通電話後，阿寇就失去了父親的音訊。他和那群獨立軍夥伴一起從這個世界上消失了。

——

二〇一一年八月，十歲的穆罕默德（Muhamad Hafid Akbar）跟妹妹一起登上了《朝日新聞》版面，這方塊狀報導的開頭是一段引言：「我的爺爺在海嘯中喪生，雖然很哀傷，但我們還是認真地活著，也請大家都要加油。」這是穆罕默德寫給日本三一一海嘯災民的信，希望他們能走出悲傷。報導中詳述小男孩的海嘯經驗，受到驚嚇的他，竟整整五日無法說話，而他開口的第一句話便是：「我好累。」

因為年幼，他對這場災難記憶稀薄，但螢幕上從日本傳來的災難畫面喚醒了他的惡夢，錯以為亞齊又有海嘯，感到非常害怕。大人們則不斷安撫他們，告訴他們這個海嘯發生在很遠的地方，不在亞齊。

兄妹兩人聽了後，進了房間，將門鎖上，一起寫了信——這是他們的祕密。直到記者登門拜訪，請他們將這封信念出來時，母親都還不知情。「這天，在記者面前朗讀這封信的兩人，知道心意能夠被傳達給日本災民後，露出了放心的表情。」

這個十歲的穆罕默德，便是當年阿寇逃生時抱在懷裡的三歲姪子。阿寇並不知道我看過這篇報導，我提出邀約時，也只簡單表示想聊聊「和平」之類的，沒有強調戰爭與海嘯，所幸阿寇也沒有多問，爽快答應，允諾隔日在咖啡館見面。

阿寇每天早上都跟朋友在這家咖啡店聚會，這些朋友都經歷過海嘯創傷，也因災後重建接觸了世界。他們學習了外語、替援建組織翻譯，而後為外商工作、甚至籌組社團，試著改變亞齊，讓故鄉變得更好。「我們只是一群聚在一起說話，以此平撫創傷的團體。」他們半認真半玩笑對我說。

在朋友們的笑鬧中，坐在邊角的阿寇和我談起海嘯那天的經歷，一個字一個字都是細節。這天雨陰，原本膚色就黑的阿寇坐在樹蔭下，更是陷入暗裡，讓人無法看清楚表情。他先深深吸了口菸，緩緩呼出氣，再一口喝盡杯中的黑咖啡，彷彿是長長的逃難後、精疲力盡的牛飲。他現在不需奔逃，也不再緊張，但回憶還在後頭追趕著他；而他說來輕鬆的字字句句，是九年前的創傷掐壓出來的。那是和老天打仗的傷口。

我說他把過程記憶得好詳細，他微微牽動嘴角，說道：「我很喜歡看電影，尤其戰爭電影。看著原本熟悉的家鄉，歷經災難後的景象，我以為自己看到了電影場景，這才意識到，啊，原來戰爭就是這樣。」

「海嘯後，我就不看戰爭片了。」他細細描述，樹木傾倒、車子翻覆、滿是泥漿、屍體遍地的景況，「我已經知道戰爭的模樣。」

「但你們本來就有戰爭。」我知道這句話說來很不識相，但仍忍不住提醒他。

「嗯。」阿寇不置可否，承認亞齊在海嘯來臨前有著一段被印尼封鎖、與世界隔離的過去。「這當然是內戰造成的，但內戰其來有自，亞齊人長久以來忍受雅加達政府不公平的對待。」

「嗯，你的父親就是獨立軍？」我向他確認這一點。

「很多人的父親都是獨立軍。他們都起身反抗。」阿寇攤了攤手。

「可是海嘯後，獨立軍也放棄反抗。你們簽署了和平協議。」

「是啊，如果不放棄，亞齊會更慘，」阿寇眼神往我身後飄，「這是一個很大的進程。」

在政府軍和獨立軍對峙的高峰期，雅加達政府曾在亞齊部署五萬大軍，以控制四百萬亞齊人。他們將自己與獨立軍之間的衝突，轉嫁到平民身上，當地男人被施暴並「被消失」，女人則受到監控和虐待。災難過後，當地婦女對著外國人訴說著那些過往，說親眼見到女兒被強暴、兒子渾身是傷，而她們則在重重的警戒線、封鎖區中勤儉度日，照料全家。人類學者德威爾（Leslie Dwyer）將這些故事記錄下來並評論：「當全世界都在海嘯後關注亞齊時，政府已不能再繼續封鎖這裡，只能任由國際斡旋、開放。」

德威爾在文章裡寫道：二〇〇五年的停火協議，讓婦女們的生活得以改變。她們能夠去工作、市集，甚至上學去。她們還可以投票。但她們曾受過的暴行與傷害，仍未得到承認與賠償。「大量湧入社區的援助項目，都無法幫助她們。」德威爾說，不論全國或是當地的知識分子與菁英都宣稱，如果再繼續談武裝衝突的那段過去，再討論那些結構不公，就是背叛現在的社群，也會影響目前的和平。那些掌權的獨立軍只希望鞏固政治力量、吸引外資，並要求那些曾受到政府軍不公對待的亞齊人「不要干擾和平」。

「所謂的和平，是否能簡單理解成戰爭的消失？是否能化約成公平的選舉、法律的實踐或足以吸引外資的環境？」這個人類學家提出了這個問題：「將和平視為隔絕於記憶、批評或想像的脆弱實體的意義是什麼？假使我們不把和平當作衝突的終點，對過去避而不談，而是一個全新敘述形式的開放，在理論或政治上是否會新的可能？」德威爾在一張亞齊農民照片後頭，補述這個農民因為付不起醫藥費，在拍完這張照片後就過世了。他生前曾對德威爾說，「那些下山的獨立軍跟我們要錢要食物，他們會說，再給我們一包菸吧。我們離和平只有一包菸的距離。」這個農民非但沒有錢可以買菸，也沒能得到自由，「和平幫助的是有權力的人，對像我這樣的窮人而言，什麼都不會改變。」

我不知道怎麼跟阿寇討論這些問題，於是沉默了下來，他也轉頭跟朋友們聊天。阿寇眼睛大而圓，炯炯有神。因為一臉稚氣，阿寇於是讓自己留了些鬍子，稍微符合一個成熟青年的樣子，也是一個穆斯林的樣子。

「很多國家來幫助我們，可是，重建卻比想像還要漫長。」他突然想到什麼，轉頭對我補充：「畢竟我們失去了所有。」

通俗故事大多不脫離公式或套路，遭受挫折、歷經苦難的青年必得到機會或啟發，人生因而轉向，青年阿寇也是如此，被海嘯打得失魂落魄的他反思自己過去為何拋擲青春，不懂腳踏實地、沒有好好生活，等到一切盡失，才發現自己什麼都不會、什麼都做不到。但一次替美國記者翻譯的經驗，讓他明白，原來自己也有幫助別人的能力。亞齊就像被鑿開一個口透進了光那樣，他的人生也是。

「我很感謝這些外國人。他們可以不用來，但他們來了。」

對這些「後海嘯時代的青年」而言，看著亞齊從封閉到開放的轉變，別有滋味。況且，他們置身其中，見證這其中的變化，認為人民變得比較獨立，也比較能自由表達心聲。阿寇說，當時許多外國人聘用亞齊人為其工作，帶來技術、知識，也讓他們學到更多東西，長了不少智慧，「以前很難想像會有那麼多人花錢來幫助我們。」

「因為外國人來幫忙，我們才能存活。」阿寇想說些什麼似的，先是遲疑一會兒，再強調謝意，最後還是直言外援讓物價上漲，災民負擔更重，「當然，他們也花了大錢來聘請當地人，像聯合國網站就給了一千美元的薪資。有錢了，但生活也吃力了。」

他叨絮著的亞齊的改變，與我在亞齊華人那兒聽到的一致，像是破壞了Godong Royon精神之類的。「海嘯前，每個星期天大家會在清真寺一起打掃環境，工作合作，幫助彼此，都是不用錢的；海嘯後，所有的工作都要錢，連清理房子都要付你錢。人們做事開始要求錢。」

「外國人並不是故意的，但事情就這樣發生了。」阿寇聳聳肩表示沒辦法，必須接受。他往前招了招手，向店員示意再來一杯咖啡後，嚴肅看著我：「雖然海嘯讓人悲傷、讓人不幸……。可是，我覺得我們開始變成世界的一部分。我們開始像個人了。」他表情認真，字字分明地強調：「這很重要（It means a lot.）。」

海嘯過後的那些年，當局以「重建更好的亞齊」（build back better）為號召，鼓舞人們對城市重生的期待，這句話不僅是勾勒一個美好的未來，還提醒著當地人勿忘昔日榮光。對亞齊政府來說，所謂的災後重建，在某種程度上是回復那個曾經與世界相連的亞齊、有著「全球化色彩」的王國。亞齊人的自我認同，因此重新被建立，他們也對自己產生了信心。

阿寇也這麼想的，他說，重建已經結束，內戰也是，外援和捐贈也都不再進來，從此，亞齊人民必須要依靠自己。但他們，也因為世界打開，變得不一樣了，「我們的心和眼界，也都被打開了。」

在旁邊聊天的阿寇的朋友們加入了談話，他們有的留學澳洲、獨立經商，有的曾在聯合國當志工、現在擔任教職，有的為中國企業工作、賺的是人民幣。

「賺人民幣，哇。」我誇張大叫。

「對啊。」一個膚色略白，穿著橘色衣服的男子離我最遠，在大家笑鬧時，他總穩重地在旁看著，似乎是這群人中的老大哥。「中國商人在這裡從事水利建設，設計者還是台灣人。」他說，過去無法想像自己離世界這麼近，也不會想到能夠賺外幣，甚至還能和眼前的台灣人討論中文句子，雖然他會的中文只有「謝謝」、「你好」。

「很厲害啊，跟我的印尼文程度一樣。」

大家都笑開來。

「以前就算會說英文，也不敢說，怕被當成 City Boy。」他們有點害羞地分享過去的膽怯。外國NGO來了以後，英文變成習以為常的語言，不再覺得說外語很特別，「以前我們真的很怕和別人不一樣。」

被外國NGO啟發，這些年輕世代也各自發展自己的計畫和理想，阿寇這幾年就籌辦了一個NGO，名為「亞齊和平和民主學校」（Aceh school of peace and democracy）。他解釋：因為想讓亞齊變得更好。

我忍不住反問：「那你有變得更好嗎？」

阿寇臉部線條有些放鬆，「我幫外國記者翻譯的時候，去訪問了一些人，記者以為他們有創傷，心理會出問題，但那些人回答這是命運（destiny），說他們更懂得生存，更有力量。」阿寇偏了偏頭：「那是很神祕的感覺，我覺得遇到海嘯，然後活了下來，都是阿拉保佑，我比以前更信宗教了。」

他在兩年前結婚生子後，更對信仰和生活有了深切體悟，「我甚至可以跟妳說，我成為了一個好的穆斯林。」

阿寇的想法並不算特別。根據伊斯蘭現世觀點，世界已有明確的開始與結束，而海嘯是末日近了的徵兆，是神給予的警告測試和懲罰，促使亞齊人更加強信仰，確保來世有個更好的位置。「因為神愛我們，才給我們這個機會，成為一個更好的人。」他們都這麼說，「神知道亞齊人很強壯，有能力面對災難。」

當然，阿寇也這麼強調：「這一切都是真主的計畫。」

近午，桌上已經擺滿多杯喝完的咖啡，大夥兒也準備離開。去哪兒呢？我好奇，他們一起笑了笑：「該去清真寺了。」

亞齊重要的地標是市區裡的拜都拉曼清真寺（Masjid Baiturrahman），簡稱大清真寺，是由一座主塔、七個大圓頂、四座小塔組成，據說是十二世紀建成的建築，可容納九千人禮拜。亞齊人的生活幾乎圍繞著這座清真寺而動，前方是個大公園，側門有個大市場，再往亞齊河方向多走幾步，還有個商場，亞齊河邊停靠許多漁船，還有個漁市。中午的漁市場生氣盎然，回港的漁船將魚貨交給搬運工人，工人再將新鮮的魚貨拖到市場，市場裡有魚有蝦，人們輕鬆談笑。但到了清真寺這方，則氣氛靜默嚴肅，儘管觀光客不停在噴水池間拍照笑鬧，靠近建築主體的位置氣氛卻很不同。

位在東亞與南亞季風交會處的亞齊，一直是中世紀以來阿拉伯商人貿易停留的據點，伊斯蘭信仰透過蓬勃的印度洋貿易進入此區，傳教者多半是商人，這些人四海一家，不追求統一，也不會摧毀其他文化宗教。「在印尼，宗教並不是非黑即白，而是很多種灰色。」作家卡普蘭（Robert D. Kaplan）在《季風：印度洋與美國權力的未來》（Monsoon: the Indian Ocean and the Future of American Power）中，引述一位伊斯蘭學者的說法：「地理為印尼帶來不同的宗教闡釋。中東穆斯林沉醉他們光輝的過去，但這對我們來說，沒有意義，我們並沒有這種負擔。」在這個國家，伊斯蘭教反而是對世俗民族主義的確認，是一個國家的證明。

透過商旅散布、而非征戰強制，讓印尼的伊斯蘭文化較中東顯得開放且有彈性。人類學家紀爾茲（Clifford Geertz）曾說過，「伊斯蘭教在印尼，不是建構了一個文明，而是適應了一個文明。」因而，在印尼行走，常可見佛教、印度教遺跡保留在原地；女孩雖然包著頭巾，卻可穿緊身牛仔褲。

但對這個在印尼獨立之前，就到印尼做田野的美國學者來說，亞齊卻顯得有些無趣。一九七一年，紀爾茲受僱於美國一家慈善組織擔任顧問，負責告訴他們錢該怎麼用、對象為誰等等，因為這個身分，他來到獨立運動開始前的亞齊。

「當你不再以尋找並蒐集奇風異俗的人類學者身分，而是以給錢的外國援助專家身分四處移動時，這相當程度改變了你與人民的關係、人民與你的關係，以及你與自己的關係。」紀爾茲寫道，「在亞齊，這種情況更為真切，因為不像爪哇、峇里或西伯里斯，亞齊以好戰、固執、落後、仇外聞名，並不習慣接受來自工業國家施惠者的關注。這是一場雙方都不明對方底細的相遇。」

行前，他如此認定亞齊，故事的結束，也是平淡無味的，於是他簡簡單單作結：「我已經遊歷到這個國家核心中的核心。西方遇見東方，理性交會信仰，現代衝擊傳統……一個故事與另一個故事競爭：敘事的衝擊。沒有事情被干擾，什麼也看不到。」他指的是亞齊堅強絕對的伊斯蘭信仰。

紀爾茲的經歷是上個世紀的事，二〇一三年底，除了閱讀幾則嚴格執行的伊斯蘭律令新聞外，初訪這座城市的我，仍難以辨識亞齊和印尼其他城市的差異，特別是信仰的深度。一直到我進大清真寺，被警衛喚住、要求套上灰色長袍，才真正感受到約束與限制。進了清真寺的我，只被允許在外圍參觀，不能走進內裡，只好看著孩子進進出出嬉鬧、年輕學子坐在草地上吟誦經書、帶著頭巾的女子與男子都跪在地板上禱告……。很無聊，匆匆繞完一圈就想離開，在入口警衛室褪下長袍時，剛踏進門的警衛表情訝異：「這麼快？」

「因為不能進去啊。」我聳聳肩。

他問我來自哪裡，我簡單回答後，他說：「我有很多朋友在台灣。」我點了點頭，揮手道別。海嘯發生後，台灣政府提供許多求學、職訓機會給亞齊人，除此之外，就是移工。台灣的確很多印尼人，我知道他要說什麼。

走到門口，我回頭看這清真寺最後一眼——這個災後由阿拉伯國家捐助、重建的清真寺有許多傳說，例如隨著海嘯漂浮的屍體，會在清真寺門口停住，於是這裡堆積了不少屍體。跟我說這故事的人強調：這是神的旨意，這些人都被帶到真主的面前。這座擁有千年歷史的清真寺，本就是人們信仰的中心，在海嘯後屹立不倒；還有人說真主將他們托上了屋頂，救了他們的命，「真主在重要時刻顯靈了。這就是證據。」

在亞齊，許多清真寺都有自己的「神蹟」，例如有座清真寺的柱子彎曲了，就跟《聖經》中力大無窮的參孫把幾根柱子推開一樣，但他們竟沒有完全斷開；還有一座清真寺與狂湧而來的大水正面相對，而水才漫到清真寺的台階前，就立刻退去。

「那是他們的故事，他們自己說服自己的。」災難發生後，紐約時報記者貝瑞・貝拉克（Barry Bearak）在班達亞齊訪問五十多個倖存者後，再挑出幾個做深入採訪。他的選擇標準是「記憶清楚且一貫的」，卻也說驗證細節非常困難，因為他們的故事多依賴信仰。信仰，正是亞齊人談災難的敘事核心。

貝拉克的萬字報導是這麼寫的：「災後最初幾天，與親人離散的人們，總相信其所愛仍在這個世界上，只是過於混亂，難以找到。他們有各種理由說服自己。幾周後，希望仍然未滅，因為還是有些好消息陸續出現，親人終於重逢。即使信心越來越弱，信仰仍然強烈存在，特別是亞齊這個伊斯蘭文化區。這些失去親人的亞齊人只能靠信仰平撫哀傷，他們相信，無論發生了什麼，毫無疑問都是神聖計畫的一部分，畢竟上天的安排深不可測、無法捉摸。他們尋找阿拉的慰藉，信仰引導他們在心裡描繪自己妻女上天堂的樣貌，想像他們是如此美麗、寬容且滿足。」

一位名叫麥莎拉（Maisara）的家庭主婦，就體現了記憶與敘事的複雜性。海嘯將她傷到必須躺在醫院將近一個月，無法起身，但她內心不慌不亂，堅信家人跟她一樣仍然活著，只是找不到彼此。出院後，經過幾個月的尋找，她漸漸接受丈夫不在人世的事實；因為丈夫是名記者，擁有人脈資源，要是活著，一定有辦法找到她或捎給她一些訊息。但她堅信三個女兒仍然活著，並告訴紐約時報記者：「我不但心裡有強烈的感覺，連肝跟膽都是這麼跟我說的。」

麥莎拉知道，其他人會尋求阿訇[12]的協助，借助超自然力量解決；但她不這麼做，那種靠杯子水紋或燻黑手指的形狀來獲知孩子下落的方法，對她來說實在太可笑，她確知不會有人會因此而發現一個青少年。她很務實，讀報紙、聽廣播，並追逐人們嘴裡流傳的各種八卦謠言，只要聽到哪裡有失蹤少女，她就往哪邊去，無論什麼名字或年齡。除此之外，她還能做什麼？憑藉什麼呢？她的信心，源於一個清楚的記憶：捲入海嘯時，女兒鎮定安詳的面容。這是她的信仰告訴她的。

對那些從海嘯活下來的亞齊人來說，不論再難過痛苦、徬徨無依、後悔遺憾，都會告訴自己：「無

12 阿訇：宗教場所的領袖與德高望重者。

論發生什麼，都是阿拉讓它發生的。」絕大多數亞齊人自小就受到密實的宗教教育，伊斯蘭教讓他們相信生活中許多事都是命中註定：從受孕開始，靈魂就跟上帝結下契約，而職業、婚姻也在那一刻就決定了，死亡亦然。雖說如此，人活著就會遭遇許多選擇，這些選擇將決定這契約成為善或惡，會引領他們往天堂或地獄。但這場海嘯留給世人一個謎題：阿拉是否解救了善人，懲罰了罪人？或者善人是否得到上天堂的回報，而惡人留下來贖罪？

對穆斯林來說，這並不是問題，這場災難顯然是阿拉對亞齊墮落的警告與懲罰。政治腐敗是墮落，喝烈酒也是墮落，不夠貞潔也是墮落。貝拉克從受訪者口中聽到許多「墮落」，例如一個送貨員說他知道哪裡可以買到烈酒，可見得這件事並不隱密；一名漁夫曾在烏勒類碼頭附近看過妓女，即使她們身穿傳統的吉里巴甫服（Jilbab），卻是和男人一起走進旅館。

亞齊雖然封閉，但亞齊人可以藉著電視觀看世界，他們的生活也被「西方」影響，婚前必須保持貞操的女性在亞齊已經少見。而政府軍與獨立軍長期的爭鬥，帶來無止盡的謀殺、縱火與敲詐，當然也是一種罪惡。亞齊人明白，這些世俗的罪到處都有，不獨亞齊，海嘯之所以落在這裡，是因為神對亞齊的期望更大。好幾個世紀以來，作為一個歷史、文化上都重要的伊斯蘭所在地，他們跟阿拉特別親近，這是他們承受的恩禮，而海嘯則是伴隨這份特殊存在而來的考驗。

尋找親人的過程中，麥莎拉以丈夫的保險金度日。這天，麥莎拉約貝拉克到一個她稱為「天堂的房子」前，這房子還留著一些完整的牆，天花板則被彎曲的樑柱支撐著，他們在這殘破之間採訪、說話。麥莎拉在這已然破碎的舊居裡試著重建自己的記憶，她的記憶將成為填滿這些殘缺縫隙的砂漿。

其中一個破碎的支柱上懸著某人留下的自製標語，這標語緩和了麥莎拉的憂傷情緒。這個時候，她已經接受三個女兒被水帶走，永遠不會回來的事實。「謝謝祢，阿拉。」那些字寫著：「海嘯是將我們所愛帶到天堂的禮物，我們很高興能讓他們走。留下來的將會悔改。」

——

信仰是亞齊人得以克服傷痛的原因。他們相信海嘯是神帶來的，也是神的計畫之一，既然人間所有一切都在神的掌握中，一切也都將回歸給祂。災難讓他們變得更虔誠，即使他們仍然悲傷，但看著清真寺，再看那從海上被推到陸地的發電船（PLTD Apung），就清楚海嘯的力量就是神的力量。

每個亞齊人都會提醒我得去看看那艘發電船，沒看，等於沒到過亞齊。這艘生鏽的紅色柴油發電船位在距離市中心約兩公里的Punge村，約一百公尺長、三層樓高，在一片殘壁屋舍中特別明顯。它本因供應法國投資的水泥廠發電所而停在外海四公里處，結果海嘯將它沖到烏勒類，再帶到距海岸線四、五公里的城區中。上千噸重的龐然大物無法被移走，就堂堂占據於此。於是，這個大如足球場的區域，便成為熱門觀光區，門口小販林立，賣著汽水和烤玉米，還有老人兜售著海嘯影像光碟，像是一個災難觀光經濟的成形。

「像這樣的觀光景點，過去是沒有的。」他們說，以前亞齊很封閉，除了沙灘海岸，沒有什麼景點好看。

海嘯前的亞齊，時常電力不足，而這艘發電船為外國資本所用，跟人民一點關係都沒有；但災難之後，諷刺地成為民眾謀生之用，代價卻是萬千財產和生命換來的。

船的前方有個紅赫色大理石打造的時鐘，標示著海嘯發生的時間，並印著一些紀念文。包著頭巾的印尼女孩，搶著在前頭拍照，其他旅客在旁微笑等候。我快速走到發電船處，上了船梯，享受從上往下看的視野。但除了樹叢、綠地，與一些民居的屋頂，看不到更遠更多風景。

一位名叫依麗莎（Illiza Saaduddin Djamal）的二十三歲女孩微笑朝我走來，請我在外國旅客本上簽名。她是這裡的導覽。

女孩甚是美麗，紅色條紋頭巾擋不住清亮的大眼睛，她一邊解說這個景點的形成，一邊指引我往內走。走過種滿樹的小庭園，踩過石塊鋪成的小路，朝一個白色的牆面走去時，我轉頭詢問她：「海嘯時，這裡發生了什麼事？」她沒有停下腳步，「海嘯發生那年，我才十二歲，沒有想過災難有一天會降臨。」

這時，我們剛好走到牆邊，她示意我止住腳步：「我那時候很小，沒有辦法跑得比水快，就被捲走了。整個人在黑水裡浮浮沉沉，感覺自己快要死去了。我不想死，就用力往前游泳，但不論我怎麼努力往前，都會被一股力量往後拉……。」

「嗯？」我緊張地看著她，即使知道結局。

「真主保佑，我在無意識間，被沖上了岸，和母親相聚。」

「太好了！」我拍拍她的肩膀，「太好了，活下來了。」

「嗯。」她點點頭，「可是我的父親失蹤了，其他的親人也是。」依麗莎父親的屍體沒有被找到，所以她以「失蹤」代替「死亡」。

「我真的很怕，那時我真的很害怕，現在還是很害怕。」

我一時不知該說什麼，貧乏的語言能力，在這個時候成了情緒緩衝，阻止我繼續往內裡探索。短暫沉默後，我只能再次拍拍她肩膀，再將臉轉向牆上的照片：「妳是要帶我來看這個？」

她指著牆面上的照片，談著路上的泥濘、殘樹、瓦礫、碎石，村子的破毀與城市無一處完好的樣子，軍隊救援、災民驚恐的表情等等，當然還有海嘯過後屹立在土石爛泥間的清真寺。她不停告訴我這是哪個地方、這些地方怎麼了，缺乏地理概念、對亞齊陌生的我只敷衍地點點頭，唯一聽懂的只有那一句：「這都是神的意思。」她強調了五次之多。

我沒有追問，卻指著其中一張清真寺的照片問她：「這就是那個奇蹟嗎？」據說有座清真寺止水前進，海嘯到它面前便停止。

她聲音有些高亢：「對！」

「我從書上看到，這些清真寺之所以能不被海嘯沖毀，是因為前後門都敞開著，所以疏散了水流的力量。」我操著一個科學且理性的口吻，證明自己研究過這件事。其實還有個說法，清真寺是建築和營造商唯一不敢偷工減料的建物，但我不敢說出來。

依麗莎睜著大眼睛望著我：「那是妳的意見，對我們來說，這是真主保佑。」

我連忙說對伊斯蘭信仰陌生，請她原諒我。在道歉的同時，也意識到，若非此等真誠信仰，他們怎能熬過災難苦痛，又如何獲得重生的力量？將所有指向老天爺，或許身心的負擔都能輕一點。如同我們華人總愛掛嘴上的那句：「一切都是命。」

不過，有些事情，卻不能交給命，是留給自己決定。「我好想學華語。」往停車場走去的路上，她轉頭對我說，她在中學時學過兩個月華語，如今很想繼續。經歷過這場大災難，她很希望自己可以積極做些什麼，可以變得更不同，她之所以認真學習英語，就是想讓外國人了解她們的故事。

她發現，雖然自己仍站在十二歲的自己所處的破舊家園，但世界在她眼前展開，「像妳，就從遠方來到這裡。我沒有想過能跟一個台灣人說自己的故事。我很高興。」

紀念日

這一日清晨，理應一如平常。

即使已經十二月，多數國家進入冬季，蘇門答臘也不會有太多變化。這個位在印尼最西邊的島，跨走赤道，氣候恆常，就算是雨季，也不過短暫暴雨急下，像打個噴嚏很快就沒事那樣。這一天的開始便是如此，不冷不熱、不乾不溼，就只是雲朵片片，壓住了日頭，不久或許落雨，雨雲也可能瞬間被吹散。

平時，吳仙珍會晚點起床，簡單梳洗後到廚房為家人準備早餐。她自己不吃早餐，只吃簡單的營養品，理由是「太胖了」，而那些營養品能幫她減去些脂肪。儘管友人笑說這是幸福肥，她也聽不進去，只盼著能和過去一樣窈窕美麗，好穿上自己設計製作的漂亮衣裳。

但這日仍有些不一樣。客廳裡已被撕到最後一張的月曆上，最後一個星期六被圈了起來。每年的這個日子，都會被畫上記號。吳仙珍進了廚房，準備個簡單的三明治，放進隨身的亞齊傳統繡花包後，叮嚀來自東爪哇的保母看顧孫女，便輕輕躡出門，往庭院裡的黑色轎車走去。駕駛座上的丈夫老楊早已熱好車，引擎聲轟隆隆地啟動了這個早晨。

老楊是個寡言之人，在妻子身旁，更是順從無話，總是笑著由她。夫妻倆待人大方，也盡力過好自己的日子。朋友們時常在網路上看到吳仙珍分享的生活照：今天吃了什麼、明天又到了哪兒、哪些朋友又聚在一起、家人又共度了哪些好時光。她會隨時攜帶附著咖啡色皮套的iPad，偶爾放影片安撫孫女，但大多數時間都用來記錄生活。她將生活展示在大夥兒面前，也儲存在自己身邊。她不願再遺失這些記憶碎片。

吳仙珍在網路上曬著幸福，幸福是她對自己的承諾與交代。即使不滿意身材，她還是會穿上最亮眼的衣裳，有時是大紅禮服、有時就披著粉紅薄紗，她買得起最貴的洋裝，但身上穿的大多是自己設計剪裁的衣裳。

這一日，她替自己和丈夫準備了特別訂做的傳統服裝「Batik」。作為「印尼人」，這不過就是平常妝束，稍微正式的場合就穿在身上。會選擇在亞麻布料上蠟染出土黃色的基底和特色花紋，便是希望在當地要人面前不搶鋒頭，卻也顯現出華人的派頭。「我們穿他們的傳統服裝，當地人也會很高興，覺得我們尊重他們。」吳仙珍總這麼說。

天色還沒有劃開，吳仙珍與老楊就已在梁炳順家樓下接我。我一上車，吳仙珍便將準備好的三明治塞在我手上。吳仙珍一直這麼熱情，擔心我在亞齊沒有好好吃、好好過，有機會便帶我到處嚐鮮。有一回，她帶我到市區參觀當地的大伯公廟，又到馬路對面小吃攤嚐「亞齊麵」，就在我等著這鹹辣又撒滿紅蔥的餐點上桌時，她拿出了一張燙金的白色卡片：「這是海嘯紀念典禮的邀請卡，妳要去嗎？我們有兩張，可以帶妳去。」後來我才知道，他們夫妻鮮少參加這種紀念儀式，但為了讓我參加，今年準備出席。

這一早，他們專程來接我到儀式會場。清早無人，老楊的車在市區大道上奔馳，很快就抵達目的地。典禮地點在班達亞齊的多元族群廣場，當天亮出光，老楊的車也緩緩駛入廣場，經過幾個族群傳統樣板屋，停在一間茅草屋頂的房子前。

廣場約有三、四個籃球場大，前半已被紅白相間的塑膠遮陽棚占據，鐵椅在棚下成排成塊又成區，密密麻麻地擠湊在陽光無法照進的暗裡。座位區往前隔著半個籃球場的距離，是木頭架成的低矮舞台，背景看板寫著斗大的「二〇一三」，國內外的各大電視媒體將攝影機架設在看板前，記者主播們則不斷試音排練，準備連線報導。溫度漸漸升高，他們的脖子與額頭也滲出汗。

七點出頭，穿著白色伊斯蘭服飾的亞齊人魚貫而入，男士們穿著筆挺的衣衫，戴著穆斯林帽，女士們則試著在純白衣裳上做點變化，或戴粉紅頭巾或掛珍珠項鍊，奢華奪目，不知情的人或許以為這裡將進行一場冠蓋雲集的婚宴。

在這場子裡，吳仙珍夫婦是極少數的華人。他們緩緩步入會場，誰也沒打招呼，直直往前走，在政府官員後方那排坐了下來，安靜地等著儀式開始——他們和亞齊省政府代表之間，只隔著日本學者和三一一東日本災民代表。低調又不失莊重，是老楊遊走在政商之間的一貫姿態。這一年，老楊欲代表執政黨參選民意代表，吳仙珍理所當然成了後應，總跟著他四處應酬招呼，華人年節她奔走送禮，穆斯林開齋節她也到達官顯要家拜訪，不管哪個場合，她的樂觀開朗像磁鐵一樣吸引所有人，對不善言詞、內向的老楊來說，是最佳助選員。

當我跑到舞台前拍照，轉頭看著電視台的工作人員不停調整機器時，看到了在座位區發著呆的吳仙珍，或許太早起、或許拍了幾張照片就乏了，她完全沒有表情。我總懷疑她是否已走出那黑暗深邃的日子，這是與她相處的幾天從未見過的一面。

但我只需知道，這一天，這對各自失去另一半的夫婦都以莊重的姿態，手挽著手，在這政府舉辦的紀念典禮上，靜靜地想著曾經。但這天即使再特別，他們還是會讓自己素樸一點、日常一點，打算在儀式結束後，去老家旁的小吃店吃頓便宜的午餐，只點個兩樣菜就行。

一切簡單就好。

—

同一天的早晨，麻六甲海峽對岸的檳城，正準備舉行一場婚禮，一個馬來西亞華人迎娶來自海峽那方的亞齊女孩。女孩的姐姐躲在人群後頭靜靜落淚，這一天是她們失去家人的日子，也將成為另一段人生的起點。女孩在這一天擁有自己的家庭，有可以稱作爸爸媽媽的家人。

五天前，為了感謝女方親人並接受祝福，這對新人在棉蘭先舉辦了一場婚禮，我也參加了。「新娘和姐姐，是我們資助的海嘯孤兒。」邀我同行的黃幸娟說，姐姐李月仙期待這場婚禮很久了，她一心想讓妹妹擁有自己的家。

婚禮當天，嬌小的李月仙抱著一歲半的兒子，穿著黑色小禮服，挺著五個月身孕的肚子，來回張羅一切；而小她三歲的妹妹李仁仙，穿著一襲漂亮蘋果綠禮服站在餐廳門口，與新郎迎接賓客。新郎旁邊站著他遠從馬來西亞而來的父母，新娘子旁邊則是伯伯和伯母。他們大方接受賓客祝福，不時點著頭表達感謝。這家餐廳是姐妹倆的叔叔經營，婚事也幾乎由他包辦。九年前喪親後，姐妹倆多由叔叔照顧，邁向另一段人生的起點，必然也由此展開。

我找了個空檔和姐姐李月仙聊天。在黃幸娟事前打過招呼的情況下，李月仙對我的問題並不感到突兀，直接對我解釋海嘯當日的情景：當時在棉蘭讀大學的她只能抓著床鋪不敢動，身體也跟著不斷發抖，直到天地都平靜下來。後來她聽到亞齊最大的旅館倒塌這個消息，就有家人凶多吉少的心理準備了。當天，叔叔奔赴亞齊後，確認父母和弟弟都已罹難。十七歲的她，失去至親，姐妹倆的家自此瓦解。

「我妹妹常常哭，直接顯露情緒，但我不可以。我是姐姐，我要堅強。」人聲嘈雜中，她說話很沉穩，字字都是重心：「我還是會哭，可是，只能偷偷哭。」

當時，能支撐他們的，就是「身邊的關懷」，她比了比黃幸娟：「基金會幫我們繼續讀書，甚至送我到台灣上學，現在，我在棉蘭的台商公司當祕書，日子過得很穩定。」說這句話時，她摸了摸肚子，而她大兒子正拉著父親的手，搖搖晃晃地朝著她走過來。

我回到座位上，無所事事地四處張望。黃幸娟低頭問我：「聊得如何？」

「聊得不多。」我說。「嗯，她很逞強，也很沒安全感。」看著姐妹長大的黃幸娟輕輕地說：「災後，李月仙來到台灣讀書，台灣地震也多，每次一地震，她就會緊張地跳下床鋪，害怕發抖，差點崩潰。」

看了抱著兒子走出門外的李月仙一眼，黃幸娟繼續說：「她也很怕再度失去家人，就算丈夫只是出差，她也會焦慮擔心，非常不安。」李月仙姐妹的父親似乎是七個兄弟姐妹中最沒成就的那個，她們倆本就為此自卑；對李月仙來說，受到叔伯照顧，也擔心會被輕視而不自在，一心想要獨立、擁有自己的家庭。也因此，李月仙二十歲出頭便成婚了。「妹妹李仁仙本來就比較獨立，但現在，妹妹也有自己的家人，她應該真的放心了。」

「我總懷疑自己是不是在消費、利用這樣的傷痛呢？」我對黃幸娟坦言，跟李月仙談話時，內心相當忐忑。

「嗯，災難其實可以帶給我們很多思考、很多機會，還有很多需求。」或許是佛教徒，黃幸娟看事情的角度有些淡然且特別。「幫助災民這事，說來有些一廂情願，很多時候，是他們以自己的傷痛來提升我們的靈性。」

這對話還沒結束，婚禮便宣布開始，雙方親友代表先行邁入禮堂，隨後是身著蘋果綠禮服的新娘挽著新郎入場。杯觥交錯間，他們站上了舞台，後方站了一排的女方親友，聽著新娘以印尼文表達感謝之意：「因為父母很早過世，幸得親人照顧至今，如今，我已步上人生另一個階段，非常感謝。」新娘哽咽的話語牽動在場的長輩，有人仰著頭不讓眼淚掉下，有人拿起手帕不停拭淚。

喜宴開始沒多久，賓客與主人便輪番上台唱歌，這是當地的習慣。有人唱歌時，台下的人便一一上台投遞紅包，表示支持或讚賞。新娘的一個叔叔先開唱，唱起了幾十年前的香港流行歌曲，這首歌談的是朋友情義。身材渾圓的他唱起這樣的歌，聲音高昂宏亮，博得眾人熱烈喝采，他的兄弟忍不住上台擁抱他，新人姐妹也上台了，她們將手上的紅包交到叔叔手上。家人們在台上抱在一起，不論什麼恩義情仇，在這一刻，在這舞台旋轉燈的閃爍中迸放。

幾天後，當吳仙珍從黃幸娟那裡聽到我在棉蘭的見聞時，輕聲地說：「這個新娘是我女兒的同學……，如果我女兒活著，也差不多有個男朋友，準備結婚了……。」不管說什麼都很輕鬆淡然的她，第一次在我們面前流露出傷感。

與許多人聊過後，我對海嘯拼湊出一個簡單的意象：猙獰的黑水。但遭遇海嘯，到底是什麼感覺？海嘯博物館給了我答案。

海嘯紀念日前一天，我獨自來到海嘯博物館。這個二〇〇九年建成、占地約一萬平方公尺的博物館距離亞齊河與大清真寺不算遠，是亞齊最藝術也最現代的建築，外觀由亞齊傳統木屋、巨大輪船跟大煙囪構成，館牆則由淺褐色、銀灰色的合金交織成繁複的網狀，象徵著大海的波浪，外圍還陳列汽車與直升機海嘯後的殘骸，提醒人們海嘯的威力。館側還有個神龕，用以悼念逝去的亡者。

要走進場館，必先走過一段黑暗的通道，僅容一人在伸手不見五指的漆暗中前進。失去視覺後，水聲和溼氣更是明顯，像是被水層層包圍，不明所在、不知所向，恐懼感強烈襲來，讓人幾乎要窒息。

在被溼冷裹著的黑暗深處，除了水的流動，沒有任何聲響流進耳裡，是一種視覺與聽覺都被剝奪的孤寂恐懼狀態。每個造訪者都得經歷這種被捲入海嘯的感覺，而後再看一部九分鐘的海嘯紀錄影片，再參觀大量的海嘯照片，並觀看電子模擬的海嘯過程。不論影片與照片粗糙又簡單，都是一種「體驗」，即使這種體驗很是膚淺與表面，總比什麼都沒有好。

館內展示一個座鐘，提醒我們這場災難起於二〇〇四年十二月二十六日上午八點十六分。蘇門答臘外海發生規模九點一的地震，引發的海嘯造成二十二萬人死亡，光是亞齊就有十七萬人失蹤或死亡、五十萬人無家可歸。館裡還有悼念室，是為了紀念這些亡者，他們的名字刻滿牆面，一直延伸到穹頂，那些被遺留在海嘯現場的物件也在這裡被展示著：沾滿汙泥的鞋子、玩具、身分證、古蘭經，還有倖存者的心情。重建的成果與接受的援助也在這裡以數字圖表陳列：七十二億美元、超過百國的援建，亞齊今日的生產總值比十年前增倍，貧困人口減半，受教育民眾是受災前的十倍……。除此之外，這個海嘯博物館再也沒什麼可看性，只有一些拍賣的災難畫作，還有粗糙的紀念品。空虛且簡陋，牆上甚至還有裂痕與霉漬。

然而，這座圓形博物館終究是這座城市災難的標誌：因為這場災難，亞齊在世界地圖中被標記出來，災難也成為世人認識它的媒介。觀光客來到這座城市，不免都往這裡走。但我到訪這天，當地年輕人明顯多過旅客，他們拿著彩色布條奔來走去，額頭上冒了一些汗。

一個頭髮微捲、穿著藍色球衣的男孩朝我走來，對我打聲招呼。「嗨，妳從哪裡來？」

「台灣。」我忍不住反問：「你知道台灣嗎？」

他點點頭，一臉好笑地看著我：「當然！」又比了比博物館對面的公園廣場：「台灣是其中一個。」他指的是那裡陳列著感謝碑。

災後趕赴亞齊參與救災重建的國家地區多達五十三個，亞齊政府將他們對世界各國的感謝，化成一座座碑石，立在這個大公園裡。每一座碑石，都有一個國家的國旗，和表達感謝的文字在其中。中國有一座，香港和台灣也各有一座，「謝謝」兩個字紅紅的刻在上頭。

「妳明天會來這裡嗎？」這個名叫阿亞（Arya Maulana）的男孩向我提出邀請，希望我參加海嘯紀念活動，知道亞齊人的故事與經歷。

我說自己已經要參加官方儀式，卻也好奇到底有多少海嘯紀念活動在亞齊舉行？「很多地方都有喔，海邊有、發電船那邊有、清真寺有、鄉下也有，這裡當然也有。」阿亞帶我到博物館外頭的一處階梯，往下指著豐富多彩的裝飾，說這裡的紀念活動多由大學生策劃舉辦，他們串連起來，以唱歌、跳舞、朗讀、電影放映之類的節目，來紀念這麼一天。

「我以為，紀念一場災難，要嚴肅一些，沉重一些。」我比了比那些裝飾，「但這樣看來很歡樂，不像是紀念一場災難的方法。」

「哈哈哈，真的嗎？」他忍不住大笑。海嘯發生那年，這個男孩還只有十四歲，看著海嘯直直湧入，便隨著家人奔逃。他活下來了，要好的同學卻都去世了，但他不見傷感，反問我：「誰說一定要嚴肅呢？」

他用手指著眼前所及的各種色彩，說這裡到處都是祝福許願的活動，來自不同學校社團的同學會在這裡收集人們的祝福，藉著這些正向的意念，讓城市重生。「我們總不能一直痛苦下去，不能每到這一天就難受。我們要以喜悅歡樂來面對它，這樣，才對得起死去的人。」

梁炳順夫婦到海嘯博物館接我後，沿著寬闊的大馬路，一路開向烏勒類。他們說這天放假，帶我去海邊走走。亞齊人不過聖誕節，但梁炳順仍給孩子們一天假日，也給自己一個休息的時間。

這個海灘，在我飛抵亞齊那天就已來過。當時雨勢強，從窗外看出去只是一片灰色水霧，分不清雨海；但這天下午，天氣同樣陰沉，視野卻很開闊，只見一整排攤販在路邊烤著玉米，香味四溢，遊客三三兩兩躺在海灘椅上，或閉眼休息、或望著海裡的孩童們嬉戲。

下車後，梁炳順替我們買了幾支烤玉米，再往海灘走去，我們嗑著玉米喝著紅茶，貪著午後陽光和徐徐微風，無所事事地在沙灘椅上發呆，其他大人小孩則在海裡游泳、在沙灘奔來跑去，笑聲不絕於耳。若幸福有形有體，應當就是這副模樣吧。

「班達亞齊的人只要有空，都會來這裡玩樂休息。」梁炳順為我介紹這裡。但他忘了，初見之時，便跟我提過這件事；而我也想起，同樣幸福歡樂的景象，在九年前卻遭到突如其來的災難撞擊，成為我今日站在這裡看同一風景的原因。

海嘯從這個海岸衝進城，這裡也就被稱為海嘯起點（tsunami zero point）。如今，亞齊人忘了那場悲劇，或者該說已克服那無盡陰影，於是能夠再訪這海嘯上岸之地，再朝海邊走去。他們熱愛海洋，享受生命，他們相信這是真主的旨意。因為相信神，相信命，相信幸福，所以他們在這裡。我也在這裡。

我蹲在沙灘上，拿起相機拍下這些不怕水、直往海裡衝去的孩子，將他們的身影收在我的記憶卡裡。

稍遠處的漁船晃晃盪盪，像是趁著太陽落入海裡前，輕輕吟唱屬於這景致的歌曲。

「妳看！」躺在沙灘椅上的莉莉突然朝我招手，喚我過去。「這個，弟弟的留言。」她讓我看她的 facebook 動態，上頭寫著：「明天就是十二月二十六日，到了這一天，我就會想起那些死去的朋友。R.I.P」人在台灣讀書的梁家小兒子，從來無法忘記這一日，即使當時他還是個小男孩，也曾經在這沙灘上，吃著玉米，跑進海裡，跳下水去。

—

災後整整九年的這一天，數千個亞齊人分別朝不同的紀念會場而去，他們或低聲祝禱、或歡樂起舞、或安靜團聚，以自己的方式和儀式，面對那場突如其來的災難。因為活著，於是希望；因為活著，所以感激。沒有什麼比活著更好、更值得慶祝、更值得開心地繼續走下去。

班達亞齊市政府在多元族群廣場架起了一個小棚子，展覽過去的災難，也呈現重建成果。來此參加儀式的聞人商賈、學生和婦人，經過這些照片前，無不駐足沉思。另一個大棚子裡則擺置了上千張椅子，等著市民偕伴而來。悼念儀式由古蘭經祝禱開展，嗡嗡吟誦聲繚繞了一個多小時。工作人員在旁邊忙著遞送餐點和飲水，直到人們慢慢坐定。又是一段古蘭經吟誦。

日頭越來越曬，人群慢慢聚集成三、四千人的規模，國高中生成群在帳棚後席地而坐，像是參加校外教學一般，毫不起勁地在旁邊看自己的書、寫著自己的作業；熱帶陽光奢侈地灑下，照著他們亮麗無痕的青春，當年他們還是五、六歲的娃兒，還不懂驚恐，但對大人來說，這一日是永遠不能抹平的疤。

班達亞齊副市長德加莫（Illiza Saaduddin Djamal）在舞台上發表感言，話音仍有些顫抖：「幸好是假日，否則，傷亡會不會更多？」她細訴著那天如何被驚醒如何逃難，說到痛處，不禁哽咽落淚。

聽不懂印尼文的我，只能在旁邊走來走去。正想找個地方躲避熱帶誇張的烈日時，一個包著粉紅頭巾、戴著眼鏡的年輕女孩朝我走來。

她叫米拉（Kesmila Rambe），是新聞系的學生，希望我能接受她的採訪以完成作業。我點頭，她身旁穿著黑色T恤的男孩立刻連同攝影機一起，抬起腳架，往我面前靠過來。

「妳從哪裡來，為什麼妳會來參加這場典禮呢？」米拉提問。

「我來自台灣。九年前，我的國家捐了很多錢，許多人嘗試來亞齊協助救災。我來自一個很多地震的國家，當時雖然不了解海嘯是怎麼回事、災難可以有多嚴重，但我想大家都知道災難可以有多痛。我想來看看，這座城市復原了嗎？人們還好嗎？」米拉點點頭。

結束採訪後，她往前一步感謝我。「我沒想過，到現在還有人關心我們。」

我朝著舞台前方、掛著臂章的日本記者比了比：「他們比我們還遠呢。」

「妳也經歷過海嘯嗎？」我反問米拉。

她搖搖頭。「我來自別的省分，小時候只從電視上看到這個災難。可是，當我來亞齊讀大學後，便常聽朋友提到。每次他們提到這件事，都會哭個不停。」

我問她是否正因如此，所以想把紀念活動當成採訪作業。

「嗯，對啊，我已經在這裡讀書，學習認識這裡的一切，也包含海嘯的記憶。」她說，「看著妳，我想，有一天我應該可以走得更遠，去了解別人經驗的災難與痛苦。」我在心裡替她補上另一句話：「這或許是阿拉的旨意。」

日本石卷市的小學老師　名博仁在我們談話當口走上舞台，清了清喉嚨，靠近麥克風，將手上的紙湊近眼前：「日本的小學生跟老師最了解海嘯的經驗，我所住的地方受到海嘯侵襲……，我們對於和海嘯共存，已有覺悟。儘管不安，儘管我們的城鎮還沒重建，但我們不會放棄希望。我代表日本的小學生們，在這裡向你們所經歷的，說聲辛苦了。我也代表他們，對你們傳達希望，讓你們能得到些勇氣，也表達支持。」

我指了指舞台，向米拉示意：「妳看，關心與遠近無關，災難是共通的經驗，有時會讓我們團結一起。」

「日本和印尼，以前就是朋友，以後也是。」　名博仁說完後，帶頭唱起一首歌，說是傳達災區的祝福：「我們都是朋友，都是一家人。」

——

離開紀念儀式會場後，吳仙珍和老楊驅車來到了墓園。他們雖不見得會參加紀念儀式，但這埋著將近五萬具遺體的墓園卻是每年必訪之地。亞齊有若干公墓——其實是將海嘯受難者屍體集體放入坑裡、集體埋葬的亂葬崗——這個位在班達亞齊郊區、西隆村的災民公墓（Kuburan Masal Siron）是最大的一個。為了讓所有屍體都能安葬，必須挖得很深，並鋪了三層。他們不確知自己的親人葬在哪裡，只能假設他們都在這裡。除了海嘯周年紀念日，吳仙珍與老楊也會在清明時來祭拜。

拎著花、提著香，他們往紀念碑走去，將花往碑前擺、將香往土裡插，嘴裡念著所有的祝願，再到旁邊燒紙錢。這裡只有他們的香、他們的花和他們的紙錢灰燼。

因為是集體掩埋，屍體無名無姓，自然也無墓碑，只有象徵海嘯的藍白波浪形狀的碑石，還有眼前這座三角碑。紀念碑上分別以印尼文、亞齊文和英文寫著：

> 面對災難，要容忍，對於撫慰，要謝神，如此我們就會是快樂的人。

墓園裡的其他人，各自坐在各自的角落，專心念起古蘭經；或與家人朋友圍坐在草坪，一起誦讀經書。誦經聲繞成一種說不出的頻率磁場，一圈圈在墓園裡繞來盪去。我感受到一種說不上的安寧平靜，像是所有的魂魄都受到祝福，以平穩的力量無聲回應：我很好，我已安息。

吳仙珍與老楊此時拿起了花，撥下花瓣，朝著溼土綠地灑去。生命曾經花樣美麗，此刻片片入土、片片離去。這場災難，改變原本平凡的生命、平凡的日子、平凡的模樣，又以另一種日常的生活、日常的人們、日常的模樣繼續下去。就像這對夫妻手挽著手，走出了墓園，準備到兩人常去的小吃店去，繼續著他們尋常的每一天。

他們點了平常最愛吃的菜。吳仙珍顯然忘記得減肥。

一個老太太輕輕對她打聲招呼：「到哪裡去了啊？」

「去參加海嘯九周年活動……。」

「啊，原來已經九年了啊。」老太太轉頭對另一個老婆婆說：「九年了啊……。時間過得真快啊，快到我都忘記了。」

最終章

記憶與遺忘

二〇一五年一月十二日這天，是日本「成人日」[01]，才過八點，兵庫區的御崎公園廣場上已聚集千百個細心打扮的年輕男女，各色和服、振袖、西裝、旗袍或韓服成圈成群，或雀躍招呼，或合照自拍，或笑鬧開懷。長髮盤起的塩野小姐就在這浪花色海間若隱若現。

塩野小姐的母親塩野美佐那一身土黃色大衣在這片豔麗中淹沒，但她毫不介意，指著人群中的女兒說：「當年抱在懷裡逃難的嬰孩，即將展翅，那身粉紅振袖，更襯得這孩子舞蝶輕揚，很可愛吧？」

「二十年前，地震發生時，這孩子才五個月大。」塩野美佐知道我的來意，俐落地切入主題，說自己初為人母，任何風吹草動都會讓她驚慌失措，何況強震？那天凌晨被驚醒後，她馬上爬到嬰兒床邊，以身軀護著床體，從另一個房間摸黑找來的丈夫，連忙將妻女帶到屋外避難。但他們旋即發現，屋外也不安全，四處都是火光飛煙，或許很快就會燒到這裡來。

塩野一家不得不繼續往外逃，尋求安全的庇護。畢竟，缺水沒食物的情況，大人可以忍耐，嬰兒卻不行。最終，他們設法突破殘垣路障，躲到鄉下祖父母家去，暫且捱過災後最困難的時期。這孩子雖免於在廢墟裡爬行，但也是在這城市重建中長大。

光是神戶，就有一萬五千名像塩野小姐這樣的「地震之子」，在這一天「成人」。戴著臂章的媒體記者頻頻攔截，要他們訴說心情發表感言。作為阪神地震最後一批經驗者，他們無疑是這一年成人式最受矚目的一群。看著這些再普通不過的孩子，我很是好奇：「震災的一切對他們來說重要嗎？」

跟在塩野母女身後走進會場時，橢圓形的球技場上已坐滿人，正中央的大螢幕播放無聲的阪神地震影像；而場外嘈嚷、談笑的空氣在流進場內的這一刻，旋即沉靜——無人說話交談，沒有喜悅笑意，大多數人就只是安安靜靜坐在位子上，低頭看著手機，或是翻閱會場發放的冊子，直到儀式開始，才將頭抬起來，並且站立。

「默禱！」司儀一聲令下，全場再次低頭。這整整一分鐘的肅靜，是追悼二十年前那場悲劇。

在理應歡喜的成人式上，以這等肅穆開場，恐怕是這城市獨有——這不是第一次，也絕不會是最後一次[02]，但這一年的儀式確實具有斷代的意義，一如神戶市長久元喜造在致詞中的破題：「你們是經歷阪神震災的最後一個世代。」

「自助、共助、公助從二十年前起，就是這座城市的基因，大家都有責任將這段記憶與經驗傳遞下去，也要成為幫助別人的大人。」

相對久元喜造期許眾人能承接二十年前從地震中站起來的那份勇氣，市議會議長安達和彥則感性提道：當年國外媒體宣稱神戶將死，但神戶卻沒有如他們所料。因為，這場地震除了讓大家更珍惜他人與自己的生命，也更明白如何守護和平。

站在舞台中央的政治人物，距離我們太遙遠，不論面容或身影都無法看清，唯一清晰辨明的，只有透過麥克風放送的這些話語，但這些懸空的語句，這些孩子會有共鳴嗎？我轉頭看了隔壁的年輕男孩一眼，他眼皮垂下，彷彿思考著什麼，右手扭著書包的邊角，周遭的清嫩面孔都朝著前方，卻不知心思在

01 過去的成人日都訂在一月十五日（元宵節），明治維新後改成每年新曆一月十五日。二〇〇〇年後，又改為每年一月的第二個星期一。在這一天，市政府會為年滿二十歲的青年舉辦「成人式」，並頒發證書、遞上祝福，期許他們從此負起社會責任，善盡義務。

02 隔年，神戶市與媒體即以「對震災無所知曉世代」作題，在成人式上另行發揮。

哪。場外的青春飛揚像被收整在筆挺熨燙的衣裝下，場內氣氛空白平整，而我找不到答案填入。

站上舞台的成人式代表卻很不一樣，發表宣言時，語氣拔高，激昂道出自己對震災的「無印象」，卻又保證會將「記憶」傳承下去：「我們是與神戶重建一起成長的世代，擁有可以支持、支援他人的自覺。」

當《把幸福帶給每個人》（しあわせ運べるように）[03]的樂聲響起，矜持許久的青年們的臉部線條終於鬆動，掉下淚來，真正的情緒這才渲開。我以為這是個漂亮收尾，卻聽到司儀宣布最後一個儀式開始：防災演練。眼淚還來不及收拾，那些頭戴鮮花、費心打扮的日本女孩，便立刻執行蹲下、低頭等一連串的避災動作。即使綁緊的衣衫勒住軀體，這些地震中長大的孩子仍能確實做到。

果然是防災大國啊！我忍不住在心裡讚嘆。

這是我第一次參加日本成人式，總覺得很不「典型」，不免猜測一九九五年成人式後發生的那場災難，自此成為魅影，定了儀式的調性。神戶的孩子在那一刻就註定與地震相連，年年宣示承接震災教訓的傳遞責任。

即使如此，「記憶風化」的疑慮，仍隨著歲月移轉而深化與擴散，於是這個城市年年辦活動提醒市民，媒體也以奢侈的版面，反覆探討防災方式、災難應變、避難所問題、重建檢討。眾人不斷質問：日本的準備夠不夠？該如何協助弱勢者避難？將來大災難發生的可能性有多少？

每一個活動都是一份擔心，每一次提醒都是一次焦慮，但最大的問題恐怕是——二十年了，邁入新世代的此時，這一切努力是否徒勞？

我忍不住注意到，會場外大字報的無情斷言：「年輕人都忘了，不能忘！」但，「沒有記憶的人」，該如何遺忘呢？

我的青年旅館，位在「新開地」。地鐵站外立著一個舊地圖，標明空襲前的巷弄街景。根據上頭的說明，這個地區曾聚集各種戲院百貨，是神戶繁華之域；但隨著都市發展，商業重心逐漸轉往三宮等地，新開地也趨於冷清平靜。

日本社會對「記憶」的堅持，展現在這種日常風景裡。像是離開御崎公園的路上，能看到海嘯避難指示牌，也能看到橋邊的空襲受災碑：兩次神戶大空襲後是洪水，洪水過後有地震，數次摧毀後，還是有些舊照片、舊資料在城市角落，展示著過去的傷痕。

因此，像麻由美這樣二十出頭的青年旅館主人，也能侃侃而談街區大小事。「地震很可怕，摧毀了這一區的屋宅，但災情沒有長田區那麼嚴重[04]，那裡還有大火，如果這裡也起火的話，這棟木製屋舍恐怕不保。」麻由美說這房子是祖母留給她的，雖然半邊損毀，但跟其他人相比，也算是幸運的了。

---

03 阪神地震發生後，神戶出身的音樂家臼井真為了祝願神戶重建新生，做了〈しあわせ運べるように〉這首歌。而後日本遇到大震災，這首歌都會被稍微更改歌詞，以重新激勵災區。

04 因為土壤液化、瓦斯外洩等原因，阪神地震後火災頻傳，長田區又因木造房屋聚集，火勢不斷、災情慘重。

我忍不住和麻由美分享參加成人式的心得，她轉頭朝桌旁的女孩拋問：「妳才剛過成人式吧？」那個女孩一直在我身後畫圖、製作海報，對我們的談話很感興趣，卻有些害羞。細心的麻由美或許注意到，便趁機將她拉進話題裡。

「是啊，去年。」名叫豐島志穗的女孩笑了開來。

「地震發生時，妳也是個小嬰孩啊。」我突然意識到還不知她的背景，立刻追問：「妳是神戶人？」

豐島志穗搖搖頭，說她出身大阪柏原，一個靠近奈良的小城鎮。一歲多的她，當時與母親一起睡，地震發生時，母親立刻抱起了她，而父親則一手護著這對母女，另一手撐著家具、防止家具倒下。當然，這些事她都不會記得，更不確知究竟發生過什麼，她認知的一切都是旁人告知，這才轉為她的「災難記憶」。

「高中時，三一一地震發生，我感到很震撼，啊，這就是大震災啊，我沒有記憶的那種大災難。」作為一個沒有災難記憶的阪神之子，她感覺到某種責任沉甸甸地卡在心頭，但區區一個高中生，什麼都做不了，直至上了神戶大學並參加社團，方能如願。

豐島志穗打開筆記型電腦，點開社團網站，讓我看他們在大船渡赤崎町的活動記錄：「我對阪神地震的了解是空白的，三一一卻衝擊了我，怎麼也忘不了，總想著要至少做些什麼。既然來到神戶讀書，更有理由幫忙東北災區，所以立刻加入社團。可是，有時候我也會覺得，現在才去幫他們，恐怕也是晚了。」

大船渡赤崎町因為人口老化，整個城鎮都是高齡者，災後顯得死氣沉沉。這群大學生到了當地，除了協助重建外，還幫忙籌辦活動和祭典。他們的心思簡單，認為自己不但可以提供創意想法，也能替災區帶來些精神和元氣，畢竟，老人家看到這些兒孫般的孩子，再痛苦，也能笑得出來。

「神戶災後五年就完成重建，沒有組合屋了。可是東北不是這樣，那裡的人已經住了四年組合屋，重建還是沒有進度。我們能怎麼辦呢？只能不斷替老人家打氣，城鎮還沒辦法重建，總可以幫他們做心理重建吧？」他們造訪次數相當頻繁，一個月一次，或兩個月一次，人數三到二十人不等。對豐島志穗來說，這個城鎮宛如她的第二故鄉一般，喜怒哀樂都與災民一起，對他們也充滿感情和憐惜。

社會歷練催我老成，使我挑剔，看著這些照片，無法擠出什麼肯定的話語，倒是在心裡叨念這種大學社會服務淺薄，懷疑這樣的活動能否替彼此帶來些什麼？就在我內心鼓聲隆隆之際，豐島志穗像是讀懂我的心思那樣，回應我那說不出口的質疑。

她說，在東北服務的經驗，讓她不斷反思那「不記得的災難經驗」，轉而追尋神戶的過去，作為研究課題。「例如，我注意到阪神地震的重建非常有問題，像妳今天去的長田區那邊就有很多糾紛，我知道這些之後，也開始關注那地區的歷史跟產業，並學著聆聽災民心聲，在那裡生活的外國人又經歷了什麼……。」在神戶讀了三年大學的她坦言，這個時候才真正認識了神戶。而我也被這雙誠懇的眼睛與真摯話語感動。

「記憶風化，很值得擔心嗎？」採買的路上，瞄到超商外頭展示的報紙標題，我忍不住指著報架問豐島志穗：「妳認為自己會遺忘嗎？」

「我也不知道……，至少我不會。」

——

除了增加三一一海嘯主題展覽和影片放映外，人與防災未來中心的外觀與內在展示，與十年前相比，似乎沒有太大差別，參觀路徑也是一樣的，得先上四樓觀看並體驗阪神地震的劇烈，才能往其他展區走。

我熟門熟路地跟在其他遊客後頭上電梯，聽完工作人員的提醒後，立刻走進視聽室的邊角，緊緊抓住護欄——十年前的體驗差點逼出我的淚，這次還沒踏進房間我已先恐懼，待燈熄螢幕亮起，只覺心臟就快停。創傷經驗如此容易就被喚醒。

影片從「停滯」開始：首班列車還在車站裡，等待出發，明石大橋上仍有車流，城市的商店街安安靜靜，百貨大樓寂寞佇立。當螢幕上車站大鐘指針指向五點四十六分五十二秒，整個視聽室猛烈左右搖動，幾乎把我甩開，我必須抓緊前頭扶欄，才能保持站立姿態——但螢幕上的地鐵軌道已經斷裂，明石大橋崩裂，車往海裡衝，像吞了炸藥一般，建築物由內而外玻璃碎裂，應聲倒塌……。

鏡頭捕捉了地震發生那一刻，也捕捉到了這座城市的崩解；而鏡頭外的一切，則如作家村上春樹在《神的孩子都在跳舞》中形容的那樣：「交通設施脫軌、翻覆、衝撞事故……高速公路崩潰、地下鐵崩垮、高架電車滾落、石油輸送車爆炸。大樓化成瓦礫山，人都被壓扁。到處冒出火焰。道路機能全都毀壞，救護車和消防車全都癱瘓化為無用的東西。人們只能空虛地死去……。人們應該會重新認識都市這種集約狀況是多麼脆弱的東西。」

這城市的脆弱與殘破，經過十年、二十年歲月，早不復記憶，災難的發生與傷痕，會被封存在特定遺址或像這樣的博物館裡，在封閉的空間裡頻頻回放，或是透過一個窗格一個窗格、一個物品一個物品的陳列，來理性拆解：不論是一個代替女兒被壓扁的鐘，或是一個親人死亡、自己卻因移動櫃子而活下的故事，都引導參觀者重新建構對災難的認知與體會。

展區的第一個物件，是一座台灣人致贈的直立式老時鐘。鐘在地震中損壞，指針便永遠指向地震發生那一刻——幾乎所有震災發生地，都有類似的一座鐘——不論外在時間如何不顧一切往前走，災民如何想方設法回到日常，都要有這麼一個被凍結似的時間空間，存放流逝的記憶，簡直成了一種符碼、一個樣板。

但有時候，有些簡單的字句，也能突破這些框限，替這樣的空間增加生命力：

「能活著，真是不可思議啊。」

「誰也不能夠知道明天會發生什麼事啊。」

「重建不是要忘記災難。」

這些聲音如劫後餘生的七嘴八舌，爭著在這個場域裡傳遞，像是家住長田區的柳田定一的證詞就這麼寫著：「很多人都說，這根本是戰爭，但對我來說，地震的恐怖猶勝戰爭。地震時，躺在身旁的妻子動了起來，將被子覆蓋在我的身上好保護我。地震後，我到隔壁救助不良於行的老婆婆，也不停在鄰里間奔走救人。哀號求救聲此起彼落，我揮動雙臂，奮力將這些困住的人們從瓦礫堆中救出來。可是受災的人這麼多，我年紀不小了，漸漸沒有什麼力氣，也非常灰心，無力感占據心裡。重建時，我在家門口種下許多花朵，因為聽說，災難發生後，這塊土地從此會長不出花。」

我非常喜歡這段心得，於是抄做筆記。見我在螢幕前佇立許久，穿著藍色志工背心的東田節子走了過來，與我攀談，也分享了她的阪神經驗：先左右搖晃二十六秒，再咚一聲，上下彈跳，熟睡中的她就這麼被彈醒。但身子被被褥緊緊裹著，從櫃子上掉落的物品也壓得她無法動彈，最後終能奮力掙脫，趕忙逃到屋外。

生於一九三八年的東田節子住在鷹取，約莫是神戶市西南方。她說當時外面一片漆黑，什麼也看不見，自然也不知道發生什麼事，沒水沒電，宛如與世隔絕。他們挨餓等了一天，才有人送飯糰過來，但數量不多，五個人只能分到兩個。由於道路中斷，神戶幾乎成了孤島，而鷹取又是重災區，要等候很久才能得到經由海路而來的補給。

「為什麼需要這麼久？」

「沒辦法，地方政府完全來不及動作啊。」當時的她只能猜想災情或許比她知道的還嚴峻。一周後，終於看到新聞，即使已有心理準備，仍對這城市的狀況感到驚訝：竟然還發生火災，而且火勢延燒近十日才熄。

因為這個經驗，當人與防災未來中心建成時，東田節子便來當志工，表達對「活著」的謝意。這個展館的志工，大多與她一樣年長，對生命珍惜、對重建感激。他們會熱情引領我拿份「防災準備物品表」，要求我細讀、一一確認自己是否有準備；也有志工帶我去看土壤液化的實驗，還陪著我看完說明影片，希望我能了解伴隨地震所發生的問題……。

「地震後，我一直有種戰爭掃過的氣氛。而且，總感覺現在普通的日常生活即使突然崩壞，也毫不奇怪。」東田節子向我解釋，或許出於這種憂患意識，她會隨身攜帶一個黑紅色小布包，只要有機會，東田節子就會打開它，一一展示裡頭的物件：攜帶式收音機、手電筒、油性筆、一小瓶水、一包乾麵包、三角布、常備藥、哨子和身分證件等。

那布包不比一個撐開的手大多少，卻什麼都有，時常讓人驚呼連連，笑說這根本哆拉A夢的口袋。但東田節子卻一臉嚴肅：「不知道什麼時候會發生什麼事，這種準備是有必要的。」

—

這世界上絕大多數人，都是「災難」的閱聽者，在一格一格的災難報導中，感受悲劇、體驗生死、表達憐憫、暢談「災難的啟示」，或轉發訊息、捐點物資捐點錢，但闔上報紙、切換頻道、關閉視窗或收起手機後，就再與自己無關。

災難，從各方面來看，都是有時限的。一開始，新聞會二十四小時不斷，每天都有一些進展，而後是天天回放。從震驚到悲傷、從流淚到控訴，人類敵不過自然，但生命會戰勝災難。就像災難電影有其公式一樣，災難報導也有生命周期。早在新聞衰退期，觀眾已率先撤退，回到日常，最後像是沒這件事發生一樣。對那些直接承受災難的人則不同，從地震發生那一刻起，他們的人生岔了出去，生活如同撞擊過度的板塊那樣，發生位移、錯動，生命掉落在斷層處。重建對他們的意義，不僅僅是追求一個安定、安全的家而已，還是回到日常的路途。

很少人能理解，重建並不意味著「復原」，而是重新打造一個別於過往的環境空間，承載新的生命與記憶。災難造成的斷裂，是不可逆的，不論多大的毀滅、多嚴重的打擊，城鎮與居民還是在時間流裡，一日過著一日，將每一天過成個平凡普通的日子，所有苦痛與傷害，也就拋到流逝的歲月裡。

只有到了「紀念日」，大夥兒才會想起那些曾經發生的一切，藉著儀式參與來提醒彼此——那些碎裂曾經存在。災難，就這樣封存在周年紀念裡。

而我就是個靠著「紀念日」接近過去與歷史的局外人。

幾日後的一月十七日，我再次加入阪神地震的悼念行列。這一天是「阪神大地震災後二十年」，媒體與當地人不採「周年」這個量詞，捨棄「紀念」這個用字，就怕這些字眼讓這樣的日子像個令人期待的慶典，失去應有的慎重與肅穆。而這種沉重與肅穆感，我在十年前就已感覺，這一天更是深刻體會——不到清晨五點，神戶市政府旁的東遊園地站人潮多到溢出，流過無人的商店街，再滑過長長的地下廊道，約莫得走上個十分鐘，才能到達會場。一路寂靜。我任著人群推動，探出地面時，只見天空飄著微微細雨，溫度逼近零度，打著傘花的人們仍持續湧進。

大夥兒手持蠟燭，逐一點燃廣場上的竹筒蠟油，只見叢叢火光閃成數條紅色火龍，竹筒上的刻字也燦亮浮現：絆、共生、互助、命……，這些字語彷彿咒語，劃開了暗夜。一張張凝重又平和的臉孔，也跟著清晰了起來。就在此時，倒數的鐘聲叮叮響起，十秒一次倒數，直至五點四十六分「默禱」聲下，眾人低頭。

別著志工名牌的青木實，站在悼念儀式會場的白色帳棚邊，看著黑色影子在火光中閃動，表情很是哀傷。當默禱的鐘聲響起，這位八十六歲的老人家雙手合十，低頭悼念。他身形背駝，整顆頭都藏在他合十的雙掌裡。這一分鐘長的悼念，是他累積二十年的複雜情緒。

我輕輕靠近他，看著他背後棚布上的那些照片，有些是災難發生時家屋倒毀的景象，有些是震災儀式的活動紀錄。「這都是你的家人嗎？」我問。

「對啊，這二十年來，每到這一天，我都來。」青木實積極參與救災與重建，也志願協助每一場悼念活動，強迫自己多做點事。「我都帶著孫子來參加，叫他們不能忘記這場災難。」

我想起前一天在ＮＨＫ上看到的故事，一個失去弟弟的婦女哭著說：二十年說起來過得很快，對她而言卻好漫長，長得不知該怎麼面對；因此，每到一月十七日這天，她都會參加儀式。「這一天對我來說很痛苦，但我還是會來，來了還是會哭，然後，我就可以繼續面對明天及接下來的每一天。」

那麼這個老先生又是為了什麼理由年年參與呢？青木實有些重聽，我得花上力氣重複發問。

「家人罹難，這麼多人死去，我要來祈求冥福啊。」他摸了摸自己的左腹：「我老了，現在得了癌症，怕也活不久了。只是會想著，為什麼我活到今天，而他們就死了呢？」

他認為逝去的人，是代替他失去生命。因此對於活著，他半是愧咎半是感謝，發誓只要活著一年，就會來悼念一年。「不能忘記這些人，不能忘了這災難啊！」

我忍不住注意到，光是這個棚位就充滿這類的叮嚀與警覺，像是下一年的震災紀念計畫早已列在某個大字報上，「阪神淡路震災二十一決定」的標題下，災難教育特別被圈起；另一面則是經驗傳遞的討論筆記，「年輕人都不在乎了」、「新世代都忘了吧」、「絕對不能風化」這樣的話語，爬滿紙面空隙。「不能忘記」如同魔語，在災後的第二十年，在這城市的各個角落旋繞，如影隨行。

——

我和廖嘉展夫婦相約於他們下榻的旅館，這才知他們稍早也在儀式現場，卻因體力不復過往，早早撤退。「十年前，我們還爬到高處拍下儀式的盛況。太震撼了，什麼都不想錯過。但今天太冷，實在撐不住。」

廖嘉展投身社區營造多年，頗有成果，卻在一九九九年於埔里另起爐灶時，遇上百年強震。劫後餘生的經驗讓他們發願投入重建，試著復原這塊受傷的土地。二〇〇五年，他受邀到神戶參加阪神十年活動，被五十八根紙柱砌成的紙教堂撼動，便提議將這紙教堂轉移到台灣，作為台灣與日本地震社區重建經驗的交流中心。而這本屬於鷹取教會的紙教堂，也在九二一地震的十周年之際，在中台灣重新立起。

我們起身前往鷹取教會，阪神地震災間主持重建工作的建築專家垂水英司將引我們前去。

「九二一發生後，日本的每個大學都有派學者到災區做研究，一做就是五到十年。他們做事很細膩。雖然民間跟台灣一樣，發展有起有落，可是官僚系統很穩，就是因為太穩了，少了些創意跟生命力。」廖嘉展指了指月台前方等候我們的垂水英司：「所以他們很羨慕台灣。」

滿頭白髮的垂水英司沒有官僚的習性，為人親和，自稱到台灣許多次，都已經像個台灣人。此時，見他將隨身包包放在月台上，人卻遠遠離開，眾人不禁發笑，指著他的包包：「台灣人可不會這樣。」

我們轉了兩趟地鐵，才抵達鷹取教會所在的野田北站。鷹取教會在阪神地震中毀於一旦，卻沒擊垮神父神田裕的信心。他建立了一個暫時的收容中心，讓鄰近受災者與徬徨的外國人都能在此棲身，並發動志工援助災民，加強彼此連結，此收容所即為後來的紙教堂。

「這個地方因為有港有河道，所以有製鋼廠等工業，也就吸引很多外籍勞工在這裡生活。」對這一切都很熟悉的廖嘉展，在還沒走進教會前，就不斷向我解釋背景：為了讓外籍勞工和外籍配偶安心，神田裕付出很多心血，一直到現在，這個教會都還是外來者聚會的空間，甚至還經營了多語的廣播電台。

此時，鷹取教會門口有許多人聚集，一起搗年糕。對日本人來說，只有在節慶、祭典等重要日子才會有這樣的活動，在這樣災難創傷的日子行節慶之儀，卻是教會的用心：他們不希望以負面看待這場悲劇，而是將這一切視作新生。因此，當人們聚集東遊園地、參加悼念儀式時，鷹取地區約三百名的住民與志工會齊聚在鷹取教會，以愉快祥和的心情紀念。

「二十年，足夠讓個小嬰孩成人了，這二十年我們就這樣過，其實都是一點一滴累積起來的。」神田裕笑著說，他們決定面對第二十一年，繼續做自己該做的事。

廖嘉展夫婦與垂水英司隨性地在教堂和神田裕聊天敘舊。多年下來，他們已成為相當好的伙伴，甚至一起前往東北災區協助。走過阪神地震，看著東北的重建，神田裕很有感慨，他發現到了三一一時，人們已經很有經驗，能夠判斷自己該如何幫忙。「阪神地震時，志工說來就來，來了才在想自己要做什麼；但到了三一一時，大家已經知道不能只是蠻幹，必須透過組織。以前沒有什麼系統，即使知道有危險也去；現在知道有危險，就會止步。」對他們來說，這就是志工精神進步的地方。

「但你說過到三一一災區協助重建的經歷，並不順利？」我想起前一年，神田裕來台灣分享的經驗。他為了九二一的十五周年活動而去了埔里。

「神戶本就是個聚集外來者的城市。韓戰、越戰遺留下來的外國人，都聚集在鷹取教會附近，因此，相對包容開放些。」神田裕沒有直接回答我的問題，反倒先聊起為何鷹取教會能夠帶動地區重建。但我懂他的意思：日本人的自傲與自尊使得他們不願向人低頭，也很少對外求援。一九九五年阪神大地震時，便拒絕外國援助。相對於此，鷹取比較特別。

神田裕對我的提問，始終保持耐性，他解釋：日本人不是一個整體，每個地方的日本人都不一樣。東北地區因為氣候嚴寒、生存不易，東北人比起關西人更冷淡，更不容易打開心房，即使同為日本人的幫助，也是敬謝不敏。因為，那裡的人不願承認自己的軟弱，拒絕比他人卑下：「你想像日劇《阿信》的樣子，就不難理解東北人堅強自立的性格跟我們關西人很不一樣。」但他也樂觀表示：阪神經驗移植到其他地方，也會長出不同的東西、產生不同的想法。他很期待，自然不會輕言放棄。

「光是過去一年日本發生許多災難，他們只能接受多災的時代來臨，做好更多準備。」靠在椅子上的神田裕把手握在胸前，直直望著我們說：「災難雖然不同，但同樣都是生活被剝奪，同樣痛苦，我們不是應該幫助彼此嗎？別人受災，不能只是靠自己，一定要靠其他人幫忙，再一點一滴累積起來。就算在谷底，也要一起下去，再一起爬起來。台灣也一樣，跟朋友一起。以前只有一個人的話，現在就有三個人……。」他比出三根手指頭，接著伸出另一隻手：「有八根手指頭的話，就能讓人感覺到團結。」

在歡樂的搗年糕背景聲中，我聽到老人家們的談話。這個早上，他們聚集在一起，進行自己的悼念會。

「你的傷痛克服了嗎？」有人隨口問起。

一個八十多歲的長者沒有表情：「我太太昨天看新聞的時候哭了。哼，我才不會哭。我當初救人，把屍體拖出來，可以做的我都做了。我做過這樣的事，再沒有什麼可以對我造成衝擊了。」

「日本很多災難啊，應該怎麼面對呢？」我忍不住插話。

「沒辦法，我只能說沒辦法，什麼都沒辦法做。日本語言中有很多與災難有關的詞彙。作為日本人，就是要面對當下。」老人抿了抿嘴。他似乎是這些人的意見領袖，不斷說著：「不能一直想著地震，一直想的話，沒辦法生活的。」

3-5 真主的安排

本節特別感謝 Koi Tiba（阿寇）與他的朋友接受採訪。關於亞齊的信仰與文化，參考《後事實追尋：兩個國家、四個十年、一位人類學家》（Clifford Geertz），獨立軍和談後造成的問題則根據〈After Aceh's Peace〉（Leslie Dwyer）寫成。而信仰的例子，則取自紐約時報專題〈The day the sea came〉，另參考〈Aceh sees disasters as sign of God's wrath〉（New york times）、〈What the Waves Did to Aceh〉（Time）、〈Tsunami-ravaged Aceh in Indonesia now faces rising Islamic fundamentalism〉（The telegraph），以及論文〈After the tsunami: the remaking of everyday life in Banda Aceh, Indonesia〉（Samuels, Annemarie）、〈Religion and Reconstruction in the Wake of Disaster〉（R. Michael Feener）。

3-6 紀念日

感謝李月仙姐妹與米拉等大學生慷慨受訪，讓本文有很正面的呈現。

而公墓裡的海嘯紀念碑文，特別感謝轉角國際編輯張鎮宏協助翻譯。

最終章__記憶與遺忘

感謝長期與東亞災區交流的新故鄉文教基金會董事長廖嘉展，他的身影與名字不斷出現在四川與日本。也謝謝長榮大學邵珮君老師提供經驗。包含垂水英司先生、神田裕神父在內所有神戶人們的毅力與勇氣，成就了二十年不斷的災後敘事與傳承。祝福這座重生的城市。

——

最後，因為國藝會的補助，讓我可以得到一些奧援，在此一併致謝。

C. Revkindec）、〈NOAA and the indian ocean tsunami〉亦是重要參考。

3-2 戰火與災難

本節關於亞齊歷史與獨立軍的描寫，同樣參考《真理的痕跡——走向復甦的亞齊》（慈濟道侶叢書）、《大海嘯》（經典雜誌），還有《季風：印度洋與美國權力的未來》（Robert D. Kaplan）以及論文〈亞齊客家人之研究〉（陳欣慧）。

關於南亞海嘯災後狀況，以及救災、援助與重建的問題，則參考〈再造亞齊〉（三聯生活周刊）、〈拯救死亡之城——印尼班達亞齊〉（中國新聞周刊）、《紐約時報》災後一系列報導，如〈The day the sea came〉，或《華爾街日報》報導〈What Aceh Got Right Rebuilding From the 2004 Tsunami〉、《獨立報》報導〈Banda Aceh ten years on: A decade after the tsunami, the province is slowly rebuilding itself〉等等，以及海嘯評估聯盟的報告〈Funding the tsunami response〉（Tsunami Evaluation Coalition，TEC，2006），另還有非營利組織 Oakland Institute 的報告〈Aceh Abandoned: The Second Tsunami〉（Andre Vltchek）。

關於給國務卿鮑威爾的信函，感謝王心瑩協助翻譯。

3-3 馳援

關於美達村與亞齊華人歷史，參考論文〈「集中營」還是「自由區」？亞齊難僑的歷史與敘事〉（蔡晏霖）、〈亞齊客家人之研究〉（陳欣慧），與《真理的痕跡——走向復甦的亞齊》（慈濟道侶叢書）、《季風：印度洋與美國權力的未來》（Robert D. Kaplan）。災後美國、中國印尼的角力，多參考新華社與外電報導，如文中註解，以及論文〈「亞太主義」認同 vs.「泛伊斯蘭主義」認同：後九一一印尼政府回應「反恐主義」政策個案〉（施守真）與專書《中國夢的全球經緯》（阮宗澤）。

3-4 成龍的房子

本節關於華人與亞齊歷史部分，參考讀物如前述，另大量口述仰賴當地華人張強生，特別感謝。關於獨立軍的部分，則是參考〈亞齊獨立運動的抉擇〉（Tidus Lin）、〈方興未艾的亞齊分離主義運動〉（張葆源）、〈亞齊：不獨立，毋寧死！〉（李明峻）、〈Post-tsunami aid effectiveness in Aceh proliferation and coordination in reconstruction〉（Wolfensohn center for development）。

是最珍貴的大哥大姐。一路看著他們走過傷痛，是我最大的收穫。不願具名的廣東記者朋友對倪孝蘭的長期陪伴與鼓勵，並且和我分享多年來採訪的心情，也讓我對這份工作與這個書寫產生信心，明白這不是「消費悲劇」。

本文有部分內容為在旺報工作時的採訪，感謝台灣紀錄片工作者鍾權引介北京電影學院同學范儉讓我採訪，我因此在片子公開播放前先收看到部分內容。

關於紫坪舖水庫與災難的關係，有非常多文章，包含：〈Possible Link Between Dam and China Quake〉（The new york times）、〈水庫的風險究竟有多大〉（財經）、《震旦！汶川大地震預測真相：科學上訪戶的悲歌》（翟明磊）。

第三部＿海嘯過後

本章節的採訪與人脈，多仰賴前台北市民政局長林正修、生態綠創辦人余宛如，由他們引介了華語教師陳信豪、亞齊研究者李信誼、亞齊留學生 Denni Kurniawan。經由他們，我認識了黃幸娟、梁炳順一家與他的朋友，以及吳仙珍等在這一章出現的所有受訪者。而梁炳順夫婦與黃幸娟除了協助我採訪外，還支援我在棉蘭與亞齊的生活所需，由衷感謝。

3-1 水來了

關於亞齊海嘯的經驗口述，除了依賴梁炳順與吳仙珍之外，還參考了《衛報》、《紐約時報》等多個媒體，以及下列幾本著作：《真理的痕跡——走向復甦的亞齊》（慈濟道侶叢書）、《大海嘯》（經典雜誌）、《災難如何報導》（南方報業）、《The 2004 Indian Ocean Earthquake and Tsunami: The Story of the Deadliest Natural Disaster of the 21st Century》（Charles River）、《The Indian Ocean Tsunami of 2004（Great Historic Disasters）》（William W. Lace）。

關於南亞海嘯科學，我訪問了台灣地震學家馬國鳳（〈滄海一嘯——從南亞海嘯談起〉），還參考了《地震與文明的糾纏：從神話到科學，以及防震工程》（Roger Musson），而〈Indonesian tsunami-monitoring system lacked basic equipment〉（Jim Giles & Emma Marris）、〈Tsunami alert plans accelerate〉（Helen Pearson）這兩篇《Nature》期刊，也協助還原海嘯發生時，地震學家與太平洋海嘯預警中心的狀況。〈Real-Time Tsunami Forecasting: Challenges and Solutions〉（Natural Hazards）、〈How Scientists and Victims Watched Helplessly〉（Andrew

數次走訪而成。特別感謝謝英俊工作室鄭空空的協助、解說並提供住宿，也感謝簡史朗老師與邵族人的慷慨分享。台灣環境資訊協會與中國南方報系記者，對本採訪亦有貢獻。

本文原本探討大量九二一重建區的土石流災害，因篇幅與節奏限制，刪除絕大部分內容，但仍相當感謝《在中寮相遇》導演黃淑梅的審訂與意見，她自九二一發生以來，對災難與環境的長期關注，值得大家認識與肯定。

針對羌族文化與歷史，我閱讀了包含《羌鄉情》（四川省人民政府參事室／四川省文史研究館編）等文史工作者與學者的記錄，但因受台灣歷史學家王明珂影響較深，不太願意將羌本質化，故除了羌民或志工的訪談外，大方向與背景仍參考王明珂所有作品，如《羌在漢藏之間》、《蠻子、羌人與漢族》等，以及文章〈一個羌族研究者對汶川大地震的關懷〉。

關於土石流的部分，我閱讀了許多媒體報導，例如新華網刊登的〈二一三號國道都汶斷多次中段．生命線何日不再生病？〉，除此之外，還有〈震後汶川〉（南風窗）、〈映秀重建．下一步在防災〉、〈生命線成生病線〉、〈官方通報舟曲特大泥石流成因：與汶川地震有關〉（南方周末）等等。外文媒體也有〈China's earthquake Days of disaster〉（The economist）、〈ANALYSIS-China quake response unmatched, but challenges ahead〉（John Ruwitch）等報導。關於台灣土石流經驗，也有〈大地之殤．台灣的土石流與地滑災害〉（林日揚）、《戰慄土石流》（林照真）可參考。

2-7 不該重建的映秀

野夫的《大地呻吟》能幫助我們瞭解中國地方幹部在災後扮演的角色與影響，而《災區行──汶川大地震一周年災區群眾訪談錄》（四川五一二民間救助服務中心編）與《地震瘋人院》（廖亦武）也協助我深刻瞭解地方狀況。本節大多依賴映秀災民、特別是婦女口述，怕替他們惹禍，我只挑了其中一位婦女的故事，易其名而寫。

本文若干關於映秀重建的問題，是在新故鄉基金會主辦的九二一十五周年研討會上所得；而關於大安溪部落工作站與泰雅部落重建，則是我在二〇〇七年的工作中便參與和記錄，非常敬佩黃盈豪與林建治始終不懈的堅持及努力。

2-8 重．生

老鄧與倪孝蘭夫婦在我採訪行程中幫助很大，他們不是我的「受訪者」，而

〈勿祭映秀〉（唐文龍）及《映秀印象——五一二震中紀實》（四川出版集團）是少數提到映秀歷史與背景的作品；關於四川歷史與文化，我則參考《川魂》（四川廣播電台）、《創四川：四川之創始創生與再創》（唐建光編）。關於中寮的災難背景記錄，除了本節註腳提到的中國時報報導外，《在中寮相遇》、《寶島漫波》等紀錄片是我認識中寮的開始。

2-3 抗震英雄

本文採訪多靠南方報業集團記者同行引介受訪者，並提供採訪資料，特別感謝鳳凰衛視創意總監陸暉夫婦提供人脈與在北京的住宿。也感謝唐山的文史工作者不吝提供資料背景。

唐山地震的參考資料分別是書籍：《唐山大地震》（錢鋼）、《毛澤東與唐山》（曾文友）、《餘震》（張翎）、《唐山抗震紀念館》（河北省愛國主義教育基地資料叢書編委會）；參考的報導資料為〈唐山大地震三十年祭特刊：傾城〉（南方都市報）、〈1976 ～ 1978，唐山緊急時期的重建規劃〉（三聯生活周刊）；中國地震資料則參考《地震社會學初探》（王子平）。

關於軍隊與災難的隱喻參考了《李登輝救災日記》（李登輝）、〈The Sociology of Katrina: Perspectives on a Modern Catastrophe〉（David Brunsma and more），以及文章〈國軍救災，擬成立山地部隊；國土防禦，攘敵也要護土〉（李彥謀）、〈從莫拉克颱風災後重建經驗看如何因應巨大天然災害〉（陳振川）、〈搶險救災．看看美軍解放軍〉（周守訓）。

2-4 公民社會的崛起

清大社會所進行不少川震的田野工作，所友王舜薇引介四川省社會科學院社會所郭虹夫婦與我認識，並由郭虹再介紹其他 NGO 夥伴讓我訪問，在此感謝。

關於北川災難與大禹：《流動的權力：水如何塑造文明》（Steven Mithen, Sue Mithe）、〈北川地質遺痛〉（財經網）、〈汶川大地震預測真相：科學的悲歌〉（大千視界）、〈回望災難的歷史——汶川地震後讀北川縣誌〉（熊景明）。

2-5 羌與邵、2-6 一棵不會說話的大樹

這兩節的主角是中國少數民族羌，為了書寫，我兩度進入川寨。進入川寨的機會除了因為花椒合作社社長何有信帶領、花椒計畫伙伴王睿的引介外，前汶川文化館幹部高榮金也提供幫助。關於台灣邵族的部分，則是我因工作或個人興趣，

災區小型出版社〈荒蝦夷〉的三一一震災實錄》（土方正志）、《荒地之花：三一一地震災區的九個風俗女子》（小野一光）、《重生的書店：日本三一一災後書店紀實》（稻泉連）、《地獄是可以克服的：一個台灣記者的三一一日本東北紀行》（姚巧梅）、《想像收音機》（伊藤正幸）、《我想寫信給太陽》（河野史代）……

第二部__大地呻吟

本章節分成兩部分，一是中國汶川地震災後記錄，另一則是台灣九二一地震災後重建成果。前者主要因執行五一二行動聯盟的花椒計畫而開展，特別感謝負責人林正修給予的信任與空間；後者則根據不同工作計畫，在不同時間完成不同採訪，由衷感謝所有受訪者。

2-1 震動一瞬間

九二一地震經歷的口述，由中央大學教授馬國鳳、邵族長老高倉豐、中寮溪底遙創辦人廖學堂協助完成。其他相關經歷分別參考紀錄片《在中寮相遇》、《三叉坑》與導演陳亮丰所寫《靜靜的三叉坑》，另參考出版品《李登輝救災日記》，蘋果日報報導〈歷劫．孫家兄弟行善報恩〉（吳慧玲）；九二一地震資料與記錄則參考九二一地震教育園區展覽與書籍《地震島的生命力》（經典雜誌）、台灣九二一大地震集體記憶（黃榮村）。

汶川地震科學相關訊息參考書籍《汶川地區地震活動紀要》（陳小華）、《大震在熊貓之鄉》（譚楷），論文則為〈Earthquake Phenomenology from the Field〉（Wu, Z., Jiang, C., Li, X., Li, G., Ding, Z.）。

2-2 花椒與香蕉

本文關於川震的部分，為二○○八年十一月赴中國四川省茂縣執行五一二行動聯盟計畫的田野內容，為了與台灣九二一地震災後情況相比，加入了二○○七年十月在台灣南投縣中寮鄉的採訪。特別感謝五一二行動聯盟林正修、前智邦生活館總經理陳豐偉、溪底遙共同創辦人廖學堂和馮小非。茂縣花椒合作社何有信一家、椒農、茂縣少年少女，此外，中寮鄉公所、中寮國中師生皆對本文撰寫有所幫助。

1-4 自助人助天助

本文多賴志工、釜石市役所與陸前高田市役所的協助受訪而成。

關於宮澤賢治的故事，分別參考：《童話詩人宮澤賢治燃亮社會》、《宮澤賢治詩集》、《津波のまちに生きて》、《大津波を生きる》；志工興起與相關組織的討論則有《走過阪神大地震——災後重建的一千個日子》（賴青松）與《大和魂》的資料來論證。

1-5 這片海是心靈的故鄉

本節採訪行程由中華民國紅十字會與日本紅十字會安排，受訪的東北三縣地方政府多數因接受中華民國紅十字會捐款，完成老人公營住宅、醫院、幼兒園等重建計畫。感謝紅十字會副處長蘇珧惠、專員陳詩宜、日本紅十字會東京總會國際處專員加藤由美，與受災三縣各町市的首長與公務員的安排。

本節關於海嘯碑文的部分，由盛浩偉翻譯。

羽生結弦參考文章：〈蒼い炎〉（羽生結弦）、《羽生結弦王者のメソッド 2008-2016》（文藝春秋）。雖然沒有放入太多生死的討論，但《震災學入門》（金菱清）、《靈性的震災學》（金菱清）、《遠野物語》、《大津波を生きる》（高山文彥）仍替我拓寬了文化的向度。《大津波を生きる》則讓我明白防波堤的歷史與爭論。

1-6 一起生活，就不會寂寞

本文主要針對日本紅十字會東京總會與盛岡分會的重建計畫與執行，由岩手縣山田町的組合屋、福島縣南相馬市老人公營住宅居民共同協助完成。感謝盛岡分會的志工與南相馬市役所，以及接受採訪的長者們。

關於孤獨死的報導與探討，參考：〈新聞記事からみる「孤独死」言説ー朝日新聞記事を中心にー〉（吳獨立，社学研論集，2017.03）、〈孤独死報道の歴史〉（小辻寿規、小林宗之，2011）、《孤独死——被災地で考える人間の復興》（額田勲，岩波現代文庫，2013）、〈福島県相馬市で孤独死が少ないわけ～機能した地域社会の絆～〉（上昌広，2016）、《復興〈災害〉——阪神・淡路大震災と東日本大震災》（塩崎賢明，岩波新書，2014）。

其他參考書目則有《課本沒教的天災日本史》（磯田道史）、《古地圖が話る大災害》（本渡章）、《震災の公共人類学》（木村周平）、《瓦礫上的編輯：

故事》（Matthys Levy, Mario Salvadori）與《地震概論》（趙克常編著）等，提供本書重要的基礎地震學知識。

1-2 災難與媒體

雖無法在災後第一時間趕赴前線，幸有中央社記者楊明珠大方分享經驗並提供意見，使我得以描繪當時的輪廓。

《大和魂：日本人的求存意識如何改變世界》（David Pilling）、〈山崩海嘯中的菅直人〉（Georg Blume）幫助我瞭解三一一發生當時的政府情況；日本人在災難中的表現，則分別參考下列報導：〈地亂了，心卻不亂，在大震災裡讀日本〉（南方周末）、〈日本巨震：親歷與反思〉（加藤嘉一）、〈Sympathy for Japan, and Admiration〉（Nicholas Kristof）、《Ghost of the tsunami: Death and Life in Japan's Disaster Zone》（Richard Lloyd Parry）、〈Disasters as Change Agents: Three Earthquakes and Three Japan〉（Clancey, G.）與〈東日本大震災被災者形象之媒體建構〉（江淑琳）。

關於災後遺體的處理，則參考：〈海嘯襲日．奪不走體面的堅持〉（楊明珠）、《遺體：日本三一一海嘯倖存者化悲慟為力量，安置熟人遺體、重建家園紀實》（石井光太）。

日本媒體報導的方法與修正，參考資料如下：〈日本媒體怎樣報導大地震：國民需要的資訊才要報導〉、〈NHK 這樣報導大地震——專訪 NHK 綜合台新聞製作人新聞製作人〉（南方周末）、《超越地震：地動天搖三部曲》（劉黎兒）。

1-3 「不要輸啊，釜石！」

本文內容因慈濟基金會的援助行程與伊東信一的安排導覽而生。感謝慈濟基金會張秀民、謝景貴、陳金發、森元雅琴與其他慈濟志工們的說明及協助；而釜石市市長野田武則、釜石市役所員工與無數釜石市災民無私提供的意見與經驗，成為本文最重要的基礎。

釜石的受災故事，分別參考：《三一一岩手大津波紀錄》（IBC）、《未来へ伝える 私の 3・11 1 語り継ぐ震災 声の記 》（IBC 岩手放送編）、《遺體：日本三一一海嘯倖存者化悲慟為力量，安置熟人遺體、重建家園紀實》（石井光太）。因為《「生存」の東北史：歷史から問う 3・11》（大門正克等）這本書，讓我可以在文章裡增加東北歷史厚度的書寫。

參考書目與感謝名單

第一部__海的子民

本章節除了部分個人採訪與探訪外，大多數素材多因中國時報分別於二〇一一年和二〇一四年指派我跟隨慈濟基金會與紅十字會赴日採訪所得。相關費用由中國時報支出。特別感謝當時的中國時報社長／總編輯王美玉、執行副總編輯張瑞昌，副總編輯何榮幸及編輯室的支援。

同時感謝作家盛浩偉對本章提出修正與註解意見，並幫忙翻譯海嘯紀念碑文。

1-1 無常之地

岩手縣釜石市民伊東信一除了將岩崎昭子引介給我們採訪外，還安排我們到幾個收容所參觀，三年後，再次帶領我觀看重建中的釜石，釜石市的書寫內容有不少素材多靠他的幫忙獲得。

對日本東北與釜石的背景描述分別參考下列幾本書：《Ghost of the tsunami: Death and Life in Japan's Disaster Zone》（Richard Lloyd Parry）、《日本311默示：瓦礫堆裡最寶貝的紀念》（陳弘美）；《津波てんでんこ：近代日本の津波史》（山下文男）、《津波のまちに生きて》（川島秀一）的三陸海岸的海嘯經驗與記錄很豐富，給我很多啟發。

關於日本地震海嘯預警技術發展以及地震預測原理，除了採訪台灣中央大學地球科學系教授馬國鳳，還參考二〇一一年三月刊載的中國《南方周末》系列報導，如〈海嘯預警：比較快，但還不夠〉（黃永明）、〈日本地震的奇怪和不奇怪〉（黃永明）、〈爭秒奪秒，救命速報——日本如何發出地震警報？〉（李志堅）。書籍的部分，《the next tsunami》（Bonnie Henderson）、《地震與文明的糾纏：從神話到科學，以及防震工程》（Roger Musson）、《大地怒吼：地震與火山的

日常的中斷
人類學家眼中的災後報告書

作者　阿潑
總編輯　富察
責任編輯　洪源鴻
行銷總監　蔡慧華
封面設計　許紘維
內頁排版　宸遠彩藝

出版　八旗文化／遠足文化事業股份有限公司
發行　遠足文化事業股份有限公司
（讀書共和國出版集團）
地址　新北市新店區民權路 108-2 號 9 樓
電話　02-22181417　傳真｜ 02-22188057
客服專線　0800-221029
E-mail　gusa0601@gmail.com
Facebook　facebook.com/gusapublishing
Blog　gusapublishing.blogspot.com
法律顧問　華洋法律事務所／蘇文生律師
印刷　成陽彩色印刷股份有限公司

出版　2018 年 9 月　（初版一刷）
2024 年 6 月　（初版二刷）
定價　450 元

本書接受財團法人國家文化藝術基金會補助出版

國｜藝｜會
NCAF

國家圖書館出版品預行編目（CIP）資料

日常的中斷：人類學家眼中的災後報告書
阿潑（黃奕瀠）著／新北市／八旗文化出版
遠足文化發行／ 2018.09 ／ 384 面／ 16x23 公分
ISBN：978-957-8654-27-3（平裝）
1. 賑災　2. 災後重建
548.31　107011515